Casa do Auxílio

À minha mulherzinha, namorada de outrora e de sempre com muito amor.

Em 12.06.06

Oswaldo

Casa do Auxílio

pelo espírito
JAQUELINE

psicografia de
ROBERTO DIÓGENES

LÚMEN
EDITORIAL

Casa do Auxílio
pelo espírito Jaqueline
psicografia de Roberto Diógenes

1ª edição — fevereiro de 2006

Direção editorial: Celso Maiellari
Preparação de originais: Maria da Penha Faria
Revisão: Rita Sorrocha
Capa e Projeto Gráfico: SGuerra Design
Assistente de Arte: Diego Faustino
Fotolitos de Capa: Megagrafics
Impressão e acabamento: Bartira Gráfica

Dados Internacionais de Catalogação na Publicação (CIP)
(Câmara Brasileira do Livro, SP, Brasil)

Jaqueline (Espírito).
Casa do Auxílio / pelo Espírito Jaqueline ;
psicografia de Roberto Diógenes. -- São Paulo: Lúmen, 2006.

1. Espiritismo 2. Psicografia 3. Romance
brasileiro I. Diógenes, Roberto. II. Título.

06-0036 CDD-133.93

Índice para catálogo sistemático:

1. Romance mediúnico psicografado : Espiritismo 133.93

LÚMEN EDITORIAL
Rua Espírita, 64
São Paulo - SP
CEP 01527-040
Tel./Fax: (0xx11) 3207-1353

visite nosso site: www.lumeneditorial.com.br
fale com a Lúmen: atendimento@lumeneditorial.com.br
departamento de vendas: comercial@lumeneditorial.com.br
contato editorial: editorial@lumeneditorial.com.br

2006

Dedicatória

Ao querido Roberto Diógenes, um verdadeiro amigo.
Ao editor Celso Maiellari, alguém que estimo.
A Lécio C. de Miranda, grande divulgador dos livros espíritas.
A minha amiga Alice, alguém que vive em meu coração.
Aos meus familiares, pessoas que amo demais.
Aos trabalhadores da Casa do Auxílio, dedicados servos de Cristo.
A todos os leitores, pessoas que, ao apreciarem boas leituras, crescem moralmente.

Jaqueline

Pedi e se vos dará.
Buscai e achareis.
Batei e a porta vos será aberta.
Porque todo aquele que pede, recebe.
Quem busca, acha.
A quem bate na porta, a porta lhe é aberta.

Mateus 7,7-8

Sumário

Prefácio

Deus, em sua infinita bondade, jamais se esquece dos seus filhos. Não os esquecendo, Ele concede a alguns espíritos a graça de com seus escritos literários contribuir para o crescimento desses seus filhos.

Essa graça Ele estendeu a nossa amiga Jaqueline, espírito simples e meigo, que através de mais uma obra literária encanta a todos com uma narrativa singela e edificante, fazendo com que conheçam o trabalho maravilhoso desenvolvido pela Casa do Auxílio e por aqueles que nela trabalham.

Em *Casa do Auxílio*, a autora espiritual nos conduz passo a passo a uma leitura que despertará em nós o desejo de um dia sermos tão bons trabalhadores como os que ela aponta em sua obra.

Detentora de um estilo literário bem cativante, Jaqueline, no livro, nos mostra que Deus jamais abandona alguém e que, embora sendo Ele por muitos abandonado, esse bondoso Pai continua sempre enviando até eles o seu auxílio.

É com grande carinho que prefacio esta obra literária da minha grande amiga e que a apresento aos leitores. Apresento-vos porque sou consciente de que, ao narrar com grande simplicidade acontecimentos aqui do outro lado da vida, Jaqueline, através do que descreve, desperta em nós o desejo de realizarmos a verdadeira reforma íntima.

Que a leitura de *Casa do Auxílio* os ajude a um dia alcançar o mesmo desprendimento de Jaqueline, a fim de que, semelhante a ela, possam se colocar a serviço de encarnados e desencarnados.

Que Deus os abençoe e que na hora da leitura os ajude a reter em suas memórias episódios do livro que os convocarão ao serviço.

Demetrius

CAPÍTULO 1

Nova vibração

Ao deixar a Colônia Bom Jardim e volitar com Demetrius e Rodolfo, fui avistando outras colônias e fiquei imaginando em qual iríamos parar. Volitamos cada vez mais para cima e fui me dando conta de que a Colônia São Tarcísio deveria estar aos cuidados de espíritos bem evoluídos.

De repente, avistei uma luz dourada intensa. Senti que ela me atraía. Junto com meus amigos fomos ao encontro da luz. Passando por ela, paramos de volitar e me vi diante de um lindíssimo jardim.

No centro desse jardim, muitas pessoas faziam círculo ao redor de uma fonte. Elas olhavam para um rapaz que tocava violão e cantava uma belíssima canção. Estava ele todo aureolado por uma intensa luminosidade.

O rapaz parou de tocar, ergueu a cabeça e, olhando em nossa direção, sorriu com doçura.

Retribuí o sorriso e fiquei emocionada. O jovem que tocava violão era o anjo Lugiel.

As pessoas abriram um espaço no círculo. Demetrius, Rodolfo e eu nos aproximamos de Lugiel. Este, sentado sobre parte da fonte, voltou a tocar e a cantar.

Prestando atenção à música, constatei que ela estava sendo tocada em minha homenagem. Por intermédio dela, todos me davam as boas-vindas.

Demetrius e Rodolfo me deixaram próxima ao músico e se juntaram aos demais, que voltaram a fechar o espaço que tinha sido aberto no círculo.

A canção chegou ao fim, e o músico, assoprando no violão, fez com que ele se desmaterializasse.

Lugiel se levantou. Notei que os fios presos a ele indicavam que já estava encarnado.

Lugiel abraçou-me com carinho. Os moradores da Colônia São Tarcísio estenderam seus braços em nossa direção e os movimentaram como se estivessem abraçando alguém. Imediatamente senti que todos me abraçavam ao mesmo tempo e, através do abraço de Lugiel, passavam-me paz e muito amor.

Depois de ter me abraçado, Lugiel assoprou levemente sobre minha cabeça. Fechei os olhos e passei a me sentir leve, muito leve, e tive a sensação de que alguma coisa me envolvia.

Abrindo os olhos, fitei minhas mãos e meu corpo. Ao olhar, descobri que uma luz clarinha me circundava.

Fiquei tão emocionada que lágrimas começaram a brotar dos meus olhos.

Lugiel, observando minha emoção, tornou a sorrir com doçura. Então, aproximou-se de Demetrius e sorriu para o irmão. Demetrius se dirigiu ao local onde o músico estava e, olhando para todos, começou a falar:

— Queridos irmãos! É para nós uma imensa alegria receber mais um espírito em nossa colônia. Jaqueline, após alguns anos em que esteve na Colônia Bom Jardim servindo os irmãos com total desprendimento, alcançou a vibração que a capacita viver em nossa colônia. Agradeço pela presença de todos e convido a nova habitante da Colônia São Tarcísio a pronunciar algumas palavras.

Por essa eu não esperava! Fui pega de surpresa e estava toda sem jeito. Eu nunca tinha falado em público. Como é que agora iria falar, e justamente para um público que eu não conhecia?

Naquele instante, senti-me como uma estudante que é transferida de um colégio para o outro e, em seu primeiro dia de aula, é convocada pelo diretor a falar alguma coisa para os alunos e para os professores que, até aquele momento, ela nunca vira antes. Ou seja, eu não sabia o que dizer.

Fiquei parada e mentalmente escutei Demetrius pedindo para eu me aproximar e falar o que viesse a minha cabeça. Estranhando o contato telepático com meu orientador, aproximei-me de Rodolfo e lhe pedi para segurar a mochila que eu trouxera da outra colônia. Depois me aproximei de Demetrius e, olhando em volta, notei que todos me observavam. Fixei-os demoradamente, e fiquei aliviada quando, ao lado de Rodolfo, avistei Caius Lucius e Sulamita, que sorriam para mim. Graças a Deus que entre eles se encontravam mais dois que eu já conhecia!

Suspirei, coloquei as duas mãos no peito e pedi forças ao Amado Jesus. Era a primeira vez que ia falar em público. Esfreguei uma mão na outra. Minhas faces, com certeza, estavam vermelhas.

— Bondosos amigos que me acolheram – comecei. – É para mim uma grande honra viver com vocês. Compreendo que viverei no meio de espíritos que detêm uma grande vibração espiritual. Espero ser digna da grandiosa bênção que o querido Deus está me concedendo. Farei o que estiver ao meu alcance para continuar praticando o amor, a caridade e as demais virtudes em prol dos nossos irmãos desencarnados e encarnados. Que o querido Deus, o bondoso Mestre Jesus Cristo e a sua Santíssima Mãe continuem nos iluminando.

Demetrius fechou os olhos, assim como os demais. Minhas mãos começaram a se aquecer. De repente, uma pequena luz surgiu entre elas. Juntei as palmas, a luz as tocou e dela se originou um belíssimo buquê de rosas, feitas de um material finíssimo e delicado.

Segurando o buquê com a mão esquerda, toquei uma rosa com o dedo indicador da mão direita. Ao tocá-la, o buquê se desfez, e a luz que o originou se apossou de mim. Minha mente começou a pegar fogo e senti uma energia benéfica invadir-me por inteiro.

Os habitantes da Colônia São Tarcísio foram se retirando aos poucos. Caius Lucius e Sulamita, após me abraçarem, também se retiraram. Lugiel, abraçando-me com grande carinho, disse:

— Seja feliz, minha amiga! Muito feliz mesmo.

Lugiel abraçou o irmão e Rodolfo, e, despedindo-se sorridente, deixou a colônia.

Agradeci a Rodolfo por ter segurado a minha mochila e a apanhei de volta. Demetrius e Rodolfo convidaram-me para conhecer a casa onde passaria a viver. Pensei em pedir para conhecer aquele jardim primeiro. Contudo, olhei para ele e disse para mim mesma que mais tarde teria muito tempo para apreciá-lo.

Caminhamos poucos passos e, para minha alegria, a casa em que iria morar ficava bem próxima ao jardim. Ao vê-la percebi que não era uma simples casa, mas sim uma mansão. Na porta da mansão, Sulamita e uma senhora me aguardavam, alegres.

Fui conduzida a uma enorme sala. Avistei várias cadeiras, uma mesa com um vaso de flores, um tapete, um quadro de Cristo e um transmissor.

Demetrius e Rodolfo se sentaram. Sulamita e Norma, a senhora, me conduziram até o quarto que iria me acolher.

À medida que caminhávamos pela residência, percebi que por dentro as paredes eram pintadas da mesma cor das paredes de fora: dourado bem claro.

Paramos diante de uma porta. Norma pediu para que eu a olhasse e fixasse meu pensamento. Assim fiz, e a porta abriu-se devagar. As portas daqui não possuem fechaduras. Elas abrem pela força do pensamento daquele que ocupa o quarto.

O quarto era bem mais simples do que o que eu usava na Colônia Bom Jardim. Nele encontrei uma cadeira, um belíssimo quadro do mártir São Tarcísio e um vaso com flores amarelas sobre uma pequena escrivaninha, que continha algumas gavetas.

Coloquei minha mochila na escrivaninha. Caminhei até a janela e fiquei encantada, pois dali eu tinha vista para parte do jardim e a fonte. Regressei até a escrivaninha, toquei as flores do vaso e fechando os olhos fiz uma rápida prece, agradecendo a Deus por estar recebendo um quarto simples e bem acolhedor.

Ao deixar o cômodo, Sulamita e Norma me mostraram o restante da casa. Observei que, fora a sala, a casa só possuía escadas e quartos, que acolhem as mulheres da colônia.

Retornamos à sala e conversamos um pouco com meus dois amigos. Demetrius convidou-me para conhecer a Casa da Prece. Sulamita e Norma, despedindo-se, retiraram-se.

Acompanhando Demetrius e Rodolfo, segui até a Casa da Prece, localizada entre a casa das mulheres e outra. As residências são separadas pelo jardim, que fazia caminhos de ligação por entre elas e se estendia por detrás das casas. Olhei esses caminhos e notei que cada um era diferente do outro. Todos muito belos.

Entramos na Casa da Prece e imediatamente arregalei os olhos e abri a boca. Como os encarnados dizem, "meu queixo caiu no chão".

A Casa da Prece é lindíssima. Cadeiras estavam enfileiradas de forma que todos que nelas se sentassem conseguissem avistar uma bela pintura em uma parede. A obra tomava a parede inteira e retratava o amado Mestre Jesus Cristo.

Na pintura, Cristo está com a mão direita nos acolhendo e a esquerda aponta para o coração, de onde emanam raios de luz. Esses raios possuem diversas cores e se movimentam por toda a Casa da Prece, deixando-a toda colorida. Fomos atingidos por alguns deles, e naquele instante uma paz que nunca antes havia sentido tomou conta de mim. Lágrimas começaram a descer por minhas faces e, muito emocionada, agradeci ao bondoso Mestre Jesus Cristo por todas as graças que estou recebendo.

Demetrius em alta voz iniciou uma prece. Enquanto ele rezava, olhei para o quadro e vi quando os raios clarinhos aumentaram um pouco de tamanho. Alguns, ao tocarem o teto, transformaram-se em pétalas de rosas, que caíram sobre nós e nos envolveram com um doce perfume, que tomou conta de toda a casa. Senti uma enorme vontade de olhar para Rodolfo, e assim o fiz. Rodolfo sorriu com candura, e eu descobri que a luz que o rodeava era parecida com a que naquele momento me envolvia, e que a recebera do anjo Lugiel, quando ele me assoprara.

Demetrius, que havia terminado a prece, disse-me que eu já estava começando a perceber a nova vibração que detinha.

Sentia-me encantada e feliz. Mas, voltando a olhar para a belíssima pintura do Mestre Jesus Cristo, me dei conta de que essa minha nova vibração acarretava maiores responsabilidades. Imaginando o trabalho que me aguardava no futuro, contemplei com grande interesse o bondoso Mestre Jesus Cristo, que pela pintura me acolhia, e emocionada disse:

— Mestre Querido! Seja feito conforme os Teus desígnios.

Deixamos a Casa da Prece. Rodolfo abraçou-me e se despediu. Vi quando ele entrou na residência ao lado.

Perto dali, avistei uma casa branca na qual homens e mulheres entravam. Fiquei imaginando que lugar seria aquele, e Demetrius, apontando para ela, comentou que logo eu a conheceria.

Meu orientador me convidou para caminhar pelo jardim. Andamos pouquíssimos passos e paramos próximos da fonte. Sentamo-nos em um banco e fiquei olhando para as lindas rosas.

Perguntei a Demetrius sobre o horário das preces, e ele me informou que elas eram feitas na parte da manhã, antes de todos os moradores iniciarem suas atividades, e outra no final da tarde, a que eles chamam de prece vespertina. Demetrius disse-me que todos os moradores participam das duas orações. Se no momento das preces um deles estiver em outro local da colônia, imediatamente volita até ali e participa da prece.

Quis saber se a Casa da Prece tinha espaço para todos. Demetrius afirmou que, como a colônia era pequena, e os moradores, poucos, a Casa da Prece comportava a todos.

— Quantas pessoas vivem na Colônia São Tarcísio, Demetrius?

— Mais ou menos mil e duzentos habitantes.

Não tendo mais nada a perguntar, calei-me.

Levantei-me e toquei a água da fonte, depois comecei a caminhar pelo jardim e, com delicadeza, ia tocando as rosas, o que me emocionava. Percorri apenas aquela parte do jardim. Não caminhei pelo lado que se estendia por detrás das residências. Esse jardim possui seus encantos e nos transmite a sensação de que estamos em harmonia conosco e com os outros.

Meu orientador chamou-me. Ao ouvir Demetrius, voltei minha atenção a ele. Demetrius me olhou dentro dos meus olhos e disse:

— Jaqueline, gostaria de lhe dizer algumas coisas.

— Pode dizer.

Demetrius contemplou-me por um longo tempo sem dizer absolutamente nada. Coloquei a mão direita no peito e fiquei esperando. Pelo visto, o que ele tinha a me dizer era algo muito importante.

— Ter conseguido sua nova vibração e estar morando nesta colônia lhe acarreta muitas responsabilidades. Você agora viverá ainda mais para os outros e se doará ainda mais ao serviço. Não será difícil para você, que já fazia isso muito bem na outra colônia. Esclareço, porém, que ter conseguido essa nova vibração não significa que você é melhor do que os outros, e sim que é uma das que fazem parte da messe do Mestre Jesus e, como tal, deve esforçar-se e continuar sempre colocando em prática os exemplos desse Ilustre Mestre. Colocando-os em prática, continuará sendo digna de permanecer trabalhando nesta grandiosa seara.

Parando de falar, ele me olhou. Eu pensei no que Demetrius falou e nada comentei.

— A sua nova vibração a ajudará muito, Jaqueline. A luz que a envolve revela que você pertence a um grupo de espíritos qualificados a levar auxílio onde ele for solicitado. Você agora será capaz de ler os pensamentos daqueles que ainda não possuem a sua vibração. Está apta a lidar com irmãozinhos que por enquanto ainda não trilham os ensinamentos do Mestre Jesus e que são líderes de vilas e cidades existentes no Umbral. E também adquiriu aptidão para muitas outras coisas que irá descobrir aos poucos.

Toda sem jeito, encarei Demetrius.

— Não me sinto capaz de tudo isso que acabou de me dizer. Na verdade preocupa-me ter de lidar com os líderes do Umbral. Já pensou se eles me prenderem? O que farei?

Demetrius sorriu.

— Eles não farão isso. Só se você quiser que algo assim aconteça. Não se preocupe, Jaqueline. Antes de lidar com eles vai se preparar. Estudará e aprenderá como lidar com esses espíritos. E quanto a não se sentir capaz do que acabei de lhe revelar, também não se preocupe, em breve descobrirá ser capaz.

Suspirei, aliviada. Graças a Deus que Demetrius pensava em tudo. Estudando e me esforçando, acabaria aprendendo a trabalhar com os irmãozinhos do Umbral.

— Demetrius, quanto a ler os pensamentos de outros que não possuem a minha vibração... não acho isso muito correto. Acredito que os pensamentos devem ser conhecidos apenas pelos seus próprios donos.

— Acontece que muitos, quando chegam ao plano espiritual, querem continuar se utilizando de meios que os prejudicam e que prejudicam o próximo. Querem, através de mentiras, se passar por coitadinhos e se fazer de vítimas de suas próprias artimanhas e maldades. Sabendo o que eles pensam, você não acreditará nas mentiras deles e, pelo que descobrir, poderá auxiliá-los com mais eficiência e os ajudará a verem-se como eles realmente são.

— Como é para auxiliá-los, então só utilizarei essa capacidade com esse intuito.

— Foi por isso que adquiriu uma nova vibração sem ter percebido. Ao mencionar que só utilizará essa capacidade para auxiliar os irmãos, revela o quanto está preparada para se desapegar de tudo e o quanto já se encontra no caminho que um dia a conduzirá até o Mestre Jesus. Pois se essa capacidade fosse concedida a outros espíritos que não pensam como você, talvez a utilizassem com o simples propósito de bisbilhotar a vida alheia. Esclareço que, além de conseguir verificar os pensamentos dos desencarnados que não possuem a sua vibração, também será capaz de verificar os de encarnados que não são detentores da sua mesma vibração, Jaqueline. Como já é do seu conhecimento, existem espíritos mais evoluídos do que nós que estão reencarnados na Terra em missão, e os pensamentos desses não são acessíveis a nós. No curso que fará sobre como lidar com os líderes do Umbral, você terá algumas aulas que lhe ensinarão a ler pensamentos. Ou seja, estará sempre estudando para aprender. Aprendendo conseguirá servir com maior agilidade.

— É muito agradável saber que vou estudar primeiro. Gosto tanto de estudar que me esforçarei para aprender o mais rápido possível. Tudo o que quero é saber como prestar o auxílio no momento em que ele me for solicitado. Dedicando-me bastante ao estudo, quero, através dele e dos bons exemplos que com certeza continuarei recebendo, estar apta a ajudar sempre que necessário.

Meu orientador olhou-me com emoção e assoprou sobre mim. Depois, sentou-se e pôs-se a admirar as rosas.

Ponderei sobre tudo o que ele tinha me dito. Todos da colônia esperavam muito de mim. Teria de despender o triplo do esforço que despendera na colônia onde vivera meus primeiros anos de desencarnada[1]. Não seria fácil, e por não ser fácil disse a mim mesma que iria fazer o possível e o impossível para desempenhar com amor e muita caridade o que esperavam que eu fizesse.

Demetrius levantou-se e convidou-me para conhecer a casa onde ele e os outros homens viviam. Depois disso, iríamos a outra residência, logo ao lado, na qual eu vira homens e mulheres entrando.

A casa onde Demetrius e os outros homens moram é aquela em que vi Rodolfo entrar, a que fica ao lado da Casa da Prece. Ela é igual à das mulheres em tudo.

Conheci o quarto de Demetrius e constatei que é quase idêntico ao meu. A diferença é que o quadro não é de São Tarcísio, e sim do anjo Lugiel, seu irmão.

Fui conduzida até a porta de um cômodo. Imaginei que fossem os aposentos de Rodolfo, mas, quando a porta se abriu, descobri tratar-se do quarto de Caius Lucius.

Ele sorriu e abriu os bracinhos para mim. Abracei-o com carinho e não resistindo apertei suas bochechas e o beijei na fronte. Caius sorriu com meiguice e nos convidou para entrar. Por se tratar de um quarto de criança, imaginei que fosse encontrar uma porção de brinquedos, mas o quarto dele é igual ao do Demetrius, até a foto do quadro que fica na escrivaninha é a mesma.

Caius Lucius pediu para eu sentar na cadeira, e assim fiz. Demetrius plasmou uma e sentou-se perto de mim. Caius Lucius, com seu jeitinho lindo de falar, me deu notícias da minha família e comentou estar feliz com a minha vinda para a colônia.

Quando deixamos o dormitório de Caius Lucius, ele nos acompanhou. Saímos da casa dos homens e seguimos os três para a residência ao lado.

Ao chegar, vi que por fora ela é toda pintada de branco e é bem maior do que as outras duas, pintadas de dourado clarinho. Na fachada, em letras douradas, está escrito "Casa do Auxílio".

---

[1]No livro *Relato de uma Católica* falo dos meus primeiros anos de desencarnada. (Nota da Autora Espiritual – NAE.)

CAPÍTULO 2

Casa do Auxílio

Entramos na Casa do Auxílio. Caius Lucius se despediu sorrindo e nos deixou, dirigindo-se a uma escada.

Fui levada a uma sala e apresentada a Lucius, que me abraçou com carinho e cumprimentou Demetrius. Os dois me conduziram até uma pequena sala, bem na entrada da casa. Ali havia um belíssimo exemplar da Bíblia sobre uma mesinha, e duas samambaias em volta dela. As plantas se unem e formam um coração. A Bíblia está dentro desse coração.

Caminhei até a Bíblia, que estava aberta no Evangelho de Lucas. Com os dedos da mão direita, folhei a Bíblia, abri no Evangelho de João e, em voz alta, li:

— Ninguém tem maior amor do que aquele que dá a sua vida por seus amigos... Não fostes vós que me escolhestes, mas eu vos escolhi e vos constituí para que vades e produzais fruto, e o vosso fruto permaneça[2].

Reli os versículos e, olhando para os dois que me contemplavam, falei:

— Se fui escolhida para produzir frutos, vou tentar produzi-los com muito amor. Farei do amor a minha arma de trabalho.

Eles se entreolharam e depois me contemplaram com emoção.

Demetrius aproximou-se da Bíblia e, fazendo o mesmo que eu fiz, leu um versículo. Após a leitura, ficou pensando e depois disse:

---

[2]João 15,13-16. (NAE)

— Jaqueline, todos que trabalham nesta casa, antes de iniciarem suas atividades ou quando a visitam, passam primeiro por esta sala e lêem um ou mais versículos da Bíblia. Lendo-os, sentem-se fortalecidos e capazes de tudo fazerem pelo próximo.

Deixando aquela sala, acompanhei Lucius e Demetrius em direção a uma outra.

Entramos em uma sala bem acolhedora. Avistei um vaso com flores sobre uma mesa, cadeiras, um lindo tapete e um mural em uma parede contendo diversos nomes. Contornando a mesa, Lucius sentou-se em uma cadeira. Quando ele colocou as mãos sobre a mesa, percebi que estávamos em sua sala.

Eu e Demetrius nos sentamos. Lucius olhou-me e disse:

— Jaqueline, você se encontra na Casa do Auxílio. Como o nome indica, esta casa presta auxílio a diversas colônias espirituais, a algumas casas espíritas e casas de outras denominações religiosas no plano físico que são filiadas às colônias que assistimos; auxilia os desencarnados filiados a esta colônia que se encontram em trabalho no Umbral, os encarnados que estão reencarnados em diversos lugares do plano físico e que são filiados à colônia e também muitos encarnados que, não sendo filiados à colônia, nos solicitam ajuda.

— Nossa, o pessoal da colônia não deve ter nenhum descanso! Devem viver só em função do auxílio – falei, pensando que logo, logo eu passaria a fazer o mesmo.

— Eles descansam, sim. A diferença é que já não precisam repousar tanto quanto outros desencarnados. Todo trabalhador tem direito a um descanso. Aqui na colônia não é diferente, os seus moradores usufruem desse direito – afirmou Demetrius.

— Graças a Deus por isso! Afinal, ninguém é de ferro – comentei olhando para os dois.

Eles sorriram e se levantaram. Aproximaram-se do mural e eu fiz o mesmo.

O mural ocupa a metade da parede, e os nomes estão em forma de pirâmide. O primeiro deles é o da Colônia São Tarcísio. Abaixo desse estão os nomes de vinte e cinco colônias espirituais ligadas à colônia-mãe por dois fios bem fininhos, um de cor verde e outro de cor vermelha. Abaixo dos nomes das colônias estão os nomes de cinqüenta casas espíritas e cem de outras denominações religiosas. Estas são ligadas às colônias por três fios bem finos, e além do verde e do vermelho têm um amarelo. Abaixo desses nomes vêm os nomes dos desencarnados que trabalham no Umbral e dos encarnados filiados à colônia.

Lucius me explicou que os fios informam a situação em que todos os filiados se encontram. Ele pediu para eu olhar bem para os fios, e percebi que um deles de cada local estava aceso.

Lucius esclareceu que o verde indica estar tudo em paz, o vermelho, estar necessitando de ajuda, e o amarelo, que o auxílio está sendo recebido.

Achei tudo muito organizado e fiquei pensando no quanto os espíritos que vivem nessa colônia são inteligentes e trabalhadores.

Voltamos a nos sentar.

Lucius deu-me outras explicações referentes ao funcionamento da Casa do Auxílio. Após essas explicações imaginei que ele fosse o governador da Colônia São Tarcísio. Lucius, olhando-me com carinho, informou que o governador da colônia é o próprio São Tarcísio. Ele, Lucius, apenas exerce a função de diretor da casa em que nos encontrávamos, função essa que, decorrido o prazo de alguns anos, seria exercida por outra pessoa.

Lucius disse que Demetrius e outro morador da casa me levariam para conhecê-la. Ele fechou os olhos e me pareceu estar se concentrando. Quando tornou a abri-los, Sulamita, toda sorridente, surgiu à porta. Lucius abraçou-me e falou que, após eu conhecer a casa, devia ir vê-lo em sua sala.

Fui conduzida por Demetrius e Sulamita a uma sala que ficava à direita da do atual diretor. Ao entrarmos, todos que ali trabalhavam pararam o que faziam e sorriram em minha direção. Norma, que estava entre eles, começou a me mostrar o local e a me apresentar aos trabalhadores. Os que trabalham nessa sala têm a responsabilidade de dar atendimento aos governadores das colônias filiadas.

O ambiente é muito bonito e acolhedor. Em uma parede existe um pequeno mural com o nome das vinte e cinco colônias, e abaixo de cada nome da colônia, o nome do respectivo governador. Próximo a essa parede existe um painel eletrônico; ligado a esse painel, uma tela de vídeo; e um pouco distante dela, um computador.

Um senhor e uma jovem encarregados do painel me explicaram que ele registra todos os pedidos dos governadores. A jovem apertou um botão e, na tela do vídeo, apareceram o nome de um governador, a foto dele e a foto da colônia. Ao lado da fotografia do governador constavam os pedidos por ordem de chegada.

Explicaram-me que todos os pedidos que chegam são separados, pois os governadores, além de solicitarem algo para a colônia que está aos seus cuidados, também solicitam algo pessoal. Os pedidos, após serem impressos por uma impressora de computador parecida com a que os encarnados usam, são separados por assunto e entregues aos demais trabalhadores da sala.

O senhor apertou outro botão no painel, e na tela surgiu o governador da colônia mostrado pela jovem em plena atividade. Como se soubesse estar sendo observado, ele sorriu e com a mão direita enviou saudações. A imagem na tela mudou e vi o que estava acontecendo em toda a colônia. O senhor apertou o mesmo botão e a imagem desapareceu.

Norma me informou que os trabalhadores que recebem os pedidos formam três grupos, cada um contendo cinco pessoas. O grupo estuda detalhadamente os pedidos e, após deliberarem sobre como atendê-los, informa a ela a melhor maneira de o pedido ser atendido com rapidez e perfeição. Após escutar a todos, a jovem e o grupo selecionam um dos trabalhadores da sala que não faz parte dos grupos que estudam os pedidos, mas sim do grupo encarregado de levar o auxílio, e, após passarem algumas orientações ao selecionado, ela se dirige à sala do atual diretor da casa, acompanhada pelo selecionado, e informa ao diretor sobre o auxílio que está sendo encaminhado.

Observei que os pedidos são arquivados em pastas, que são colocadas em prateleiras fixadas em uma parede. Tudo é muito organizado.

Após as explicações que Norma me passou, os trabalhadores voltaram a atenção a suas atividades. Assim, entrei com Sulamita e Demetrius na sala que fica diante daquela de que tínhamos saído.

Fomos acolhidos por Agenor, um senhor que aparenta ter uns cinqüenta anos.

A sala é bem maior do que a que tinha conhecido anteriormente. Agenor, Demetrius e Amália estão à frente da equipe que dá auxílio às casas espíritas e casas de outras denominações religiosas existentes no plano físico. Na sala também há um mural com os nomes de todas as casas atendidas e um painel eletrônico. Ao lado do nome da casa consta o dos atuais encarnados responsáveis por elas. Fui informada de que os nomes dos responsáveis mudam de acordo com as eleições realizadas nas casas.

Os pedidos são trabalhados da mesma forma que os pedidos da equipe de Norma. A equipe que trabalha nessa sala com os pedidos é cinco vezes maior do que a equipe de Norma.

Um rapaz fez o mesmo que o senhor da equipe de Norma fez. Ele apertou um botão no painel e vi uma casa espírita em um Estado brasileiro em franca movimentação. A casa está em festa, pois comemora a construção de um refeitório.

A equipe encarregada de levar o auxílio aos pedidos estudados não trabalha nessa mesma sala, mas em salas diferentes, e são divididas em outras três equipes. Só então me dei conta do porquê de nessa sala haver três responsáveis.

Demetrius me disse que Agenor e Amália são os verdadeiros responsáveis pelas equipes. Ele apenas os auxilia.

Saindo dali, fui conhecer as salas em que as três equipes encarregadas de levar o auxílio trabalham.

A primeira equipe é composta por adultos e pessoas da terceira idade. Quando alguém é escolhido para levar o auxílio, dificilmente vai só. Segue acompanhado por um outro da sua própria equipe, por um das outras duas equipes ou por outros espíritos das colônias cuja casa que pede auxílio é filiada. Nessa sala avistei um painel eletrônico com uma tela de vídeo, um computador e prateleiras fixadas nas paredes.

A segunda equipe é composta por jovens e adolescentes. Fui recebida por eles com muita alegria. Rodolfo também estava ali. Todos me abraçaram com carinho.

Os rapazes, antes de me abraçarem, olhavam para Sulamita e sorriam para ela. Por ser tão linda é muito difícil a Sulamita ser ignorada, assim como outra mulher que estiver a seu lado ser vista antes dela. Compreendi o fato de os rapazes terem primeiro sorrido para Sulamita e só depois me abraçarem. Ela realmente é muito linda. Rapaz é sempre rapaz, estando encarnado ou desencarnado: ao olhar em direção de um grupo de mulheres, sem dúvida vai olhar primeiro para a mais bonita.

Roseilane, uma ruiva bem simpática e cujo rosto é cheio de sardas, me mostrou toda a sala. Aquele local também possui um painel eletrônico com uma tela de vídeo, um computador e prateleiras fixadas nas paredes. Roseilane me falou como eles trabalham.

Após saberem qual deles fora selecionado para atender ao pedido, os jovens e adolescentes se reúnem, fazem um círculo e deixam o selecionado no centro. Em seguida, elevam preces em favor do escolhido, e ele, dentro do círculo, recebe os benefícios oriundos da prece feita em sua intenção. Assim, segue bem fortalecido e certo de que todos da equipe estão na colônia torcendo por ele e enviando-lhe boas vibrações. Depois, todos o abraçam. O selecionado, se não for acompanhado por um da própria equipe, por adulto da outra equipe ou uma criança da outra, segue para atender ao pedido. De vez em quando, antes de ir atender ao chamado, o selecionado segue até a colônia cuja casa espírita ou casa de outra denominação religiosa é filiada e, apresentando-se na sala do governador, encontra a pessoa que o acompanhará, e juntos se dirigem à Terra levando o auxílio a quem o pediu.

Sulamita me disse que eu iria trabalhar com essa equipe. Ao ouvi-la vibrei de emoção. Eu tinha me sentido muito bem no meio deles e fiquei muito encantada com a forma como trabalham. Seria muito gostoso trabalhar com eles e seria muito mais gostoso trabalhar na mesma equipe de Rodolfo.

Roseilane me abraçou, dizendo:

— Vamos agora bater palmas em homenagem a Jaqueline, e quando ela vier para iniciar o seu trabalho, vamos bater palmas de novo.

Todos aplaudiram, e eu fiquei sem jeito. Mas gostei das palmas. Elas demonstravam que eles me queriam em seu meio.

Fui conhecer a terceira equipe.

Subimos as escadas e entramos em outra sala. Ali, encontrei algumas crianças que, concentradas no que faziam, trabalhavam como adultos. Sorri, achando aquela cena muito bonita.

Caius Lucius, vindo em minha direção, sorriu. Ele fechou os olhinhos e ao abri-los assoprou no ar. As crianças pararam o que faziam e olharam em nossa direção. Fui apresentada a todas.

A equipe é formada por dez crianças. Caius Lucius me explicou como eles trabalham, informando que raramente um deles seguia sozinho quando escolhido para levar algum auxílio. Na maioria das vezes, sempre segue acompanhado por um adulto, jovem ou adolescente. Falou que a criança selecionada reza com as demais e depois fica sentada ouvindo uma música que a equipe canta. Através da música, a criança escolhida recebe energias benéficas. Quando ela se dirige para o local para levar o auxílio, todos da equipe a acompanham até o jardim da colônia e, antes de ela sair volitando, a abraçam e desejam-lhe sucesso.

Escutando como eles trabalham, constatei que aquelas crianças realmente possuíam altíssimas vibrações.

A sala em que trabalham têm as mesmas coisas que as salas das duas primeiras equipes que visitei.

Ao me despedir, todas elas me abraçaram, e abraçaram Demetrius e Sulamita, depois retornaram para suas funções. Antes de deixar a sala, olhei em suas direções e voltei a sorrir, vendo-as trabalhando igual aos adultos.

Entramos na sala ao lado, e Sulamita me disse estar na sala cuja equipe de trabalhadores é responsável em auxiliar os desencarnados que trabalham no Umbral, os encarnados filiados à colônia e outros encarnados ainda não filiados.

A sala é grande, e o número de trabalhadores dela também. Pelas informações que Sulamita me passava, percebi que ela, junto com Rogério e Lucas, está à frente no comando da equipe.

Fui apresentada aos que trabalham na sala. Semelhante aos das outras, me acolheram com carinho.

A sala é parecida com aquela em que Norma trabalha. Em uma parede, há um mural com o nome dos desencarnados e encarnados assistidos. Ao lado do nome dos encarnados está o nome de seus mentores espirituais. A sala também tem dois trabalhadores responsáveis por um painel eletrônico e pela tela do vídeo. Nela também avistei um computador e prateleiras fixadas nas paredes. A tela de vídeo do painel me mostrou três espíritos auxiliando outros no Umbral.

Sulamita falou que, além da equipe daquela sala, os componentes das outras três equipes que eu acabara de conhecer, e que trabalham com Agenor, Amália e Demetrius, também trabalham com ela, Rogério e Lucas. Sulamita disse que os pedidos, ao chegarem até eles, são separados em duas partes: uma contendo os pedidos dos desencarnados e outra, os dos encarnados. Separados, são analisados da mesma forma que a equipe de Norma analisa, e o auxílio é imediatamente encaminhado conforme o merecimento de quem dele necessita.

Notei que nessa sala há mais prateleiras que as outras. A sala possui grandes vasos com plantas e pequenos vasos com flores. As outras que visitei possuem vasos apenas com flores. As plantas estão posicionadas próximas às mesas de alguns membros da equipe. Todas são muito bonitas.

Saindo dali, fui levada até uma sala bem grande e, ao entrar, percebi estar em uma espécie de auditório ou sala de reuniões. Demetrius me falou que a sala possuía essas duas características. Ao lado da porta de entrada existe um pequenino mural. Nele está fixada a programação de palestras e as datas das reuniões.

Sulamita me informou que as reuniões aconteciam mensalmente com todos os trabalhadores da casa, que por sua vez são todos os moradores da colônia. Algumas dessas reuniões são ministradas pelo governador da colônia.

Após ter conhecido o auditório e a sala de reuniões, fui levada de volta à sala de Lucius. Ele me comunicou o horário em que eu trabalharia junto com a equipe de jovens e adolescentes. Depois, apanhando uma folha de papel de sobre a sua mesa, passou-a a Demetrius e Sulamita. Eles leram o que estava escrito e me passaram a folha. Fiquei surpresa ao ler o conteúdo. A equipe com a qual iria trabalhar fizera uma poesia de boas-vindas, que dedicaram a mim. Sorri e, fechando os olhos, agradeci a Deus por ter me dado a graça de me juntar àquela equipe de jovens e adolescentes.

Lucius, Demetrius e Sulamita ainda me falaram sobre outros trabalhos desenvolvidos na Casa do Auxílio. Trabalhos esses que eu iria conhecer e também neles estar envolvida após o término de alguns cursos que eu faria.

Demetrius nos convidou para segurarmos as mãos uns dos outros e fazermos uma prece. Concluída a prece, Lucius entregou um envelope a Sulamita, que me levou até a casa onde as mulheres moram. Deixou-me em frente ao meu quarto, entregou-me o envelope que tinha recebido e se despediu sorrindo.

Entrei no quarto. Sentei-me na cadeira, abri o envelope e nele encontrei algumas informações. Li o meu horário de trabalho, o qual Lucius já havia me comunicado, e o nome do novo curso que faria, após o trabalho. Era o curso sobre a prece e as virtudes que já estava fazendo e do qual me encontrava em férias. Eu estudaria por cinco horas, trabalharia dez e teria quatro de descanso. E teria um dia de folga. Esse dia seria só meu. Gostei de ter lido essa informação.

Guardei o papel no envelope o coloquei na gaveta. Abri minha mochila e comecei a guardar minhas anotações, os diários, o livro *Desapego*, de autoria de Demetrius, e os livros do curso sobre a prece e as virtudes que trouxera da Colônia Bom Jardim nas gavetas da escrivaninha.

Ao encontrar a pena que o anjo Lugiel me deu de presente, toquei-a e me lembrei dele. Ao tocá-la ela brilhou por inteiro. Coloquei a pena pertinho do quadro de São Tarcísio.

Caminhei até a janela e apoiei-me no parapeito. Olhando para o jardim, lembrei-me de tudo o que vira e ouvira na Casa do Auxílio e fiquei pensando no quanto Deus é bondoso. Só mesmo um Pai amoroso como Ele para presentear desencarnados e encarnados com um auxílio tão grandioso levado até eles através dos vários trabalhadores daquela casa.

Como ainda tinha algumas horas antes de me apresentar ao trabalho, comecei a passar para o papel o que acabara de vivenciar.

CAPÍTULO 3

A colônia

Escrevi durante algum tempo. Guardei o que escrevi e me dirigi até a janela. Fiquei olhando para o jardim. Deu-me uma vontade de pular a janela e caminhar nele. Controlei a vontade e, saindo do quarto, comecei a andar pela casa. Ela é muito bonita e muito bem-cuidada. Não avistei ninguém. Fui até a sala e, ao me sentar, fiquei aguardando que alguém aparecesse. Ninguém apareceu. Pensei em ir até algum quarto e verificar se encontrava alguém para conversar. Fiquei sem jeito e não fui. Embora soubesse que essa é a minha nova casa, eu estava me sentindo deslocada ali.

Olhei para o quadro do Cristo e fiquei a observá-lo. A pintura é muita bela. Retrata o Cristo enviando os discípulos em missão. O pintor foi exímio em sua pintura. Pois, ao olhar bem para o Cristo, sentimos que ele, ao apontar para os discípulos e os enviar em missão, faz o mesmo em relação a quem o está olhando através da pintura.

Caminhei até o vaso com flores e toquei algumas. O vaso possui diversas flores dos mais diferentes matizes. Flores sempre me sensibilizam. Vendo-as tão lindas decidi ir ao jardim.

No jardim, comecei a caminhar, lentamente. Pensei que encontraria alguém fazendo o mesmo ou então sentado em um dos bancos meditando ou conversando com outra pessoa. Contornei a fonte e avistei um casal sentado em um banco. Por estarem sentados tão próximos um do outro, imaginei que estivessem conversando sobre intimidades.

Ao me verem, eles sorriram, e eu os reconheci. O rapaz estava entre aqueles da equipe de jovens e adolescentes da qual eu iria fazer parte. A jovem era aquela do painel eletrônico que trabalha na equipe de Norma. Como não queria interrompê-los, segui em frente, apreciando a beleza do jardim.

De repente, vi alguns pássaros voando em direção à fonte. Eles pousaram e começaram a cantar. Ouvindo-os, lembrei-me da minha amiga Gardênia, que aprecia muito seu canto. Sentei em um dos bancos e fiquei a escutá-los um pouco. Eles, após cantarem, saciaram-se com a água da fonte, e alçando vôo se dirigiram para outro lugar.

Sentada, pensava numa porção de coisas e em como as pessoas da colônia deveriam estar ocupadas. Pensei em Sulamita, em Demetrius e em Rodolfo, e fiquei imaginando o quanto seria gostoso que um deles estivesse ali comigo. Olhei em direção à Casa do Auxílio e fiquei muito feliz ao ver que Sulamita vinha ao meu encontro.

Ela chegou, sorriu e sentou-se ao meu lado. Vendo-a sorrindo, disse para mim mesma o quanto o sorriso dela é bonito e a deixa muito mais linda. Sulamita tornou a sorrir e comentou que o meu sorriso também é muito bonito e transmite certo charme. Ela me convidou para andarmos pelo jardim.

Enquanto andávamos notei que ela também se emocionava com as flores. Estava sempre se inclinando e com delicadeza tocava uma rosa e aspirava seu perfume.

— Jaqueline, gostaria de conversar sobre alguma coisa?

— Gostaria sim, Sulamita.

Sentamo-nos em um banco e ela, olhando-me com grande doçura, demonstrou estar pronta para ouvir-me.

— Sulamita, aqui é muito diferente da colônia em que vivia. Caminhei por este lindo jardim e só avistei um casal. Na Colônia Bom Jardim, várias pessoas estavam sempre andando pelo jardim. Eu andei um pouco pela casa onde moramos e por ela ser tão grande não encontrei ninguém. Pensei em ir a algum quarto e verificar se achava alguém para conversar, mas fiquei sem jeito e não fui. Estou me sentindo um pouco deslocada.

— Querida, não se sinta assim. Talvez o fato de ter ficado sozinha poucas horas após ter chegado à colônia tenha contribuído para fazê-la pensar dessa forma. Você não deve ter encontrado ninguém na casa porque as mulheres que nela vivem e que permanecem em horário de descanso talvez estivessem em seus quartos ou tenham ido visitar alguém em outras colônias ou na Terra. Se tivesse parado na frente da porta de um dos quartos e desejado que a pessoa aparecesse, se nesse estivesse alguém, a pessoa teria saído e conversado com você. Se só encontrou esse casal de jovens no jardim é porque os dois desfrutam seus horários de descanso e o aproveitam para estar juntos. Este jardim não está tão movimentado porque hoje pouquíssimos estão de folga. No dia de semana em que você estiver de folga terá a oportunidade de ver como ele se encontra movimentado. Não se sinta mais deslocada na casa. Ela é seu lar, e a acolheu para contribuir em sua felicidade.

Eu a escutei com atenção e refleti sobre tudo o que ela me disse.

Sulamita levantou-se.

— Acompanhe-me, Jaqueline. Vou levá-la até outros lugares da colônia que certamente vai gostar de conhecer.

Eu a acompanhei.

Continuamos caminhando pelo jardim. Chegamos perto da Casa da Prece e andamos pelo caminho que a liga à casa em que os homens moram. No final do caminho, deparei com a continuidade do jardim e avistei uma fonte menor do que a outra, e três casas. Uma pintada de dourado clarinho entre duas pintadas de branco.

Caminhei por aquela parte do jardim que ainda não conhecia e também me encantei com a sua beleza.

Acompanhando Sulamita, dirigi-me a uma das casas brancas. Casa de Diversões é o nome que está acima da porta. Entramos, e Sulamita foi me mostrando todo o interior. Ali encontrei alguns moradores da colônia se divertindo. Dentro da casa existe um teatro, uma sala com jogos eletrônicos e outros tipos de jogos, uma sala de cinema, outra um pouco maior contendo um parquinho com brinquedos e uma sala de dança. Entramos em todos os ambientes, e neles sempre encontrei alguém responsável. Ao todo, são sete os responsáveis. Cada um cuida da sala em dias específicos. Nos outros dias, eles trabalham na Casa do Auxílio.

Quando entrei na sala de dança, um jovem de uns quinze anos que estava organizando alguns CDs veio nos cumprimentar. Ele me mostrou toda a sala e, além dos CDs organizados por estilos musicais, avistei um piano e outros instrumentos musicais. Sentamo-nos em confortáveis cadeiras, e Sulamita, dirigindo-se ao jovem, falou:

— Estou apresentando a nossa casa de diversões para a nova moradora da colônia, a nossa querida Jaqueline.

Murilo, o jovem, sorriu e perguntou se eu estava gostando de conhecer a casa.

— Estou gostando muito. Só estranhei ter encontrado esta sala. Não imaginei que fosse encontrá-la nesta colônia.

— O fato de os moradores desta colônia terem atingido uma nova vibração não significa que tenham deixado de gostar de se divertir. Todos nós apreciamos certas músicas e gostamos de dançar. É lógico que as músicas que aqui tocam são aquelas que elevam os espíritos e fazem os jovens se encantar e se alegrar enquanto as escutam e dançam – esclareceu Sulamita.

Murilo perguntou se eu tocava algum instrumento musical. Respondi negativamente, e ele quis saber qual estilo de música eu preferia. Falei para ele, que, caminhando até os CDs, apanhou um e o pôs para tocar.

Ao ouvir a canção lembrei fatos importantes da minha vida de encarnada e senti uma vontade imensa de dançar quando vi que Murilo a escutava dançando. Embalada pelo ritmo da música, comecei a soltar a voz e fui acompanhando a canção que me causava felicidade. Terminada a canção, Murilo retirou o CD do aparelho e o colocou no lugar.

Sulamita e Murilo disseram que eu tinha uma bela voz. Discordei. Murilo falou que eu poderia participar do show de talentos que eles promovem bimensalmente com os moradores da colônia e deu mais detalhes sobre o show.

Eu falei para ele nem cogitar a idéia de minha participação. Murilo disse que eu agora faço parte da família da colônia e, sendo membro dessa família, deveria contribuir para sua alegria.

Sulamita concordou com Murilo e disse que eu deveria mesmo pensar na possibilidade de participar. Desse modo, eu começaria a me entrosar um pouco mais, e com a minha voz iria emocionar aqueles que me escutassem. Disse-lhes que iria pensar no assunto.

Saindo daquela sala, deixamos a casa e entramos na casa pintada de dourado clarinho. Ela é pequena. Possui uma sala onde o governador recebe os moradores da colônia e visitantes de outras colônias, uma sala onde os mentores dos encarnados filiados à colônia se encontram com eles e lhes passam instruções quando seus protegidos estão em desdobramento através do sono físico. Há também uma sala contendo uma minibiblioteca e uma salinha de recepção que acolhe os que vão conversar com o governador ou com os mentores.

— Sulamita, em outras colônias que conheci cada governador tem um local próprio para si. Por que o governador daqui não tem um local desses particular?

— O nosso governador não viu necessidade de nesta colônia ter um local assim. Ele atende na sala que você conheceu e quando nos visita utiliza um dos quartos na casa onde os homens residem.

— Ele não mora aqui na colônia?

— Mora e não mora. O governador é portador de uma vibração maior do que a da maioria dos moradores daqui, e sendo portador de semelhante vibração sua presença é solicitada em outros lugares. Esses lugares se encontram bem próximos de onde o bondoso Mestre Jesus vive. Ele também não está tão presente em nossa colônia porque neste local todos, ao atingirem as vibrações de que são portadores, reconhecem que aqui se encontram para continuar praticando com maior intensidade os exemplos legados pelo bondoso Mestre Jesus. Reconhecendo que estão aqui para praticá-los, eles os praticam e se preocupam apenas com o bem-estar daqueles que lhes pedem auxílio. Preocupando-se com esses, não terão motivos para se preocupar consigo, e não se preocupando consigo, não têm motivos para viver conversando com o governador da colônia.

Compreendi o que ela quis me dizer ao responder a minha pergunta, e, meditando no que me respondera, fiquei em silêncio.

Sulamita me convidou para conhecer a outra casa e, antes de nela entrar, li que aquela era a Casa dos Encontros.

A casa é muito bonita. Tem uma ampla sala onde encontrei poltronas confortáveis, mesas com vasos de flores que ficam entre duas poltronas e bonitos tapetes. As janelas não se fecham e não possuem cortinas. Dessa forma, quem olha através delas avista o jardim. Alguns pássaros pousaram no parapeito das janelas e olharam em nossa direção.

A casa também tem uma outra sala pequena, que possui as mesmas coisas que avistei na sala anterior em quantidades bem menores. Eu estava encantada com aquela sala. Ela me transmitia vibrações amorosas.

Eu e Sulamita nos sentamos em poltronas.

— Esta casa é muito agradável. Li que ela se chama Casa dos Encontros. De que encontros se trata, Sulamita?

— Encontros entre dois espíritos que no plano físico costuma-se chamar de almas gêmeas, encontros de espíritos desta colônia com alguns dos seus familiares que estão em colônias mais sublimadas do que a nossa ou encarnados em algum país da Terra, e outros encontros que possuem um intuito de causar felicidades àqueles que estão se reencontrando.

— Então aqui se realizam os encontros românticos entre os espíritos que se amam e que um é o par romântico do outro! – exclamei, admirada. – Que coisa linda, Sulamita! Que coisa linda! – E, suspirando, pensei em Rodolfo.

— Realmente são encontros muito lindos, e quando esses que você chama de par romântico se encontram nesta casa, contagiam tudo com suas lindas vibrações, e ao entrarmos nela e receber essas vibrações nos sentimos muito bem.

— Eu realmente senti que ela me transmitia algo muito bom. Ah, Sulamita, espero, com a graça de Deus, poder freqüentar esta casa com assiduidade – disse, toda esperançosa, tendo em mente Rodolfo.

— Com certeza Deus lhe concederá essa graça. – Sorridente, Sulamita me convidou para conhecer outro local.

Saímos dali, e deparei com um pequeno caminho todo coberto por pétalas de rosas e cercado por roseiras e outras plantas. Todas as roseiras têm belíssimas rosas que encantam a vista, e as outras plantas exibem belíssimas flores. Caminhamos pisando nas pétalas e, quando o caminho chegou ao fim, fiquei deslumbrada com o que vi.

Avistei uma pequena montanha toda coberta por grama e plantinhas rasteiras todas floridas. Da montanha desce um filete de água que vai aumentando de tamanho. Conforme desce, origina uma linda cascata, que forma um lago de água bem cristalina. O lago possui a forma de um retângulo, e dele saem vapores que se transformam em bolhinhas. As bolhinhas vieram em nossa direção. Ao ser tocada por elas senti estar recebendo uma grande quantidade de energias, que me causaram um bem-estar profundo. A impressão que tive foi de que as minhas forças estavam sendo renovadas.

Ao redor do lago existem três árvores todas floridas e com um tronco que nos convida a colocar a cabeça nele e deitar na grama verde, que se encontra espalhada por todo o local, e ficar ali apenas recebendo as energias daquelas bolhinhas e refletindo nas coisas boas que Deus concede aos seus filhos. Foi o que fiz. Apressei o passo, sentei-me na grama, encostei a cabeça em um dos troncos, fechei os olhos e deixei que lágrimas expressassem a emoção que me invadia.

Ao abrir os olhos verifiquei que Sulamita, de pé, me observava sorrindo. Olhando dentro do lago avistei uma areia bem branca. Notei que, embora as árvores estivessem floridas, nenhuma flor caía dentro da água. Pássaros, dando seus passinhos característicos, andavam de um lugar para outro da grama sem fazer barulho. Tudo ali permanecia em perfeita harmonia.

Levantei-me daquele local maravilhoso e me aproximei de Sulamita.

— Que lugar lindo, Sulamita! Fui tomada por uma porção de energias revitalizantes.

— Este lugar foi plasmado justamente para isso. Nós o chamamos de Recanto de Energias. Os moradores da colônia e outros aqui vêm para receber essas energias que você acabou de receber.

— E quem plasmou um lugar tão lindo e maravilhoso?

— Nosso querido amigo Lugiel o plasmou quando a colônia foi fundada.

— Lugiel, o anjo?

— Ele mesmo. Você certamente o encontrará algumas vezes aqui fazendo o que você acabou de fazer. Sentado ou deitado na grama com a cabeça em um dos troncos das árvores. Algumas vezes o encontrará tocando violão e cantando. Agora vamos indo. Já conheceu toda a colônia.

Olhei mais uma vez para o lago e vi quando os pássaros pousaram nos galhos das três árvores. Os vapores estavam desaparecendo. Indagando a Sulamita do porquê de eles estarem desaparecendo, fui informada de que eles surgem quando alguém se encaminha para o lago e desaparecem quando esse alguém o deixa.

Ao regressarmos, eu disse:

— Sulamita, você comentou que eu já conheci toda a colônia. No entanto, nos locais que visitei em sua companhia e em companhia de Demetrius, não vi nenhum hospital. Eu sou enfermeira e amo muito a enfermagem.

— Aqui não temos nenhum hospital. Nenhum de nós fica doente. Lembre-se de que você está em uma colônia que presta auxílio a outras e que todos os espíritos que nela vivem são conscientes de suas vibrações, por isso não mais necessitam das mesmas coisas que outros espíritos que vivem em outras colônias. Para cá não são trazidos espíritos que precisam ser curados de suas enfermidades. Esses são levados para as colônias assistidas pela nossa ou assistidas por outras iguais à nossa. Quanto a exercer a enfermagem, não se preocupe, você continuará a exercê-la. Deve ter lido nas informações contidas no envelope que lhe passei que o novo curso que iniciará lhe dará um maior preparo para que possa lidar com as enfermidades da alma. Ao concluí-lo, você estará apta a prestar auxílio aos irmãos necessitados em quaisquer tipos de enfermidades que eles possuírem, tanto do corpo como da alma.

Fiquei contente com as explicações, mas como ainda tinha uma pergunta a fazer, inquiri:

— Aqui eu só avistei pássaros, não vi nenhum outro animal. Onde eles estão?

— Somente os pássaros conseguem viver em nossa colônia. Os outros animais você encontrará na colônia que a acolheu quando desencarnou e em outras parecidas com aquela em que você viveu.

— Interessante! Muito interessante!

Como eu nada mais tinha a perguntar, Sulamita explicou-me que a Colônia São Tarcísio nos oferece o que os nossos espíritos ainda necessitam. Como nós necessitamos de poucas coisas, então poucas coisas tínhamos na colônia.

Chegamos à nossa casa. Sulamita, sorrindo, me deixou na porta e seguiu para a Casa do Auxílio.

Ao entrar, encontrei Roseilane assistindo a algo que passava no transmissor. Ela perguntou se eu gostaria de assistir à programação. Sentei-me e fiquei acompanhando as notícias das colônias, demais casas e espíritos filiados à nossa.

Roseilane levantou-se e disse estar na hora da prece vespertina. Eu me levantei para comparecer à prece. O transmissor desligou-se sozinho. Roseilane falou que ele ligava quando alguém sentava e desejava assistir à programação, e desligava quando a pessoa se levantava. Achei o máximo e comentei com Roseilane que naquela colônia tudo é muito mais adiantado do que em outras que eu tinha conhecido. Roseilane falou que eu precisava compreender que na colônia em que estamos os pensamentos possuem grande importância. Através deles muitas coisas ali funcionam. Eu iria descobrir que coisas eram com o tempo. Descobriria quando desejasse utilizar alguma dessas coisas.

Entramos na Casa da Prece e percebi que todos os moradores lá já se encontravam. Sentamos perto de Rodolfo.

Sulamita, Lucius, Demetrius e Roseilane dirigiram-se até o quadro do bondoso Mestre Jesus Cristo e olhando para todos começaram a fazer uma lindíssima prece. Durante a prece eles faziam uma paradinha e em coro todos dizíamos:

— Assim seja, com a graça de Deus!

Conforme a prece era proferida vi uma faixa luminosa saindo da mente dos quatro. Essa faixa ficou circulando pela Casa da Prece. Quando iniciamos nossas preces particulares percebi que a faixa tocou a cabeça de todos e depois foi até o quadro do bondoso Mestre Jesus Cristo.

O quadro ficou todo iluminado e refletiu com maior intensidade os raiozinhos que liberava. Esses raiozinhos nos atingiram e, ao ser atingida, senti que estava sendo muito abençoada. Depois os raiozinhos deixaram a Casa da Prece e saíram em várias direções.

Concluídas as preces, ao sair da casa indaguei a Rodolfo o motivo de a faixa ter tocado nossa mente e o motivo de os raiozinhos terem saído em várias direções. Rodolfo explicou que a faixa, ao tocar nossa mente, tomava conhecimento das pessoas às quais as nossas preces estavam sendo direcionadas; ao tocar no quadro do Mestre Jesus e se transformar nos diversos raiozinhos, estes nos atingiam e nos transmitiam a mesma bênção que aqueles aos quais dirigíamos nossas preces iriam receber. Eles receberiam a bênção através dos raiozinhos que tinham saído em suas direções.

— Que coisa linda! – falei. – Agora, quando estiver na Casa da Prece, farei o possível para pedir ao bondoso Mestre Jesus Cristo para abençoar um número maior de encarnados e desencarnados.

Rodolfo seguiu para a Casa do Auxílio. Eu e Roseilane voltamos para casa. Sentamo-nos na sala e ficamos conversando com outras moradoras.

Após algum tempo de conversa, Roseilane falou que a folga chegara ao fim e precisava retornar para a Casa do Auxílio.

Eu lhe disse estar na hora de me apresentar ao novo trabalho.

Nós duas nos levantamos e deixamos a casa.

Acompanhando minha nova amiga, segui para a casa onde a equipe que eu integraria me aguardava.

CAPÍTULO 4

Iniciando o auxílio

Chegando à Casa do Auxílio, nós nos dirigimos até a sala da Bíblia. Eu e Roseilane a folheamos e, após lermos um versículo e meditarmos, seguimos para a sala em que iríamos trabalhar.

Quando eu e Roseilane entramos na sala da equipe, encontramos Demetrius. Ele me abraçou e desejou-me muita sorte no trabalho que eu estava iniciando.

Roseilane pediu para todos baterem palmas. Eles bateram mais calorosamente do que na ocasião em que eu lhes tinha sido apresentada. Depois, um por um me abraçou e cada um deles falou que se precisasse de alguma coisa era só pedir.

Demetrius disse para eu observar um pouco como a equipe trabalhava. Em seguida, deixou a sala.

Roseilane me conduziu até o painel eletrônico. Adonias e Cíntia, responsáveis pelo painel, me mostraram pela tela do vídeo dois jovens da equipe que estavam auxiliando uma jovem encarnada em um Estado da região Sul do Brasil.

Procurei Rodolfo com o olhar. Não o vendo, indaguei a Roseilane onde ele estava. A ruiva me disse que, após eu ter visitado a sala em companhia de Demetrius e Sulamita, Rodolfo fora selecionado para prestar um auxílio.

Ocupei uma cadeira próxima à tela do vídeo e fiquei acompanhando a forma como a dupla prestava auxílio.

Após alguns minutos a observá-los, Roseilane me conduziu até uma mesa e, junto com outros dois jovens, ficamos analisando anotações que alguns membros da equipe que se encontram prestando o auxílio fazem. Essas anotações são feitas em uma pasta. Nela constam o nome de quem está sendo auxiliado e o nome do seu mentor, além do nome da sua cidade, endereço e o que já foi e está sendo realizado em seu benefício. Quando o auxílio está concluído, os jovens, adultos ou crianças que o levaram lêem essas anotações e, baseados nelas, fazem um relatório e o apresentam aos responsáveis pelas equipes. É tudo muito bem detalhado. Em cada anotação consta o dia e horário em que ela foi enviada. No final do papel onde estão as anotações existem algumas observações. Lendo-as descobri que algumas revelam se o auxiliado está ou não contribuindo com o auxílio recebido.

Indaguei a Amauri, um dos jovens que também analisava as anotações, sobre as observações que tinha lido, e ele me disse que a pessoa, ao pedir o auxílio e ter alguém da nossa equipe enviado até ela, pode muito bem contribuir com a equipe espiritual que a está auxiliando ou não. Contribui quando se esforça e através dos seus atos procura a sua reforma íntima. Procurando melhorar-se, o pessoal da nossa equipe que está ao seu lado a encontra mais acessível a suas inspirações e consegue trabalhar com mais facilidade e ajudá-la com maior rapidez.

Os que não contribuem são aqueles que, embora alguém da nossa equipe tenha sido enviado até eles, nada fazem para melhorar moralmente. A pessoa da nossa equipe juntamente com os mentores de determinadas pessoas tudo fazem para despertar nelas o desejo de procurar seu crescimento interior. Elas em determinados momentos até pensam em mudar, mas infelizmente ficam somente no pensar, e não mudam. Não mudando não ajudam nem a pessoa da nossa equipe, nem os seus mentores, o que muito retarda o recebimento do auxílio que lhes foi endereçado.

— Nossa! Não pensei que pessoas que solicitam o nosso auxílio assim agissem – falei.

— Na verdade não são eles que pedem o auxílio. É alguém que pede por eles. Esse alguém tem seu pedido analisado, e a equipe que o analisou, ao descobrir que quem o solicitou possui mérito para receber o auxílio, remete alguém para auxiliar aquele por quem o solicitante pediu – explicou Amauri.

— Que interessante! E como é que a equipe que analisa o pedido descobre que ele foi feito por alguém?

— É muito simples, Jaqueline. O pedido é reconhecido através das preces sinceras que alguém faz em intenção de outro. Você, quando encarnada ou mesmo desencarnada, deve ter feito algumas preces por alguém. Não fez?

— Ainda as faço.

— Os encarnados e desencarnados das casas a que a nossa colônia presta auxílio também as fazem por alguém. Pais que amam os filhos estão sempre pedindo algo para algum deles. Filhos que amam os pais pedem por eles. Irmãos costumam pedir por irmãos. Amigos pedem por amigos. Professores pedem por alunos e vice-versa, médicos pedem por pacientes e pacientes por médicos. Mentores espirituais estão sempre pedindo por aqueles que estão aos seus cuidados. Muitos pedem até por quem não conhecem. Como lhe falei, o pedido feito em intenção do outro é analisado e, constatado o merecimento de quem o solicitou, o auxílio é enviado até a pessoa para quem o pedido foi feito. Infelizmente, algumas dessas pessoas que o recebem realmente acabam não contribuindo com o trabalho da equipe espiritual. Mesmo assim, o auxílio lhe é prestado.

— Isso é que é trabalho bonito, Amauri! O auxílio ser prestado mesmo sem a contribuição do outro. Adorei ouvir seu esclarecimento. Ele me mostrou o quanto todos aqui continuam fazendo o que o bondoso Mestre Jesus Cristo mandou que fizessem: amar e servir.

Continuamos lendo algumas anotações. Algumas, ao serem anexadas nas pastas, são entregues para Clóvis, um japonesinho simpático. Ele lida com o computador. Observei Clóvis entrando em determinado programa instalado na memória do computador. Ele digitou primeiro o nome de quem recebeu o auxílio e em seguida todas as informações da pasta. Depois, sorriu e escreveu a palavra "ok" na pasta, que foi colocada em um local onde outras que possuíam a mesma palavra se encontravam.

Roseilane me explicou que as pastas são entregues a Demetrius. Ele, após ler, tornava a entregá-las para Clóvis, que fazia um relatório e passava a Demetrius, que por sua vez o entregava ao atual diretor da casa. As pastas eram então desmaterializadas.

Demetrius entrou na sala e entregou um pedido para Roseilane. Ela o leu e o passou para mim. Após lê-lo, descobri que nós duas tínhamos sido selecionadas para levar um auxílio a uma adolescente desencarnada que tinha sido recolhida em um posto de socorro plasmado sobre uma das casas espíritas filiadas.

A adolescente está dando muito trabalho. Trabalhadores desencarnados do posto e da colônia cujo posto é filiado tentaram auxiliá-la de diversas formas, mas a garota, irredutível, não quer receber o auxílio.

Demetrius nos informou que o auxílio levado até ela está sendo pedido por uma tia que é trabalhadora da casa espírita. A tia da adolescente é uma exímia trabalhadora da seara espírita. Pessoa boníssima e portadora de excelentes virtudes. Ele nos comunicou que a adolescente também possui merecimentos, pois quando encarnada ajudou a muitos e sempre se manteve fiel aos bons princípios.

Demetrius pediu para eu observar como Roseilane agia e, após observá-la por alguns minutos, contribuir com o atendimento que a minha amiga ruiva estaria ministrando. Ele ainda passou algumas informações para nós duas.

Todos que estavam na sala reuniram-se. Fizeram um círculo, e eu e Roseilane ficamos dentro dele. Preces foram feitas em nossas intenções. Enquanto eles faziam as preces, eu e Roseilane fomos envolvidas por luzinhas que chegavam até nós duas em formas de gotas de chuvas, e sentimos que elas nos davam muita força.

Finda a prece, todos nos abraçaram, e nós duas partimos em direção ao posto de socorro. Não passamos pela colônia cujo posto de socorro é filiado porque fomos informadas por Demetrius que alguém da colônia no posto já se encontrava lá.

Ao chegarmos ao posto de socorro, fomos acolhidas pelo mentor espiritual da casa espírita. Ele nos levou até a sua sala e ali encontramos um tio da adolescente. Ele nos falou que Bárbara, sua sobrinha, não queria nem saber de ouvir a palavra desencarne. Ele, habitante da colônia que é filiada à nossa, nos comunicou que ali estava para auxiliá-la e levá-la para a colônia, mas tanto seus esforços como os de outros ainda não tinham surtido efeito. Sua esposa encarnada, a tia de Bárbara, também muito contribuía, e com o auxílio das preces dela o governador de sua colônia solicitara ajuda à nossa colônia através do pedido feito pelas preces que sua esposa constantemente fazia. Esperava que com a graça de Deus nós duas conseguíssemos ajudar a jovem. Ele particularmente estava muito confiante de que iríamos conseguir.

Roseilane pediu para elevarmos o pensamento a Deus e fazermos uma prece. Esta foi feita por ela. Concluída a prece, Roseilane pediu para que nos conduzissem até Bárbara.

Fomos levadas a uma sala que funciona como uma pequena enfermaria. Um enfermeiro veio ao nosso encontro e nos informou que Bárbara estava dormindo. Roseilane disse ao enfermeiro que iria aguardar que ela despertasse e sentou-se em uma cadeira à cabeceira da adolescente. Eu peguei uma cadeira que ficava próxima a outro leito e sentei do outro lado da cabeceira.

O mentor da casa e o tio de Bárbara nos desejaram sorte e saíram. O enfermeiro ficou conosco e, enquanto aguardávamos Bárbara despertar, ele, falando bem baixinho, nos relatava toda a assistência que tinham ministrado a Bárbara desde o dia em que ela desencarnara.

Roseilane ao ouvi-lo ficou pensativa. Depois pediu a ele para que quando Bárbara despertasse se mantivesse um pouco distante do campo de visão dela.

Enquanto aguardávamos, dei uma olhada em Bárbara. Ela é ruiva como Roseilane, e seu rosto é cheio de sardas. Do pescoço para baixo estava coberta por um lençol bem branco. Fiz uma prece por ela e desejei com todo o meu coração que Bárbara encontrasse um pouco de paz e se permitisse ser ajudada.

Olhei a pequena enfermaria e percebi o quanto ela é organizada. Além do leito em que Bárbara se encontrava, existiam mais dois que no momento não estavam sendo ocupados. Ao lado de cada leito uma cadeira, uma mesinha com vasos de flores e uma jarra com água, e ao lado dela um copo vazio. Na parede avistei um quadro de Jesus Cristo sendo retratado como o Bom Pastor, que fica pendurado acima de uma pequena janela.

Levantando-me da cadeira caminhei até a janela e olhei para fora. Por ela vi o jardim que embeleza a casa espírita e que certamente causa encantos aos encarnados freqüentadores da casa. Escutei um suspiro e deixando a janela percebi que Bárbara estava despertando. Voltei a sentar-me.

Bárbara bocejou e esfregou os olhos com a mão direita.

— Oi, querida! – disse Roseilane.

— Oi! – falou Bárbara. – Quem é você?

— Uma adolescente como você. Veja, até a cor de nossos cabelos é igual, e meu rosto tem mais sardas que o seu – respondeu Roseilane levando a mão direita até os lábios e de uma forma bem meiga escondeu um sorriso.

Bárbara sorriu. Eu também. Quando sorri, ela olhou para mim.

— Meu nome é Roseilane e o da minha amiga é Jaqueline.

— O meu é Bárbara.

— É um lindo nome. Teve bons sonhos, Bárbara? – perguntou Roseilane.

— Tive um lindo sonho. Tão lindo que não queria sair dele. Sonhei que tudo o que esse pessoal daqui e o meu tio que já morreu há alguns anos me disseram não era verdade e que eu não morri de jeito nenhum.

— E quem disse que você morreu, querida? Imagina lhe dizerem isso! Não morreu coisa nenhuma – falou Roseilane tocando com carinho o cabelo de Bárbara. – Você está bem viva. Não é mesmo, Jaqueline?

— Claro que está bem viva. Agora é que você realmente vive – falei.

— Verdade verdadeira que não morri? – questionou Bárbara olhando para mim e para Roseilane.

— Não morreu porque ninguém morre. A pessoa ao deixar o corpo físico renasce para a verdadeira vida. E essa vida para a qual ela renasce é muito mais linda do que a outra. É tão linda que, quando a conhecemos e nos deixamos envolver por ela, pouco pensamos na que deixamos para trás – disse Roseilane.

— Isso quer dizer que agora eu morri e estou nessa vida que você diz ser tão linda? – indagou Bárbara.

— Isso quer dizer que você não morreu, quer dizer que seu corpo físico morreu e foi deixado para trás, e que agora você tem um corpo muito mais leve do que o que tinha. E com esse seu novo corpo vai conseguir fazer coisas que antes não conseguia fazer com o outro – esclareceu Roseilane.

Bárbara segurou minha mão fortemente e com lágrimas nos olhos disse:

— Eu não quero esse novo corpo, não quero mesmo. Também não quero essa vida linda que você disse. Eu quero é voltar para casa e poder viver como antigamente. – Enquanto falava, lágrimas desciam-lhe pela face. – Eu não quero estar morta, não quero mesmo. Estar morta é horrível.

— Não é horrível não – falei. – Olhe para nós duas e veja se estamos horríveis e se estamos mortas.

Ela puxou o lençol e secando as lágrimas na barra nos olhou e nada disse.

— Viu como não estamos mortas? Eu e Roseilane estamos tão vivas quanto você. Vivas e fazendo uma porção de coisas alegres que causam a nossa felicidade.

— Vocês não parecem mortas, mas eu sei que estão – falou Bárbara. – Só não sei como podem estar fazendo essas coisas alegres estando mortas. Também não quero saber. Tudo que me importa é que eu não queria estar morta. Sou muito jovem para ter morrido, só tenho catorze anos.

— Nós duas também somos jovens como você e sendo jovens continuamos levando nossas vidas de jovens aqui do outro lado da vida – falou Roseilane, que se levantando veio em minha direção e colocou suas mãos em meus ombros. – Você pode fazer como nós duas estamos fazendo e continuar levando sua vida de jovem.

— Mas eu não quero fazer como vocês duas estão fazendo. Eu quero é estar viva e continuar ouvindo as coisas bonitas que o... – Bárbara levou a mão à boca antes de falar o nome de determinada pessoa.

Eu e Roseilane nos entreolhamos; com certeza ela iria falar o nome de algum garoto.

— Primeiro você deve parar de dizer que quer continuar viva, pois você está viva. E se você começar a aceitar o fato de que está viva, vai poder continuar ouvindo as coisas bonitas que o garoto lhe falava através da boca de outros garotos bem bonitos, talvez até mais bonitos do que o que lhe dizia as coisas bonitas que você parece tanto gostar de ouvir – mencionou Roseilane.

— Aqui tem garotos mais bonitos do que Gilberto e que sabem falar coisas tão bonitas quanto ele? – indagou Bárbara, admirada.

— Se tem? Claro que tem. Eles são umas gracinhas. Tão fofinhos que dá vontade de pegar no colo e fazer um denguinho neles – informou Roseilane fazendo biquinho.

— Jura? Jura, Roseilane, que aqui tem garotos fofinhos assim? – perguntou Bárbara, ansiosa.

— Bárbara, aqui está cheio deles. Alguns são muito mais bonitos do que certos artistas de novelas que a televisão dos encarnados mostra e pelos quais adolescentes encarnadas, ao vê-los pelo vídeo, suspiram longamente – falou Roseilane de uma forma que me fez ver que estava apaixonada.

— Eu não acredito que aqui possa ter alguém tão mais bonito do que Gilberto. Só acredito vendo.

— Você os verá quando começar a aceitar o fato de ter renascido para uma vida linda. Vai vê-los e poderá ouvi-los, e poderá se divertir com eles. Como eu e Jaqueline nos divertimos.

— Você está me dizendo que depois de morta a gente se diverte do mesmo modo de quando estava viva?

— Se diverte até muito mais. Muito mais mesmo – informou Roseilane.

— Como? Assombrando os vivos? – questionou Bárbara.

Nós duas sorrimos. Roseilane, aproximando-se dela, falou:

— Imagine se vamos perder tempo assombrando nossos irmãos encarnados. Aqui nós nos divertimos dançando, cantando, jogando, namorando e de outros modos cujo divertimento nos deixa de bem com a vida.

— Você não está querendo me enganar, Roseilane? – inquiriu Bárbara. – Aqui vocês podem cantar e namorar mesmo?

— É lógico que podemos. Muitos possuem uma lindíssima voz. Jaqueline, inclusive, pelo que fiquei sabendo, canta muito bem. Ela está se preparando para se apresentar no show de talentos da cidade espiritual em que moramos.

Olhei para Roseilane abismada. Ela deveria ter conversado com Murilo, que teria lhe dito que eu ficara de pensar sobre a minha participação ou não no show de talentos.

— Levante-se um pouco – pediu Roseilane a Bárbara. – Sente-se aqui nesta cadeira e vamos ouvir Jaqueline cantar uma linda canção.

Olhei para Roseilane, assustada. Não tinha a menor intenção de cantar. Ia abrir a boca para lhe dizer isso, mas antes de fazê-lo eu a escutei mentalmente falando que nós duas ali estávamos para auxiliar Bárbara.

Caminhei até a janela e fiquei encostada no parapeito.

Olhei para Bárbara, que, auxiliada por Roseilane, estava deixando o leito.

O enfermeiro, que até então se mantivera longe da visão de Bárbara, aproximou-se e ajudou Roseilane a conduzir a garota até uma cadeira. Ao vê-lo, Bárbara sorriu e agradeceu pela ajuda.

O enfermeiro sentou-se próximo de um dos leitos. Roseilane sentou-se na cadeira que antes eu ocupara. Os três atentos me olhavam, aguardando o momento em que começaria a cantar.

Por minha cabeça se passaram várias letras de músicas que eu costumava cantar quando encarnada. No entanto, não conseguia me decidir sobre qual delas cantar. Olhei para o jardim da casa espírita, fechei os olhos e rapidamente fiz uma prece.

Um pássaro encarnado pousou próximo de uma roseira do jardim. Vendo-o, recordei pedaços da letra da música que ouvira Irami cantando quando tinha observado minha existência vivida na pele daquela índia[3]. Pensei em cantar parte da música, pois não me recordava da letra por inteiro.

Apoiando as mãos no parapeito fiz um esforço e me sentei nele. Olhei para o jardim, suspirei e abrindo a boca comecei a soltar a voz. Enquanto cantava, cenas da taba vieram a minha mente e através dela me vi como Irami sentada perto do rio. A emoção tomou conta de mim, e ao recordar o quanto Irami amava o índio que a tinha deixado, meus olhos encheram-se de lágrimas e soltei ainda mais a voz, permitindo que essa expressasse claramente o sentimento que tomava o meu coração naquele momento.

---

[3]No livro *Relato de uma Católica* falo sobre uma das minhas vidas passadas em que vivi como a índia Irami (NAE).

Pássaros desencarnados surgiram de repente e pousaram no parapeito da janela bem próximos a mim. Um deles foi se aproximando e acabou pousando na minha mão direita. Continuei cantando e com a mão esquerda toquei a cabecinha do pássaro e lhe fiz um carinho. Interessante é que, à medida que cantava, toda a letra da música ia surgindo em minha mente e assim fui cantando até que a canção chegou ao fim.

Escutei palmas e, virando o rosto, olhei para os três que me escutavam. Espantei-me ao descobrir que além dos três havia outros na sala, inclusive o mentor da casa. Fiquei envergonhada. Deixei o parapeito.

Os pássaros cantaram e depois voaram. Mais aplausos. Bárbara levantou-se da cadeira e contemplando-me disse:

— Como você canta bem! Que linda voz tem! Ouvindo-a cantar fiquei muito emocionada. Cantando me mostrou que você e sua amiga estão mesmo vivas e que aqui deste outro lado da vida vocês duas continuam mesmo se divertindo e vivendo como se não estivessem mortas. Se as duas não estão mortas, eu também não estou, e não estando, também poderei cantar e me divertir igual a vocês?

— Com certeza você vai poder cantar e se divertir bastante – disse-lhe.

— Você é até capaz de se divertir mais do que nós duas – falou Roseilane, abraçando Bárbara.

— Eu também vou poder ouvir as coisas bonitas dos garotos que você, Roseilane, falou que dizem?

— Vai sim, Bárbara. Ouvirá tanto que chegará a hora em que pedirá para eles pararem de falar.

Eu e Bárbara sorrimos. Roseilane me falou que eu canto divinamente bem. O enfermeiro e os outros que entraram na sala sem que os tivesse visto falaram a mesma coisa. Eu lhes disse que eles estavam sendo gentis, pois eu não cantava nada bem.

Bárbara, vendo o tio ali, caminhou até ele.

— Tio, eu não estou morta como o senhor me disse que estava. Estou viva e vou poder continuar fazendo uma porção de coisas legais como as minhas amigas aqui fazem.

— Vai sim, querida, e seu tio vai se divertir junto com você.

— Que bom, tio! Vai ser legal eu, o senhor e minhas novas amigas nos divertindo juntos. Que bacana! Nem parece que eu morri.

— E não morreu mesmo – falou Roseilane.

Bárbara quis saber de Roseilane quando é que ela poderia ouvir os garotos dizerem as coisas bonitas. Roseilane comentou que após ela ser levada para uma cidade espiritual e se acostumar com a vida de viva depois da morte física iria ouvi-los.

Bárbara ficou pensativa. Roseilane perguntou se não gostaria de ir para a cidade espiritual.

— Antes de ir eu gostaria primeiro de ouvir os garotos bonitos recitarem poesias para mim. Posso ouvi-los agora?

— Agora não pode porque eles não estão aqui. Estão na cidade espiritual que aqui chamamos de colônia. Quando você chegar à colônia poderá ouvi-los sim.

— Vou poder ouvi-los logo que eu chegar nessa tal de colônia? – quis saber Bárbara.

— Logo que você chegar, não. Primeiro irá descansar um pouco. Vai conhecer o educandário da colônia onde você vai viver. Nesse educandário existem muitos adolescentes como você. Lá vivem garotos e garotas. Garotos bem bonitos até. Você vai viver no meio deles e aí poderá escolher aquele que desejará que lhe recite poesias.

— Roseilane, eu poderei viver no meio deles e ainda vou poder escolher aquele que irá recitar as poesias para mim?

— Sim.

— Então me leve logo para essa colônia que eu já estou perdendo tempo aqui – falou Bárbara de uma forma tão engraçada que todos sorrimos.

Roseilane explicou algumas coisas a ela. Após as explicações, Bárbara falou que não queria ir sozinha com o tio para a colônia, gostaria que nós duas a acompanhássemos. Decidimos, assim, acompanhá-la.

Enquanto aguardávamos o aeróbus que a levaria no outro dia para a colônia em que iria viver, Roseilane pediu para Bárbara dormir e descansar um pouco. Bárbara dormiu, nós duas a deixamos aos cuidados do enfermeiro e fomos até a sala do mentor da casa.

O mentor e o tio de Bárbara agradeceram pelo atendimento que demos à menina. Ficamos conversando com eles. Depois o mentor nos levou para conhecer a casa espírita, que é bem ajeitadinha.

Após conhecer a casa espírita o mentor nos levou para conhecermos uma creche mantida pela casa. Quando lá chegamos, encontrei uma linda criança desencarnada tomando conta da creche. Ela, juntamente com o mentor, nos mostrou toda a creche e explicou o trabalho desenvolvido por ela, e o quanto as crianças encarnadas que são atendidas pela creche estão aprendendo coisas que as ajudam moralmente e como estão crescendo felizes.

Deixando a creche, retornamos ao posto de socorro plasmado acima da casa espírita. Como ainda iria demorar algumas horas para o surgimento de um novo dia, Roseilane, informando-se com o tio de Bárbara em qual a colônia a sobrinha iria viver, me convidou para volitarmos com ele até a colônia.

Lá, nós nos dirigimos ao educandário. Conversamos com os diretores, e Roseilane pediu para dar uma olhada nos garotos. Eles dormiam. Ela perguntou para um dos diretores qual deles sabia recitar poesia. Ficamos sabendo que um loirinho de olhos verdes há anos as recitava muito bem. Roseilane pediu aos diretores para que eles solicitassem ao loirinho para recitar uma poesia quando estivéssemos chegando com Bárbara. Os diretores falaram que não teria nenhum problema, o loirinho a recitaria e iria ficar muito feliz em fazê-lo. Despedimo-nos dos diretores e regressamos ao posto de socorro.

Quando o novo dia surgiu e o aeróbus chegou, trabalhadores do posto de socorro nos abraçaram com carinho e, nos despedindo deles, entramos no veículo acompanhando Bárbara e seu tio.

O aeróbus fez mais duas paradas em outros dois postos de socorro e partiu em direção à colônia onde todos iriam viver.

Chegando à colônia, levamos Bárbara até o educandário e a entregamos aos cuidados dos diretores, que a conduziram até uma sala de recepção. Ali, garotos e garotas caminharam até Bárbara e a abraçaram, dando-lhe as boas-vindas.

O loirinho de olhos verdes que me pareceu ter uns quinze anos pediu que Bárbara se sentasse em uma confortável poltrona. Assim que ela se acomodou, ele ajoelhou-se e colocou a mão esquerda sobre a mão direita de Bárbara. Depois, colocou a mão direita sobre o coração e começou a recitar uma linda poesia.

Bárbara ficou toda encantada e olhava para mim e para Roseilane com emoção.

O loirinho, ao terminar de recitar a poesia, levantou-se e indagou a Bárbara se ela havia gostado da poesia.

— É lindíssima. Eu amei ouvi-la. Você a recitou muito bem – Bárbara afirmou.

— Poderei recitar outras quando você desejar – falou o loirinho, piscando para ela.

— Como você é espertinho! – disse Roseilane, caminhando até ele. – Bárbara mal chegou e você já a está cantando. Levadinho! – Roseilane tocou o cabelo dele e fez um afago.

Todos sorrimos.

Os diretores despediram-se dos garotos e das garotas e convidaram Bárbara para conhecer o quarto dela. Antes de ela conhecer o quarto, eu e Roseilane a abraçamos e lhe dissemos que ela estava em boas mãos. Ao se despedir, Bárbara quis saber onde morávamos. Quando soube que vivíamos em outra colônia, pediu para a gente sempre visitá-la. Falamos que, quando nos fosse possível, a visitaríamos e lhe dissemos que o tio dela sempre a visitaria, pois ele morava na mesma colônia em que ela agora iria morar.

Bárbara saiu para conhecer o quarto dela e nós duas, acompanhadas pelo tio da garota, deixamos o educandário.

Do educandário fomos até o jardim. O tio de Bárbara mais uma vez agradeceu pelo auxílio prestado. Falamos que ele não precisava agradecer, pois ambas tínhamos ficado muito felizes em poder ajudar. Despedimo-nos dele e começamos a volitar em direção a nossa colônia.

Chegando lá, fomos direto à Casa do Auxílio e nos dirigimos à sala em que a nossa equipe trabalha. Poucos foram os trabalhadores que encontramos. Fiquei sabendo que muitos estavam prestando auxílio.

Roseilane falou que, como o auxílio prestado tinha sido rápido, não houve necessidade de enviar informações para serem anotadas na pasta de

Bárbara. Dessa forma, faríamos o relatório sem precisar consultar a pasta, pois esta não tinha nenhuma anotação mesmo.

Posicionamo-nos à mesa. Roseilane me entregou papel e caneta e comentou que eu escreveria o relatório. Perguntei por que ela não o escrevia e ela falou que não era muito boa para escrever. Demorava algum tempo para conseguir passar suas idéias para o papel; mesmo tendo feito um curso que a ajudou a escrever, ainda sentia certa dificuldade quando tinha de fazê-lo, gostava mais de se expressar verbalmente do que através da escrita. Ficamos as duas conversando bem baixinho sobre o atendimento prestado a Bárbara. Enquanto conversávamos eu ia passando algumas informações para o papel, e quando a conversa chegou ao fim, o relatório estava pronto.

Entregamos o relatório a Demetrius quando esse adentrou a sala. Ele o leu e comentou que tínhamos feito um bom trabalho. Demetrius entregou o relatório a Clóvis, que por sua vez começou a digitá-lo.

Eu e Roseilane deixamos a sala e fomos desfrutar as nossas horas de folga.

Estava no jardim olhando para a fonte e sonhando acordada. Demetrius veio até mim e sorrindo perguntou se poderia sentar ao meu lado. Dei permissão, e ele sentou-se.

— Jaqueline, recordo que lhe disse que no novo curso que fará você terá algumas aulas que lhe ensinarão a ler pensamentos dos desencarnados. Aqui estou para lhe dar uma aula sobre como você fará para verificar os pensamentos dos encarnados. Essa aula é muito importante porque tendo iniciado seu trabalho na Casa do Auxílio certamente vai precisar utilizar essa capacidade.

Demetrius assoprou sobre mim e segurou minhas mãos. Em seguida foi me passando algumas dicas e falando como eu deveria colocá-las em prática. As dicas eram sobre como verificar os pensamentos dos encarnados e como me comunicar com eles, passando-lhes minhas orientações para que as recebessem em forma de pensamentos.

Demetrius me explicou diversas coisas e após essas explicações voltou a assoprar sobre mim. Depois ele me convidou para volitarmos até o plano físico.

Chegamos à cidade de Brasília. Entramos na casa do médium cujo mentor é Demetrius e o qual eu já conhecia e sempre visitava. Demetrius me falou que nesse dia da semana o médium sempre reserva algumas horas para conversar com as pessoas que o procuram.

Uma jovem em uma sala de espera aguardava ser atendida pelo médium. Lágrimas jorravam dos seus olhos. Demetrius pediu-me para me aproximar dela e verificar qual o motivo das lágrimas. Antes de me aproximar, ele falou para eu me lembrar de tudo o que tinha acabado de aprender com ele.

Assoprei na jovem e coloquei minha mão direita em sua cabeça. Concentrei-me e consegui ler seus pensamentos sem nenhum problema.

Demetrius olhou demoradamente para a jovem, assoprou sobre ela e lhe aplicou um passe. A jovem parou de chorar e enquanto aguardava ser atendida pelo médium apanhou um livro que estava sobre uma mesa e pôs-se a folheá-lo.

Demetrius me perguntou qual o motivo de a jovem estar chorando. Eu lhe expliquei. Ele me abraçou e disse que estava certa. Falou que eu tinha aprendido a lição muito bem e que já poderia utilizar o recurso de ler os pensamentos dos encarnados quando estivesse desempenhando algum auxílio.

Voltamos para a colônia e fomos direto para a Casa do Auxílio.

Sulamita me informou que fui selecionada com Murilo para prestar um auxílio a um jovem encarnado de uma das casas de outras denominações religiosas cuja colônia que a assiste é filiada a nossa.

Após a prece que a equipe fez para nós, partimos em direção ao Estado do Rio de Janeiro.

Ao chegarmos, entramos na residência do jovem. Encontramos o rapaz ajoelhado à frente de um oratório fazendo uma novena dedicada a São Francisco de Assis. Vimos a mentora ou anjo da guarda do jovem próxima a ele.

A mentora nos acolheu com abraços. Por ela, ficamos sabendo que o jovem, através da novena, pedia ao santo que o ajudasse a passar de ano no colégio em que estudava. Ela nos disse que o ano letivo estava chegando ao fim e o jovem mais uma vez tinha ficado para recuperação na disciplina de História. Ele não gostava muito dessa matéria e por isso não se empenhava nela o quanto se empenhava nas outras.

Eu e Murilo passamos a acompanhá-lo e descobrimos tratar-se de uma boa pessoa. Sua avaliação aconteceria dentro de duas semanas. Ele não se interessava em pegar os livros e estudar. Tudo o que fazia era acender velas para o santo e ficar esperando que o santo descesse da esfera sublimada de onde morava e fizesse a prova no lugar dele. Observando-o recordei que em meu tempo de encarnada muitas colegas me diziam que faziam o mesmo que o jovem estava fazendo. Rezavam novenas aos santos e não pegavam nos cadernos, acreditando piamente que os santos as ajudariam. Algumas delas não receberam a ajuda porque não colaboraram com os santos estudando um pouquinho. Elas, por não terem estudado e colaborado com os santos, não conseguiam ser aprovadas para a série seguinte.

O jovem entrou no quarto e apanhando um livro da disciplina o folheou sem muito interesse. Depois o largou sobre a cama e ficou pensando que precisava tirar boa nota na avaliação. Murilo aproximou-se bem dele, fez uma prece e colocando sua mão direita na cabeça do jovem o incentivou a pensar em outros alunos que estudavam na mesma sala.

O jovem, inspirado por Murilo, foi recordando os outros que estudavam na mesma sala que ele e que haviam ficado para recuperação em outras disciplinas. Através dos pensamentos dele descobrimos que uma adolescente de dezesseis anos que havia ficado para recuperação em Matemática amava a disciplina de História e dedicava-se a ela com muito empenho. O jovem desejou estar no lugar dela, pois, segundo ele, por ser muito bom em Matemática não teria ficado em recuperação, e ela, por ser muito boa em História, também não teria ficado.

Murilo estalou os dedos e disse:

— Jaqueline, encontramos uma forma de auxiliá-lo. Vamos promover o encontro dele com a adolescente e assim os orientamos para que um coopere com o outro. Ele a ajuda com a Matemática e a jovem o ajuda com a História.

O jovem ligou a televisão e ficou assistindo ao que o aparelho transmitia. Depois, notando que estava ficando tarde, desligou a televisão, fez uma prece e novamente pediu ao santo para ajudá-lo. Deitou-se e em poucos minutos dormia.

Murilo e a mentora do jovem ajudaram o espírito dele a deixar o corpo. O jovem, em espírito, nos olhou assustado e indagou quem éramos. Murilo falou que éramos ajudantes de São Francisco. Eu virei o rosto e sorri. O jovem, interessado, perguntou-nos se o santo iria mesmo ajudá-lo no dia da avaliação. Eu lhe disse que o santo o ajudaria se ele se ajudasse também. Ao indagar como ele poderia se ajudar, eu e Murilo lhe dissemos que procurasse a adolescente que tinha facilidade em História e lhe pedisse ajuda, e em troca ele a ajudaria com a Matemática.

O jovem imediatamente pensou na colega. Murilo perguntou se ele sabia onde ela morava. O jovem respondeu afirmativamente. Murilo e a mentora do jovem o pegaram pelos braços e volitando fomos até a residência da adolescente. Encontramos a garota dormindo a sono solto. Seu mentor estava ao lado, vigiando o sono da garota.

Murilo fez com a adolescente o mesmo que fez com o jovem, e o espírito dela veio ter conosco. Conversamos com ela. Os dois concordaram em se ajudar. Fizemos uma prece com eles e os ajudamos a retornar aos corpos físicos.

Eu fiquei na casa da adolescente e Murilo, na casa do jovem. Combinamos que iríamos ajudar os dois a se encontrar logo que ambos despertassem.

No outro dia, ao acordar, a adolescente, pensando ter sonhado, recordou-se em parte do que conversamos com ela. Ficou pensativa. Após tomar café entrou no quarto e abriu um livro de Matemática. Começou a fazer uns exercícios, mas ao chegar a um e não conseguir resolvê-lo fechou o livro e com raiva o atirou ao chão. Arrependida, apanhou o livro e começou a chorar. Eu me aproximei dela e lhe disse para ir à biblioteca do colégio.

A adolescente fez uma prece pedindo ajuda a Nossa Senhora do Carmo, e com o livro e outros materiais escolares se dirigiu à biblioteca do colégio. Eu e o mentor dela fomos junto.

Ao entrar na biblioteca, sentou-se e, apanhando outros livros de Matemática de uma prateleira, começou a estudar.

O jovem, que fora conduzido por Murilo até a biblioteca, ao entrar deu de cara com a adolescente e perguntou se poderia ocupar a mesma mesa que ela. A garota disse que sim e contou que tinha sonhado com ele. O jovem também falou que se lembrava vagamente de ter sonhado com ela, mas não se recordava muito bem do sonho.

Murilo incentivou o jovem a perguntar como a adolescente estava se saindo com a Matemática, e eu incentivei a adolescente a perguntar a ele o mesmo em relação à História. Após um ter ouvido as dificuldades do outro e cada um ter concluído que os dois poderiam se ajudar, decidiram estudar juntos. Assim, a adolescente passou a auxiliar o jovem e vice-versa.

Nós os acompanhamos durante uma semana. Os dois, orientados por mim, por Murilo e pelos seus mentores durante todos os dias dessa semana, se encontravam na biblioteca e, no final da semana, se encontraram na casa da adolescente.

De vez em quando eu e Murilo levávamos algumas informações até a nossa colônia e as entregávamos para um membro da nossa equipe, a fim de que ele as anotasse na pasta do jovem.

O jovem se empolgou tanto com o estudo que até esqueceu-se de que ainda faltavam dois dias para concluir a novena. Só recordou-se poucas horas antes da avaliação e, pegando o livrinho com a novena, foi até o oratório e rezou os dois dias que faltavam de uma única vez.

Os dois foram bem nas avaliações e passaram de ano letivo. Seus mentores disseram a mim e a Murilo que tínhamos ajudado bastante. Fizemos uma prece agradecendo a Deus pelas graças que Ele enviou aos dois jovens. Eu e Murilo voltamos à Colônia São Tarcísio. Murilo me falou que o jovem e a adolescente só conseguiram ser auxiliados porque ambos faziam preces. Foram as preces deles que contribuíram para que ele, eu e os seus mentores encontrássemos campo de atuação e pudéssemos auxiliá-los.

Pegando a pasta do jovem contendo as anotações, fizemos o relatório do auxílio prestado. Depois de entregá-lo, fomos usufruir o nosso dia de folga.

Esclareço aos encarnados católicos que estudam e que ficam fazendo novenas pedindo a determinados santos que os ajudem no dia da avaliação que os santos só os ajudarão se vocês contribuírem com eles e se ajudarem, começando a estudar e a se esforçar no estudo. O mesmo vale para encarnados de outras denominações religiosas que, não se utilizando de novenas, pedem auxílio aos anjos, a Deus, ao Mestre Jesus, à Santíssima Virgem Maria e aos espíritos benfeitores através de suas inúmeras preces. Não é errado pedir, o errado é só pedir e não contribuir em nada. Se querem se sair bem em seus estudos, dediquem-se com empenho e, quando depararem com dificuldades em alguma disciplina, não hesitem em pedir ajuda àquele que detém maior facilidade na matéria em questão. Lembrem-se de, quando forem pedir esse tipo de auxílio ou outro qualquer através das preces, permitir que as preces sejam feitas com seus corações. Assim receberão o auxílio, pois nós do plano espiritual que estamos encarregados de ajudar os encarnados conseguimos trabalhar com maior agilidade quando encontramos campo de atuação. Esse campo sempre é encontrado quando preces são feitas com o coração e quando quem as faz procura mudar suas atitudes e tenta trabalhar a sua reforma íntima.

Durante alguns dias eu ainda acompanhei outros membros da minha equipe em diversos atendimentos, tanto a encarnados como desencarnados.

Certo dia, após ter chegado de um auxílio que tinha ido prestar junto com Clóvis, Demetrius me informou que eu já estava pronta para levar o auxílio sozinha. Só passaria a acompanhar alguém quando fosse necessário.

A equipe me abraçou. Eu fiquei feliz. Quando as minhas horas de descanso chegaram, fui para casa, e no quarto fiquei pensando sobre os possíveis auxílios que começaria a prestar sozinha.

CAPÍTULO 5

A prece e as virtudes

O trabalho que exerço na Casa do Auxílio juntamente com a equipe de jovens e adolescentes está me ajudando bastante a crescer interiormente. Através dele tenho amparado os que necessitam de diversos tipos de ajuda e tenho me esforçado ao máximo para, no momento em que estou prestando o auxílio, ver em cada um dos que o recebem a imagem do bondoso Mestre Jesus Cristo.

Em um dia em que havia acabado de prestar auxílio a um encarnado, encontrei Rodolfo na sala em que trabalho. Fazia um bom tempo que não o via. Embora trabalhássemos na mesma equipe, eu e ele ainda não havíamos sido selecionados para levar nenhum auxílio juntos.

Eu o abracei com alegria. Rodolfo me informou que passaríamos a nos ver um pouco mais. Ele comentou a respeito do fim das férias do curso sobre a prece e as virtudes que fazemos juntos, e informou que as aulas reiniciariam no dia seguinte. Conversamos sobre outros assuntos e depois fui para casa.

Entrei no quarto, abri as gavetas da escrivaninha e, retirando o material do curso, dei uma lida em minhas anotações e passei a recordar grande parte do que já tinha estudado. Coloquei o material dentro da mochila. Fui até a janela e, contemplando o jardim, fiquei pensando.

A minha vida mudara bastante. Alguns anos atrás eu estava encarnada e vivia de forma semelhante a algumas adolescentes encarnadas. Desencarnei aos dezesseis anos e, ao chegar ao plano espiritual, não encontrei nada do que esperava encontrar e nada do que a doutrina religiosa que eu seguia me dissera que encontraria. Aos poucos aprendi a viver como desencarnada. Fiz alguns cursos e, devido ao que aprendi neles, comecei a me ajudar e a ajudar os outros. Ter aprendido enfermagem foi o máximo. Gosto muito de ser enfermeira, pois assim posso contribuir na recuperação de muitos irmãos.

Encontrei Rodolfo no plano espiritual e, com a nossa convivência e alertada por duas amigas, descobri o quanto ele é importante para mim. Conheci dois anjos que não têm asas, e após esse conhecimento percebi o quanto os anjos são trabalhadores e muito se preocupam com o crescimento espiritual de todos os filhos de Deus.

Vivi em uma cidade espiritual encantadora, a Colônia Bom Jardim, e após alguns anos morando lá, recebi a graça de viver na cidade espiritual em que hoje me encontro, a Colônia São Tarcísio. Nela conheci pessoas maravilhosas e, através de seus exemplos e do trabalho que desenvolvo na Casa do Auxílio, tenho me esforçado muito para esquecer-me de mim mesma e me ocupar apenas com os pequeninhos do Mestre Jesus Cristo, que ao surgirem em meu caminho recebem o meu amor e toda a minha atenção.

Após ter pensado em tudo isso, disse a mim mesma que a minha vida mudara um pouco desde o momento em que cheguei ao mundo dos espíritos.

De repente senti que alguém estava em frente à porta do meu quarto e desejava falar comigo. Fui até a porta e, ao abri-la, deparei com meu orientador. Demetrius sorriu e me convidou para darmos uma volta pelo jardim. Na certa desejava me dizer algo.

Nós nos sentamos em um banco. Ele me contemplou longamente. Desviei o olhar e o direcionei a algumas rosas amarelas. Não me sentia muito bem quando Demetrius me contemplava por alguns minutos. Ele é muito lindo, e sua beleza física acaba fazendo com que uma garota da minha idade, mesmo tendo o coração voltado para outro, como o meu para Rodolfo, acabe desejando que um belo rapaz como ele a contemple de uma forma diferente da de costume, ainda que apenas por um instante.

Mas Demetrius não me olhava desse jeito. Assim, para não dar bandeira, eu admirava as rosas.

— Jaqueline, amanhã você retornará às aulas do curso sobre a prece e as virtudes – Demetrius começou a falar, e eu olhei para ele. – Gostaria de lhe desejar um feliz retorno e lhe comunicar que, devido a sua nova vibração, será capaz de assimilar as matérias do curso com um pouco mais de rapidez. No entanto, quero lhe pedir para que, mesmo assimilando-as mais rápido, você continue se dedicando muito ao curso. Precisa aprender como trabalhar essa sua nova vibração. Os jovens e adolescentes da equipe da Casa do Auxílio já a ajudaram a trabalhá-la um pouco. Agora eu vou lhe ensinar algumas coisas que lhe ajudarão no sentido de saber como utilizá-la quando dela necessitar e no sentido de ocultá-la quando for necessário.

Demetrius levantou-se do banco e pediu para eu fazer o mesmo. Ele me passou dicas e me fez repetir exercícios físicos. Durante esses exercícios, volitei com ele para alguns lugares e, através de suas excelentes explicações, fui retendo uma grande parte do que meu orientador me passava.

Por três horas ele ficou me ensinando o que considerava ser importante. No final, pediu para eu demonstrar parte do que aprendera. Eu o fiz, e ele me comunicou que eu tinha aprendido o que no momento necessitava aprender.

Demetrius me conduziu até a minha casa, despediu-se e se encaminhou para sua residência.

No dia seguinte, bem cedo, após ter participado da prece matutina, peguei a mochila e, ao sair de casa para ir ao curso, encontrei Rodolfo me aguardando. Vendo-me, ele me abraçou, e nós dois saímos volitando até a colônia onde fazemos o curso sobre a prece e as virtudes.

Foi gostoso rever os três professores e os outros catorze alunos do curso. Fazia um mês que não nos víamos. Durante minutos trocamos informações sobre o que nos aconteceu durante o recesso do curso.

Meire, a jovem com quem sempre conversava, me falou que um primo tinha desencarnado e que fora levado à mesma colônia em que ela estava vivendo. Ela falou tanto do primo e com tanta emoção que deduzi ser ele o espírito que ela ama.

Os três professores pediram para relembrarmos o que já tínhamos estudado.

Os alunos começaram a comentar o conteúdo fora exposto.

Rodolfo ficou de pé e começou a rememorar sobre a caridade.

— Aprendemos que a caridade é a virtude que o Mestre Jesus tão bem praticou quando esteve encarnado, e ao praticá-la deu o exemplo aos seus discípulos de como fazê-lo. Foi-nos dito pelo professor Rafael que hoje nós é que somos os discípulos do Mestre Jesus Cristo, e, sendo seus discípulos e tendo, através dos Evangelhos, conhecimento das inúmeras caridades que Ele praticou, devemos nos esforçar e tentar fazer com que essa virtude nasça em nosso coração. Em seguida, devemos cultivá-la e a todo o momento colocá-la em prática.

Rodolfo tornou a se sentar. Eu, por minha vez, me levantei e comecei a falar:

— O professor Rogério nos disse que a caridade anda de mãos dadas com outras virtudes e com outros sentimentos. Quem a exerce ao mesmo tempo está exercendo o amor, sendo bondoso, tendo compaixão para com o seu próximo e sendo humilde. Pois segundo o professor os humildes são capazes de perceber quem a sua volta necessita encontrar uma mão estendida em sua direção. O professor Rogério também comentou sobre as diferentes formas de praticar a caridade, e inclusive citou trechos do livro de autoria de Demetrius que usamos no curso. Utilizando-se de parte do que Demetrius escreveu referente às formas de praticar a caridade, ele nos fez ver que ela pode ser desempenhada de inúmeras formas[4].

Sentei-me, e um outro aluno, levantando-se, falou:

— A professora Elisabeth nos ajudou a trabalhar a fé. Disse-nos que a fé é a verdadeira fortaleza do homem. Aquele que a possui confia com todo o seu coração no Pai Celeste. Ela o impulsiona somente em direção

---

[4]*Lições para uma Vida Feliz* é o livro de autoria de Demetrius que utilizamos durante o curso sobre as preces e as virtudes. Esse livro já foi publicado, e se os meus amigos leitores tiverem interesse, poderão adquiri-lo. Com certeza irão se encantar com as lindíssimas lições que Demetrius aponta na obra (NAE).

a coisas boas, e o seu detentor nada teme, pois reconhece que a fé lhe dá segurança em todos os momentos de sua existência.

Outros alunos fizeram mais comentários.

Os professores, após escutá-los, informaram-nos de que nós realmente participamos da primeira etapa do curso. Participamos tão bem que fomos capazes de reter em nossa memória as lições que eles ministraram.

O professor Rafael disse-nos que durante a semana iríamos estudar sobre a prece. Antes da sua explanação, pediu para falarmos o que entendíamos por prece. Poucos alunos se manifestaram.

O professor Rafael apertou um botão, e a tela que fica presa acima do quadro-negro se abriu, tomando todo o quadro. Na tela surgiu a palavra prece. Em seguida, vimos o bondoso Mestre Jesus em atitude de oração.

— Elevar preces ao Pai Celeste é na verdade se permitir conversar com Deus e deixar Deus conversar conosco – explicou-nos o professor Rafael. – Essa conversa tem de ser sincera e deve brotar do coração envolvida em sentimentos que expressam o que se passa no íntimo daquele que a faz. No momento em que se vai proferi-la é importante confiar que ela chegará até quem gostaríamos que chegasse. Se temos essa confiança, a prece atingirá seu objetivo, proporcionando paz a quem a executou e a quem é direcionada.

Achei lindo o que o professor Rafael falou, e pedi para que ele repetisse. Ele o fez e, enquanto repetia, eu anotei o que saía dos seus lábios.

A professora Elisabeth nos falou que o homem que tem o hábito da prece é um homem que consegue dar grandes vôos. Impulsionado pelos benefícios que dela recebe, trabalha-se moralmente e aos poucos inicia a sua reforma íntima.

O professor Rogério comentou que a prece proporciona aos que dela se utilizam energias benéficas que contribuem em sua felicidade e na felicidade de muitos.

Nossos três professores foram falando tão bem sobre a prece que em determinado momento meus olhos se encheram de lágrimas. Escutando-os falar de maneira tão linda e fazendo uso de expressões que tornavam compreensível a todos nós o que eles queriam nos passar, realmente fiquei muito emocionada. Essa aula sobre a prece estava me fazendo perceber que eu pouco sabia sobre essa virtude tão linda.

O horário do intervalo chegou. Durante esse período, comentamos apenas sobre o que tínhamos acabado de ouvir dos nossos professores.

Faltando poucos minutos para regressarmos à sala de aula, Meire aproximou-se e me perguntou se no final da aula eu poderia ficar mais alguns minutinhos para lhe dar atenção. Comentei com a minha amiga que após as aulas eu teria de trabalhar, mas que, após o meu expediente, poderíamos nos encontrar no jardim da colônia onde ela vive. Ela concordou balançando a cabeça.

Sei qual a colônia em que Meire reside, pois quando vivia na Colônia Bom Jardim ela me visitara, e eu retribuí a visita indo vê-la em sua colônia.

A segunda parte da aula foi tão interessante quanto a primeira. Os professores explicaram sobre as diferentes formas de rezar.

O professor Rafael, por ser muito brincalhão, começou a imitar determinados encarnados e desencarnados que fazem preces de diversas formas, e, à medida que ele os imitava, os outros dois professores iam explicando sobre essas maneiras de rezar. Falaram que as formas empregadas por diversas pessoas não significam que estão erradas, e sim que elas se sentem bem rezando daquelas formas e confiam que do jeito como rezam suas preces serão atendidas.

A professora Elisabeth explicou que o bondoso Mestre Jesus Cristo, ao ensinar seus discípulos a rezar, o fez demonstrando uma belíssima forma sobre como a oração deve ser proferida[5].

A aula terminou deixando-nos ansiosos pela continuação do assunto no dia seguinte.

Antes de voltar para a colônia, abracei Meire e tornei a lhe dizer que a visitaria logo tivesse concluído o meu horário de trabalho. Informei a que horas iria vê-la, e ela afirmou que estaria me aguardando.

Em meu trabalho, na Casa do Auxílio, fiz uma prece por Meire. Eu não tinha sido selecionada para levar nenhum tipo de auxílio. Fiquei lidando com as informações recebidas por quem estava auxiliando.

---

[5]Mateus 6,6 (NAE).

Quando minhas dez horas de turno chegaram ao fim, procurei Sulamita e lhe pedi que me ajudasse a preparar um lindo buquê de rosas. Sulamita me ajudou, e juntas fizemos um arranjo muito lindo. Agradeci pela ajuda, e Sulamita, sorrindo, disse-me que esperava que a pessoa que fosse receber o buquê se encantasse com ele.

Segui para a colônia em que Meire vive. Minha amiga ainda não havia chegado ao jardim. Sentei em um banco, coloquei o buquê de rosas sobre ele e fiquei olhando para o jardim e para as pessoas que por ali passeavam. Meire chegou após uns dez minutos e pediu desculpas pelo atraso. Eu a abracei e lhe entreguei o buquê. Ao recebê-las, emocionada, ela disse:

— Obrigada, Jaqueline. O buquê é muito lindo! – Ela aspirou o perfume das flores.

Meire sentou-se ao meu lado. Olhou para as pessoas que passeavam pelo jardim. Depois, fitou-me, em silêncio. Fiquei esperando que ela começasse a falar.

— Jaqueline, estou muito feliz com a vinda do meu primo para esta colônia. Tanto que, em minhas preces, tenho agradecido a Deus por ele haver desencarnado e ter vindo viver aqui comigo. – Meire levou as mãos ao rosto e começou a chorar.

— Meire, se está tão feliz por que chora?

— É que não sei se estou agindo certo ao elevar preces a Deus agradecendo pelo desencarne do meu primo.

— E por que não estaria agindo certo ao elevar essas preces?

— É que o meu primo gostava tanto de estar encarnado! Ele vivia com tanta intensidade e aproveitava cada instante fazendo coisas que o deixavam muito feliz. Sempre dizia que queria viver muitos anos e só desencarnar quando tivesse mais de noventa. Tendo desencarnado aos vinte anos e estando aqui na colônia, ainda não se conforma muito e diz que não viveu nem a terça parte do que queria. Ouvindo-o falar isso é que penso não estar agindo certo ao agradecer a Deus pelo seu desencarne.

— Amiga, certamente as preces que direciona a Deus são puras e saem do seu coração cheias de alegrias. Acredito que, se através delas agradece a Deus pelo desencarne do seu primo, é porque você diz para Deus que seu primo é muito importante em sua vida – disse-lhe.

— Ele é muito importante mesmo. Quando o vejo, meu coração bate mais acelerado e sou tomada por uma emoção tão grande que a única coisa que desejo é ficar ao lado dele.

— Se a única coisa que deseja, Meire, é ficar ao lado dele, isso significa que você o ama de verdade.

— Amo, e esse amor me deixa apreensiva.

— Apreensiva?

— Sim, porque sei que aqui no plano espiritual os espíritos, ao encontrar aqueles que são suas almas gêmeas, podem começar a se entender e acabar namorando. Esse namoro aqui no plano espiritual me deixa receosa porque, quando encarnada, eu não fazia idéia de que espíritos namoravam, e se alguém me tivesse dito que eles namoravam, eu não iria acreditar. Vendo alguns casais de desencarnados que aqui na colônia namoram, fico toda sem jeito, porque para mim espíritos não deveriam namorar. Minha orientadora me disse que eu não deveria pensar assim, mas eu penso, e por isso agora estou vivendo um dilema. Pois com a vinda do meu primo para o plano espiritual acho que poderemos nos acertar e assim nos entendermos melhor. Se isso vier a acontecer, ele vai querer me namorar e eu também. Como namorar meu primo pensando que espíritos não deveriam namorar? – Colocando a mão direita no peito, suspirou. – Jaqueline, estou tão confusa que nem sei mais o que pensar.

Ela me olhou e ficou esperando que eu lhe dissesse alguma coisa.

— Por que espíritos não devem namorar, Meire? O amor é lindo e deve ser vivido em qualquer lugar em que estejamos. Tanto encarnados como desencarnados têm o direito de amar e de viver felizes ao lado de quem amam. Estar junto do ser que nos causa alegria é um dos presentes mais lindos que Deus nos concede. Sendo um presente concedido por Deus, temos mais é que usufruí-lo, pois poucos são os espíritos que podem usufruir esse presente. Muitas almas gêmeas, como você assim as denomina, de alguns desencarnados estão encarnadas ou em esferas superiores à nossa; outras no Umbral e trilhando caminhos que seus amados não desejam que trilhem. Como tudo indica que a sua alma gêmea está ao seu lado, deixe de ficar pensando que espíritos não namoram e aproveite esse lindo presente que Deus está lhe concedendo. Você mesma disse que ama o seu primo. Se o ama, então viva esse amor e aproveite para vivenciar um lindo namoro com ele aqui no plano espiritual. Namorando-o fará com que esse seu pensamento sobre os espíritos não poderem namorar seja erradicado da sua mente. Pois quando estiver ao lado do seu primo vivendo momentos mágicos, descobrirá que o namoro dos desencarnados é tão lindo como o dos encarnados.

Após me escutar, Meire levantou-se do banco e olhou para a fonte que embeleza o jardim da sua colônia. Sentou-se novamente e disse:

— Você deve estar com a razão. Falou de uma forma tão bonita que me fez refletir. Vou continuar refletindo em tudo o que disse e, após essas novas reflexões, talvez eu venha a pensar de outra forma e veja com naturalidade o namoro dos espíritos.

— Fico feliz em ouvi-la. Em minhas preces pedirei ao querido Deus para continuar derramando Suas inúmeras graças sobre você e sobre o seu primo.

— Jaqueline, agradeço por ter me ouvido e ter me exposto o que pensa a respeito do que lhe falei. Você me ajudou muito. Obrigada, amiga!

— Amigos são para ajudar uns aos outros. Se precisar conversar novamente, estou ao seu inteiro dispor.

Levantamo-nos. Ela me abraçou e no momento do braço eu lhe disse para ser feliz e proporcionar felicidade ao primo.

Deixando-a no jardim, voltei para a minha colônia.

Nos dias que se seguiram, durante o intervalo das aulas do curso, voltamos a conversar. Meire falou que minhas palavras tinham feito morada em seu coração e que ela já não mais pensava ser errado os espíritos namorarem e serem felizes com suas almas gêmeas.

O curso sobre a prece e as virtudes a cada dia se tornava melhor. As colocações dos três professores muito nos empolgavam. Eu bebia suas palavras com avidez, e nos momentos em que tínhamos aulas práticas procurava executar tudo o que com eles aprendia. Não era muito fácil colocar em prática determinadas virtudes, principalmente porque elas nascem no coração, após esses serem trabalhados. Mas como as aulas teóricas que recebíamos muito estavam contribuindo em nossa reforma íntima, certas virtudes já começavam a nascer em nosso íntimo.

Assim, ficava mais fácil quando saíamos com os professores para determinados lugares e necessitávamos colocar em prática o que realmente tínhamos aprendido.

As aulas sobre a esperança mexeram muito comigo. O professor Rogério disse que a pessoa que tem esperança tem tudo na vida, porque ao esperar confiante sempre alcança o que anseia. Alcança porque confia muitíssimo em Deus e porque através dessa confiança a sua esperança lhe dá forças para ficar aguardando o tempo que for necessário, certa de que a sua espera não será em vão.

Achei belíssimo o que ele falou, e ao escrever isso em minhas anotações sublinhei com um traço as palavras do professor.

Quando começamos a estudar sobre a paciência, redobrei a atenção. Os três também comentaram magnificamente bem sobre essa virtude.

A professora Elisabeth falou que a paciência faz com que o homem se conheça, e se conhecendo passe a melhor entender o seu irmão de caminhada. Os outros dois professores também falaram coisas bonitas sobre a paciência.

A professora Elisabeth informou que, quando estudássemos sobre o desapego, teríamos uma palestra com um grande trabalhador do plano espiritual e do plano físico. Esse trabalhador nos falaria sobre a paciência e sobre o desapego. Disse-nos que poderíamos convidar uma pessoa para assistir à palestra. Como a professora não informou o nome do palestrante, por alguns minutos fiquei tentando adivinhar quem seria.

Terminadas as aulas sobre a paciência, iniciamos o estudo sobre o desapego. Confesso que esse tema prende muito minha atenção. Anotei tudo o que os mestres nos falavam a respeito de tema tão lindo.

O professor Rafael disse que o bondoso Mestre Jesus é o maior exemplo de desapego. Ele nasceu sem nada possuir. Desempenhou sua missão magnificamente bem sem estar apegado a nada. Foi tão desapegado de tudo que ao desencarnar não possuía nem mesmo uma sepultura em que pudesse deixar aquele que durante tantos anos tinha abrigado o seu Espírito, o corpo físico.

O professor Rogério revelou que viver desapegado é ter a consciência de que já se tem o essencial para ser feliz e que por isso todo o resto passa a ser desnecessário. Comentou que aquele que detém essa virtude é um grande vitorioso, porque ele, ao renunciar a tanta coisa, demonstrou estar disposto a ser um dos verdadeiros seguidores do bondoso Mestre Jesus Cristo, pois o próprio Mestre quando escarnado disse: "Se alguém quiser vir após mim, renuncie a si mesmo, tome cada dia a sua cruz e siga-me"[6].

No terceiro dia de nosso estudo sobre o desapego, o professor Rogério nos mandou abrir o livro de autoria de Demetrius que usamos no curso e ler tudo o que o Demetrius ensina a respeito do desapego em sua obra.

Após a leitura, o professor Rogério teceu um riquíssimo comentário sobre o último parágrafo. Ele o leu cinco vezes, e ao lê-lo seus olhos brilhavam. Vendo o brilho dos seus olhos e a emoção com que tecia o comentário, recordei que sempre quando ele explanava suas aulas costumava citar partes do livro e utilizá-las para melhor explicar o que nos passava. Concluí ser ele um grande apreciador da obra literária de Demetrius.

As aulas sobre o desapego continuaram, e a cada aula todos nós que as desfrutávamos crescíamos um pouco mais.

[6]Lucas 9,23. (NAE)

CAPÍTULO 6

No Umbral

Sempre que eu e Rodolfo regressamos à colônia após as aulas do curso, nós nos dirigimos à Casa do Auxílio e entramos na sala em que trabalhamos. É costume encontrarmos Demetrius. Ele nos pergunta sobre o que aprendemos. Vendo o quanto ele se interessa por nosso aprendizado, eu e Rodolfo fazemos um resumo das aulas. Demetrius nos felicita pelo nosso bom aprendizado e nos incentiva a continuar nos dedicando ao curso.

Hoje, ao terminar de expor o que o professor Rogério comentara sobre o desapego, Demetrius me disse que ser desapegado é realmente muito importante. Todos que conseguem atingir tal virtude dão passos importantíssimos, passos esses que os conduzem até Deus e que os ajudam a estender as mãos aos mais necessitados, pois desapegados de tudo não pensam mais em si, e não pensando em si começam a pensar naqueles que vivem ao seu lado e ainda não são portadores dessa virtude. Assim, tudo fazem para que esses que ainda não a detêm, sintam-se incentivados a um dia também serem desapegados.

Fiquei admirada ao escutar mais uma lição sobre o desapego. Quando refleti sobre o que acabara de ouvir, e relembrando parte das aulas do curso, firmei o propósito de tentar atingir essa virtude. Para tanto, necessito esquecer que existo e começar a deixar para trás o que ainda é para mim motivo de algum apego. Eu tinha de me trabalhar muito, muito mesmo, por isso resolvi a partir daquele momento iniciar o trabalho e começar a podar tudo aquilo que me distanciava do desapego.

Demetrius, olhando-me com profundidade, me disse que eu com certeza iria conseguir realizar esse trabalho muitíssimo bem e atingir meu objetivo. Falou que durante o trabalho eu lembrasse o imenso desapego praticado pelo bondoso Mestre Jesus Cristo. Lembrando-me e me espelhando Nele, atingiria a virtude almejada mais rapidamente.

Pensei de novo no que me disse. Ele é muito sábio e com certeza deve ser portador dessa virtude. Demetrius falou que não era, não. Semelhante a mim, estava trabalhando para quem sabe um dia ser detentor dela.

Roseilane, que de onde estava nos ouvia, aproximou-se e disse que eu e ela tínhamos sido selecionadas para, juntamente com Demetrius, levar auxílio a um grupo de desencarnados que vivem em uma cidade do Umbral.

Por se tratar da primeira vez que eu iria ao Umbral, Demetrius e Roseilane me passaram diversas informações sobre os que lá se encontram e disseram como me comportar quando os visse e os ouvisse. Os dois me orientaram para que, quando lá estivesse, recorresse sempre à prece e ficasse pertinho deles. Demetrius falou que iria se ausentar por alguns minutos e retornaria logo para levarmos o auxílio aos irmãos que o solicitaram.

Assim que ele saiu, Roseilane disse:

— Jaqueline, Demetrius é tão lindo e a cada hora que o vejo tenho a impressão de que está mais lindo ainda. Sempre que o encontro, vivo controlando meus pensamentos.

— Controlando por quê, Roseilane? – indaguei.

— Para ele não descobrir. Já pensou se Demetrius descobre o que eu penso quando o vejo e que o acho tão bonito?

— Demetrius é lindinho mesmo.

— Lindinho?! Está maluca?! Ele é lindão! Lindão mesmo! Pena que é muita areia para o meu caminhão. Ah, se eu tivesse sorte! — Suspirou, sonhadora. — Vai ser lindo assim lá na China!

Eu sorri. Um jovem que ouviu nossa conversa também sorriu.

— O pior é quando o vejo ao lado do irmão gêmeo – Roseilane voltou a falar. – Fico olhando tanto para eles, e de tal forma, que quase chego a babar. Demetrius lindão, o irmão, mais lindão ainda. Dois gatões a minha frente, e eu ali só olhando sem poder fazer nada.

— Roseilane, não deveria ficar olhando para eles com tal pensamento. Olhando-os vai ficar sempre olhando, e como disse, não poderá fazer nada. Seria melhor não reparar tanto neles e começar a olhar em direção de outro lugar quando os vir. Por que não experimenta seguir essa minha indicação?

— Pirou?! Dois gatões verdadeiramente lindos ali na frente e eu deixar de olhá-los para ficar reparando nos garotos da nossa equipe que nem lindos são. Nunca vou fazer isso. Vou ficar olhando é para os gêmeos. Olhar já é alguma coisa. Ao vê-los, meus olhos ficam encantados com tanta beleza. Eu não vejo por que razão deveria deixar de contemplar a beleza deles. Você não percebeu que, quando Sulamita entra nesta sala, os jovens da nossa equipe esquecem que existimos e só enxergam Sulamita?

O jovem que nos ouviu tornou a sorrir.

– Se eles podem olhar para Sulamita, eu também posso olhar para os gêmeos. Afinal, não sou cega, mas uma adolescente de quinze anos que gosta de contemplar o que é belo. Você é que é sortuda, Jaqueline.

— Sortuda eu! Por que diz isso, Roseilane?

— Porque tendo Demetrius como seu orientador pode ficar mais tempo com ele do que eu e as outras jovens da nossa equipe, e assim tem mais oportunidade para apreciar a beleza dele. Quem dera se Demetrius fosse o meu orientador. Pena que não é.

— Se fosse, o que você iria fazer?

— Ah, sei lá... Acho que seria até capaz de pedir outro orientador, pois, se ficasse muito tempo ouvindo as orientações de Demetrius, seria capaz de dar mais bandeira do que já dou.

Eu achei graça e disse para mim mesma que a Roseilane é um amor. Está sempre dizendo alguma coisa engraçada. Também acho Demetrius e Lugiel muito lindos, só que o fato de eu os achar lindos não me fazia dar nenhuma bandeira. Antes que isso acontecesse, eu desviava o olhar e ficava olhando para o chão, para o jardim ou para outro lugar.

Roseilane disse que iria plasmar roupas e calçados que, segundo ela, a ajudariam enquanto estivesse no Umbral. Ela concentrou-se e, utilizando a força do pensamento, plasmou roupas de vaqueira. Vendo-a vestida daquela forma me deu vontade de sorrir. A ruivinha ficou bem simpática com o chapéu na cabeça, bota de cano longo, jeans, cinto e camisa xadrez. A corda presa a sua cintura lhe deu certo charme.

Os meninos da equipe começaram a assoviar para ela. Roseilane andou de um lado para o outro da sala, desfilando. Os garotos assoviaram outra vez. Murilo disse:

— Roseilane, achei que fosse para o Umbral, e não para uma fazenda. Vestida assim não está parecendo que irá levar auxílio a um grupo que o solicitou, e sim que vai participar de algum rodeio. Acha que encontrará o quê por lá?

— O que por lá vou encontrar você sabe muito bem, Murilo. Já esteve algumas vezes no Umbral e sabe que lá todo cuidado é pouco. Eu estou indo preparada para tudo. Vai que ao chegar lá eu encontro algum vaqueiro alto, musculoso, ruivo e de olhos verdes sendo maltratado por alguma gangue e necessitando de ajuda. Se encontrar um vaqueiro assim, não vou pensar duas vezes. Pego a minha corda... – Ela segurou a corda. – ...amarro a gangue e ajudo o vaqueiro ruivo na hora.

Todos sorrimos. Roseilane não tem jeito mesmo. Vive falando coisas engraçadas.

Roseilane pediu para que eu plasmasse roupas parecidas com as dela e me explicou que as botas iriam ajudar quando estivéssemos caminhando pelo Umbral. Fiz como me foi pedido, e os meninos, vendo-me de vaqueira, assoviaram também.

O fato de plasmar as roupas estando dentro da sala e na frente dos meninos não tinha nenhum problema. Nós duas sabemos plasmar muito bem. A mudança de roupas e calçados aconteceu logo que plasmamos o novo visual. Ou seja, assim que plasmei a camisa e a calça jeans, eles imediatamente apareceram vestindo o meu perispírito em lugar do vestido com detalhes de margaridas que eu sempre uso.

Demetrius, ao retornar à sala e nos ver vestidas daquela forma, sorriu com os lábios fechados.

Depois da prece que a equipe fez em nossa intenção, saímos os três volitando para o Umbral.

Como era a primeira vez que para lá me dirigia, não imaginava o que me esperava, apenas sabia que se tratava de um local de muita dor. Comecei a fazer preces pedindo que Deus nos ajudasse e ajudasse os que lá se encontram.

Antes de chegarmos ao Umbral, passamos em uma colônia que, após ter recebido o pedido de auxílio do grupo, remeteu o pedido a nossa colônia.

A governadora da colônia nos informou que dois trabalhadores tinham sido enviados até a cidade do Umbral em que o grupo estava e sondado a situação. O grupo foi para uma cidade cujo líder é imensamente perverso e muito conhecedor do plano espiritual. Esse líder tivera conhecimento do pedido de auxílio que eles enviaram. Então partiu imediatamente até onde o grupo se encontrava e os castigou severamente: plasmou em volta deles paredes de aço tão pequenas e tão apertadas que quase impedem os pobres-coitados de se movimentar. Ele, sabedor de que o pedido do grupo não ficaria sem resposta, aumentou o número de guardas que vigiavam o grupo e se juntou a eles. Estava disposto a tudo fazer para impedir que o grupo fosse libertado.

O grupo em questão era composto por irmãos que, quando encarnados, foram líderes em casas espíritas e em outras denominações religiosas. O líder não quer se ver livre deles porque está se utilizando dos conhecimentos do grupo para aumentar os seus e continuar praticando maldades. Os dois trabalhadores enviados tentaram auxiliar aquele que fizera o pedido de auxílio em nome do grupo, mas, percebendo que no momento o auxílio talvez não alcançasse o êxito desejado, retornaram à colônia e, ao relatarem tudo à governadora, ela resolveu pedir para que a nossa colônia cooperasse no auxílio.

Cléber e Zacarias, os dois trabalhadores, se apresentaram e nos deram mais algumas informações. Disseram que todos do grupo pareciam estar um pouco arrependidos. Existia um que realmente se arrependera e, fazendo uma prece sincera, entregou-se totalmente nas mãos de Deus. Foi através da prece que o seu pedido de auxílio chegara à colônia. Cléber, ao tentar lhe ajudar, ouvira dele que ele não queria a ajuda só para si, mas sim para os outros do grupo também. Como os demais ainda não tinham se arrependido como aquele o fizera, Cléber falou que iria verificar a possibilidade de o auxílio ser estendido a todos do grupo. O que se fez merecedor do auxílio, ao escutá-lo, segurou suas mãos e disse que confiava muito em Deus que seus parceiros de grupo também seriam dignos de receber algum auxílio.

Ouvindo Cléber, fiquei pensando o quanto esse que deseja o auxílio para todo o grupo se preocupa com os seus companheiros de infortúnio. Sua preocupação e confiança em Deus certamente tinham contribuido para que nós tivéssemos recebido a incumbência de levar o auxílio que ele tanto desejava para si e para os seus companheiros.

Zacarias e Cléber se aproximaram de Demetrius e disseram que as mochilas que este solicitara estavam preparadas. Os dois nos entregaram mochilas contendo garrafinhas com água, frutas dentro de saquinhos plásticos e alguns remédios.

Os dois iriam nos conduzir até o grupo. Pegamos as mochilas e colocamos em nossas costas. As cinco mochilas eram iguais.

Demetrius fez uma prece e nós partimos.

Seguindo os dois, deixamos a colônia e volitamos por um curto espaço de tempo. Paramos em uma estrada cercada de plantinhas rasteiras; essas plantinhas estão floridas, e suas flores embelezam a estrada.

Zacarias disse que a estrada fora construída por trabalhadores de um posto de socorro que ficava a poucos metros dali. Começamos a andar pela estrada e, conforme andávamos, percebi que ela ia ficando diferente. Foi ficando feia e cheia de pedregulhos. Em algumas partes a estrada se tornava escorregadia. As botas que eu e Roseilane usávamos estavam sendo de grande utilidade.

Demetrius pediu para cada um começar a rezar. Continuamos andando e, à medida que andava, ia rezando mentalmente.

O ar foi se modificando. Ficou tão pesado e tão poluído que comecei a tossir. Demetrius me pediu para baixar o nível de minha vibração como ele havia me ensinado; assim fiz e parei de tossir.

Roseilane ficou bem do meu lado e, conforme caminhávamos e a estrada se tornava perigosa, ela me passava algumas dicas.

A pouca claridade que nos fazia enxergar aquela estrada horrível foi diminuindo e, embora ainda fosse dia, a estrada começou a ficar semi-escura. Escutei alguns lamentos e, prestando atenção, passei a ouvir melhor.

— Ai, ai, que dor! Que vida maldita. Eu odeio tudo a minha volta. Odeio tudo e todos. Odeio até essa maldita dor, que não me dá sossego – escutei alguém dizer.

— Ui, ui, ui! Alguém me ajude. Estou com tanta sede, tanta sede que se não beber logo vou morrer. Desgraçados que vivem neste lugar infernal e não me trazem um pouco de água. Têm mais é que sofrer mesmo. Ui, ui, ui! Sofro com essa sede dos infernos – ouvi uma mulher, e a vi toda maltrapilha sentada em uma pedra lodosa.

Ela pareceu não nos ter visto e continuou a pedir água.

— Vamos levar água para ela. Coitadinha, está com sede – falei.

Demetrius, que caminhava à nossa frente, parou e falou que as garrafinhas com água que carregávamos nas mochilas eram justamente para serem entregues aos que encontrássemos no Umbral padecendo de sede. As frutas eram para os que sentiam fome, e os remédios para os que permaneciam feridos. Eu poderia auxiliar a mulher que estava pedindo água.

Aproximei-me dela, abri a mochila e, retirando uma garrafinha de água, entreguei-lhe. A mulher me olhou, espantada. Eu lhe disse que ela poderia beber. Ela tentou abrir a garrafinha e não conseguiu. Pedi a garrafa para abrir; ela, antes de me entregar, olhou para os lados assustada. Depois, me entregou a garrafinha, eu tirei a tampa e, antes de lhe entregar a garrafa, ela a puxou da minha mão e bebeu com sofreguidão. Saciada, me olhou e disse que até que enfim uma dos malditos que viviam ali tinha se compadecido dela. Segurou a minha mochila e perguntou o que mais eu tinha ali dentro, fazendo força para tomá-la de minhas mãos. Fiquei sem ação.

Roseilane se aproximou, falou com a mulher e me ajudou com a mochila. Segurou-me pelo braço direito e disse para continuarmos nosso caminho. A mulher já tinha saciado a sede.

Enquanto caminhávamos, minha amiga pediu para eu continuar em prece. A prece muito nos ajudaria em nossa missão de resgate ao grupo.

Conforme caminhava eu ia observando que em determinados lugares a paisagem era muito feia. Ali há árvores praticamente mortas, pedras pontiagudas no chão, a água das poucas poças que encontrei pelo solo é pura lama. Existem cavernas e outros buracos dentro dos quais avistei alguns espíritos. Deparei com espíritos com as mais horríveis aparências físicas. Alguns deles andam em grupo e atormentam quem encontram perambulando pelo Umbral. O Umbral é um lugar de muita dor.

Pela estrada encontrávamos pessoas sofredoras que pediam auxílio. Demetrius aproximava-se delas e falava algumas palavras sobre o perdão e o amor de Deus, entregava-lhes água ou alguma fruta, colocava remédios e fazia curativos nas que possuíam algum ferimento. Algumas dessas pessoas agradeciam e pareciam refletir sobre o que ele lhes dissera; outras viravam o rosto para o outro lado e começavam a se lamentar ou a dizer-lhe impropérios. Demetrius fazia uma prece e continuava em frente. Ao encontrar novas pessoas que precisavam de auxílio e o pediam, ele fazia o mesmo.

Nós, vendo-o agir como o Bom Samaritano da parábola do bondoso Mestre Jesus Cristo, passamos a fazer o mesmo. Ao observar que a mochila dele se esvaziara, aproximei-me e entreguei a minha, que ainda continha algumas garrafinhas com água, frutas e medicamentos.

Quando o conteúdo das mochilas terminou e através dele muitos do Umbral receberam algum alívio, Demetrius fez uma prece agradecendo a Deus pela oportunidade de todos nós termos prestado auxílio àqueles irmãos, e pediu ao Pai Celeste para abençoá-los e ajudá-los. Terminada a prece, ele disse para nós prestarmos mais atenção ao caminho e continuar com o pensamento em Deus.

Seguimos em frente. Avistei um local estranho, horroroso. Desse local saíam gemidos e lamentações. Em dado momento, ouvi gritos terríveis e assustadores. Quem os emitia parecia estar sofrendo desesperadamente. Os gritos me causavam certo arrepio. De repente, ouvi um imensamente terrível, mas tão terrível, tão horripilante e tão medonho que a impressão que tive foi de que, se o inferno existisse, o espírito que dera grito tão monstruoso estaria caindo nele. Tremi de medo. O mesmo grito eclodiu com novo ímpeto, dando-me a impressão de que quem gritara estava bem atrás de mim. Meu medo aumentou. Deu-me vontade de olhar para trás, mas a coragem faltou e eu fiquei paralisada.

Demetrius aproximou-se e assoprou sobre mim. Mandou-me imediatamente fazer uma prece. Obedeci, e aos poucos o medo foi desaparecendo. Senti vontade de novo de olhar para trás e, quando fiz menção de olhar, Demetrius mandou-me seguir adiante. Assim, voltei a me concentrar na prece.

Passei a caminhar mais rapidamente e graças a Deus não mais ouvi aquele grito medonho.

Cléber e Zacarias falaram que a cidade estava bem próxima, comentando que ela ficava depois de umas pedras pontiagudas que avistamos.

Aproximamo-nos das pedras e, seguindo as orientações de Zacarias, demos a volta em uma delas e duas voltas em outras três. Encontramos um caminho no meio das pedras que certamente só é conhecido por poucos.

Eu ia na frente de Demetrius. Como estava curiosa para saber sobre os gritos medonhos que escutara, perguntei:

— Demetrius, que grito horrível foi aquele que ouvi? Sei que o inferno não existe, mas a impressão que tive ao escutar semelhante grito foi de que uma alma estava caindo dentro dele.

— Como você mesma disse, o inferno não existe. Deus, sendo muito bondoso e imensamente misericordioso, jamais permitiria que um lugar como o inferno fosse criado. O amor de Deus por seus filhos é imenso. Esse amor é tão grande que Ele não quer saber qual o pecado cometido pelos seus filhos, o que Ele quer saber é se eles se arrependeram do pecado que cometeram. Como Deus não se preocupa em ter ciência do pecado cometido, não iria criar um local de dor para que seus filhos nele permanecessem para sempre. Quem cria os lugares de dor são os próprios pecadores, que, atormentados com o peso de seus pecados, são lançados por suas consciências em lugares onde aprenderão através de suas dores. Aqui no plano espiritual esse lugar é o Umbral. Você, Jaqueline, não ouviu uma alma caindo no inferno, porque almas não podem cair em um lugar que não existe. O que ouviu foi o grito de um irmão nosso que, ao cometer suicídio, teve seu espírito lançado em um local aqui no Umbral destinado a todos os que se suicidam. Vamos fazer uma prece por esse irmão.

Demetrius fez a prece, e todos a concluímos dizendo:

— Assim seja, com a graça de Deus!

Quando o caminho por entre as pedras chegou ao fim, vi um pequeno riacho cuja água exalava um mau cheiro imenso. Dentro desse riacho existem pedras lodosas. O riacho fica na frente de um muro bem alto. No muro avistei uma porta de ferro. Cléber nos disse que o muro cerca a cidade onde o grupo que estávamos indo auxiliar se encontrava. Cléber também falou que determinadas pedras dentro do riacho ajudam a atravessá-lo. Pediu para pisarmos apenas nas que ele e Zacarias pisariam, pois se pisássemos nas outras, elas afundariam e nós também acabaríamos afundando naquele riacho fedido.

Prestando atenção em onde Cléber e Zacarias pisavam, nós pisamos nas mesmas pedras e firmamos bem nossos pés. Pisando com todo o cuidado naquelas pedras lodosas e me equilibrando bastante, consegui atravessar o riacho.

Paramos em frente à porta de ferro. Demetrius disse para segurarmos nas mãos uns dos outros. Seguramos. Ele pediu para nos concentrarmos na porta desejando que ela se abrisse. Enquanto nos concentrávamos, Demetrius fez uma prece em voz alta. A porta rangeu e com estrondo abriu-se de uma vez.

Um grupo de espíritos fisicamente horríveis armados com espadas, facões e paus surgiu diante de nós. Pela expressão de seus rostos, percebi que não éramos bem-vindos em sua cidade.

Um deles, olhando para Demetrius com um olhar que transparecia muito ódio, perguntou:

— O que querem aqui, seus imprestáveis?

— Viemos auxiliar irmãos que solicitaram nossa ajuda – respondeu Demetrius.

— Ouviram o que ele disse? – perguntou o que interrogara Demetrius aos do seu grupo. – Que eu saiba aqui não tem nenhum irmão de vocês. Se tivesse, nós já teríamos feito certas coisinhas com ele. – Começou a gargalhar, e os outros o imitaram.

— Certamente o nosso bondoso amigo sabe quais são os irmãos a que me refiro – disse Demetrius ao que o interrogara.

— Bondoso amigo, eu? – Ele segurou a espada. – Como se atreve a me chamar de bom e amigo ao mesmo tempo? Quer que eu arranque essa sua cabeça maldita do pescoço?!

— A única coisa que queremos neste momento com o nosso bondoso amigo é que ele nos leve até o líder desta cidade.

— Não me chame mais de bondoso amigo! – gritou e deu um passo em direção a Demetrius. – Não estamos aqui para levá-los até o nosso chefe, e sim para impedir que cheguem até ele.

— Creio que está enganado. Aqui viemos em nome do Mestre Jesus ajudar esses irmãos que pediram auxílio ao Bondoso Deus. Se viemos prestar esse auxílio, só sairemos daqui com os irmãos que estão aprisionados. Caso não queira nos levar até seu chefe, não tem nenhum problema, nós iremos sozinhos, pois sabemos onde ele se encontra.

— Não irão a lugar algum! – Deu um passo atrás e olhou para seus companheiros. – Para cima deles, camaradas!

Eles deram um grito e apontaram suas armas em nossas direções. Comecei a rezar. O grupo deles era cinco vezes maior do que o nosso.

Quando deram os primeiros passos em nossa direção, Demetrius ergueu a mão direita e, pelo movimento dos seus lábios, percebi que estava em prece.

Os espíritos, como se tivessem sido atingidos por uma forte ventania, foram arremessados longe, mas levantaram-se depressa e saíram correndo. O que falara com Demetrius lançou um olhar de fúria para o meu orientador e, dizendo palavrões, saiu apressado.

Demetrius pediu a Zacarias que nos conduzisse até onde o grupo se encontrava. Zacarias falou-nos para segui-lo e entrou em uma rua bem estreita. Observei que a rua é cheia de buracos, e de um lado e outro dela se agrupam casas de madeiras malfeitas e tão pequenas que fiquei imaginando como alguém poderia nelas viver.

No final dessa rua, deparamos com uma outra maior. Ali as casas foram construídas com pedaços de tijolos. Estavam tão sujas que deduzi que naquele local não se costumava limpar as casas.

Enquanto andávamos, pessoas apareciam nas janelas e nos atiravam pedras e nos xingavam. As pedras não nos atingiam. Roseilane me explicou que elas não nos acertavam devido a nossa vibração.

Ao chegarmos ao fim dessa rua, vi uma construção que me pareceu um presídio. Fui informada de que ali realmente era um presídio.

A porta do presídio se abriu e guardas armados até os dentes surgiram. O que lançara um olhar de fúria e xingara Demetrius apareceu com um outro que me pareceu tremendamente mau. Esse, aos berros, falou que de seu presídio ninguém escaparia. Aquele grupo lhe pertencia, e ninguém iria levá-lo embora.

— Meu irmão, ninguém pertence a ninguém. Todos nós pertencemos a Deus, e Deus não nos obriga a nada, diferentemente de você, que está obrigando esses irmãos a fazerem coisas que os prejudicam – falou Demetrius.

— Que os prejudicam e que me deixam muito feliz. – Sorriu. – Não os deixarei ir de maneira alguma. Esta cidade é minha, e tudo o que nela existe me pertence. Eles me pertenciam quando estavam encarnados, e agora que desencarnaram utilizo os conhecimentos deles para prejudicar líderes encarnados de diversas denominações religiosas. Prejudicando-os, eles prejudicam aqueles que dirigem, e esses, ofendidos, abandonam as casas e não pensam mais em Deus. Não pensando em Deus, tornam-se presas fáceis dos meus servidores.

— O irmão só esquece que, ao prejudicá-los, também se prejudica.

— Está enganado, não me prejudico coisa nenhuma. Eu ganho com isso. Os conhecimentos que obtenho desses que vocês querem libertar me ajudam quando sou obrigado a ir a alguma casa espírita ou casa de outra doutrina religiosa tomar satisfações com aqueles que se denominam mentores dessas casas. Esses conhecimentos são valiosos, muito valiosos mesmo. Não quero me ver livre deles. Por isso, retornem pelo mesmo caminho de onde vieram. Do contrário, serei obrigado a mantê-los em minha prisão e começar a sugar seus conhecimentos também.

— Não precisa nos manter em sua prisão para aprender com os nossos conhecimentos. Se desejar, nós lhe passaremos os conhecimentos que temos referentes a amar a Deus e a servi-Lo com todo o nosso coração – mencionou Demetrius.

— Não quero esse tipo de conhecimento. Também não quero que aqui em minha cidade pronuncie o nome desse a quem você serve. Esta cidade é minha, e não admito que falem nomes que não suporto ouvir! – gritou o líder.

— Pena o irmão não suportar ouvir um nome tão lindo. Deus é seu criador, e você, sendo sua criatura, deveria sentir muita honra em pronunciar o nome Dele. Vou elevar uma prece pedindo a Deus por você e pelo grupo que viemos resgatar.

Ao ouvir Demetrius falar em prece, o líder zangou-se.

— Não quero sua prece! Guarde-a para você. E o grupo que pensa que vai libertar também não merece que rezem por ele coisa nenhuma. Os membros desse grupo são safados e mentirosos que só prejudicavam quando estavam encarnados. Nem mesmo se lembravam desse que você serve, apenas se utilizavam Dele para atingir seus objetivos. Então, por que é que esse que você serve agora vai se lembrar deles?

— Porque eles também são seus filhos, e Deus sempre vela por cada um dos seus filhos, mesmo por aqueles que não se importam com Ele – respondeu Demetrius.

Ele não gostou da resposta de Demetrius e mandou que aqueles que o serviam o atacassem, batessem nele e o conduzissem à prisão mais imunda do presídio.

Demetrius não lhes deu tempo para agir. Ergueu o braço direito, e da sua mão saiu uma forte luz, que tomou todo o seu corpo e refletiu sobre os servos e o líder. Os servos, ao sentirem a luz, começaram a gritar, apavorados. Alguns caíram no chão e demonstravam estar sentindo muitas dores.

O líder não gritou e não demonstrou sentir dor. Deu-nos as costas e, apressado, entrou no presídio. A porta se fechou. Demetrius pediu para fazermos o mesmo que tínhamos feito à frente do muro do portão da cidade. Após a prece que ele efetuou, a porta abriu-se.

Entramos no presídio, e Cléber nos levou até a cela em que o grupo fora aprisionado. O líder da cidade lá se encontrava.

Como a governadora da colônia nos tinha informado, as paredes da cela eram todas de aço.

O líder da cidade falou que aquele grupo não seria libertado e, colocando a mão na porta da cela, fechou os olhos e me pareceu que se concentrava.

Demetrius pediu para fazermos uma prece e, sem fechar os olhos, concentrou-se. A porta se abriu, e o líder abriu os olhos, espantado. Tornou a fechá-los, e a porta se fechou. Deu-me a impressão de que ele se esforçava muito para se concentrar. Abriu os olhos e, olhando para Demetrius com ar desafiador, fechou-os novamente e apareceram grades de ferro na porta. Ele reabriu os olhos e com um novo ar desafiador encostou as costas na grade, cruzou os braços e ficou encarando Demetrius.

Demetrius fez uma prece, olhou para o líder, olhou para a cela e assoprou. A cela desapareceu. Vi cinco pessoas que, pela forma como estavam ajoelhadas, me pareceram estar rezando.

O líder da cidade, que estava encostado na porta, caiu. Assustado, levantou-se e encarou Demetrius com muito ódio. Encostou-se em uma parede de outra cela e ficou analisando Demetrius de baixo para cima.

O grupo levantou-se e, quando nos olharam, levei um susto. Os cinco que compunham o grupo são todos jovens. Um deles, fitando Cléber, disse:

— Graças a Deus você voltou! Desde que partiu não parei de elevar preces a Deus, e meus companheiros, incentivados por mim, fizeram o mesmo.

— Suas preces chegaram até a nossa Casa do Auxílio, e em nome do Mestre Jesus aqui nos encontramos para conduzi-los a um local onde começarão a trabalhar em prol de seu crescimento — disse Demetrius, que, abraçando-o, voltou a falar: — Meu irmão, as preces feitas com o coração sempre atingem seus objetivos. Continue fazendo-as como as tem feito, e elas lhe serão motivo de muita felicidade.

Ele, ao ouvir Demetrius dizer tal coisa, começou a chorar. Demetrius tornou a abraçá-lo e depois abraçou os outros com carinho e muita emoção. Disse que todos são bem-vindos a uma cidade espiritual onde Deus, através dos que nela vivem, os acolheria de braços abertos.

O abraço que meu orientador neles dava me fez recordar a cena do filho pródigo. Todos eles choraram ao serem abraçados daquela forma e ao escutarem as palavras de Demetrius. Fiquei muito comovida e, imitando Demetrius, me aproximei deles e os abracei também. Não lhes disse nenhuma palavra, mas através do meu abraço lhes transmiti o quanto desejava que fossem felizes.

Demetrius pediu para cada um de nós abraçar um deles para volitarmos com eles para a colônia. Então assoprou sobre os jovens, que bocejaram e encostando as cabeças em nossos ombros adormeceram.

Antes de sairmos dali, o líder da cidade, com grande ódio, dirigindo-se a Demetrius, perguntou:

— Qual é o seu nome, miserável?

— Nomes são apenas nomes, nada mais. Mas, como o amigo tão gentilmente quis saber como me chamo, informo que todos me conhecem por Demetrius.

— Demetrius! Isso é lá nome de gente? De qualquer forma, não me esquecerei desse nome e muito menos de você. Vai me pagar caríssimo por ter invadido minha cidade e levar aqueles que me pertencem. Aguarde-me, infeliz! – E saiu caminhando pelo corredor do presídio.

Nós começamos a volitar com os jovens e, ao chegar à colônia, deixamos o grupo no hospital. Cléber e Zacarias ficaram com eles.

Na Colônia São Tarcísio, indaguei a Demetrius por que, quando fomos levar o auxílio, não volitamos até o presídio em que os jovens estavam e os resgatamos sem que ninguém nos tivesse visto.

— Não fizemos isso por vários motivos. Primeiro, porque você precisava conhecer o Umbral e saber como agir quando nele estiver sozinha ou quando nele estiver liderando um grupo. Segundo, aqueles irmãos que lá receberam auxílio em forma de água, frutas e remédios viram-na comigo e com os outros prestando auxílio. Assim, quando a virem no Umbral, saberão que você faz parte dos que servem ao Mestre Jesus Cristo e que está apta a lhes prestar auxílios. Terceiro, entramos na cidade do jeito que entramos para os que nela vivem saberem que os que servem a Deus nada temem e estão sempre prontos a socorrê-los quando pedirem auxílio ao Pai Celeste. Também foi importante para que o líder da cidade reflita sobre o resgate que fizemos e compreenda que de agora em diante nós sempre estaremos por lá resgatando os que nos pedirem ajuda.

— Demetrius, naquele grupo só tinha jovens. A governadora da colônia nos disse que todos, quando encarnados, foram líderes em suas denominações religiosas. Que espécie de líderes eles foram? – indaguei.

— Dois deles foram presidentes ou coordenadores de mocidades espíritas nas casas espíritas que freqüentavam; dois foram presidentes de grupos jovens em igrejas católicas; e uma foi líder de uma mocidade evangélica.

— Como eles, sendo líderes de grupos de jovens e tendo diversos conhecimentos sobre o Evangelho, foram parar naquela cidade do Umbral?

— Jaqueline, muitos, quando encarnados, possuem conhecimentos do Evangelho e o lêem com certa freqüência. No entanto, esses conhecimentos e essas leituras precisam ser colocados em prática, e não apenas serem citados para que outros os pratiquem. O que os nossos irmãos fizeram para terem caído nas mãos do líder daquela cidade não nos diz respeito, diz respeito apenas a eles mesmos. O que você precisa saber no momento é que eles vão necessitar de jovens bondosas como você e Roseilane para ajudá-los no plano espiritual. Eles certamente vão dar gostosas gargalhadas com as brincadeiras que Roseilane costuma fazer.

Nós duas sorrimos.

Demetrius pediu para que eu me sentasse com Roseilane e fizesse o relatório sobre o auxílio prestado. Sentei-me com minha amiga e juntas fizemos o relatório, que entregamos para Demetrius, e nós duas, desmaterializando as vestes de vaqueiras e plasmando as roupas que gostamos de usar, fomos para casa desfrutar as horas que tínhamos de descanso.

No quarto, fiquei pensando nos cinco jovens e também no que Demetrius me dissera.

Fui até a Casa da Prece e ajoelhei-me, pois gosto de fazer preces ajoelhada. Olhei para a linda pintura do bondoso Mestre Jesus Cristo e prometi que iria ajudar aqueles jovens e fazer todo o possível para auxiliar outros jovens encarnados cujo pedido de auxílio chegasse até mim. Sei que é muita pretensão da minha parte, mas, por confiar imensamente no querido Deus, no bondoso Mestre Jesus Cristo e na Santíssima Virgem Maria, sabia que Eles iriam me abençoar para que eu conseguisse ajudar aqueles que também confiam Neles.

CAPÍTULO 7

Aprendendo

Aproveitei um dia em que minhas horas de descanso coincidiram com as de Roseilane e convidei minha amiga para irmos visitar os cinco jovens que tínhamos resgatado da cidade do Umbral. Eu levava um singelo presentinho para cada um.

Chegando ao hospital da colônia, fomos direto à ala feminina.

A jovem que fora líder de uma mocidade evangélica estava deitada em um leito. Ao nos ver, disse que não desejava a nossa companhia, nem a companhia de ninguém. Queria ficar sozinha chorando os seus pecados.

Aproximei-me dela e lhe entreguei um buquê de rosas. Ela olhou para o buquê e, fitando-me com certa ternura, exclamou:

— Essas rosas brancas são lindas! Gosto tanto de rosas brancas... – Inalou o perfume de uma. – Obrigada! É a primeira vez que recebo um buquê de rosas. Estou tão emocionada que vou chorar.

— Não chore! Para que vai chorar se está emocionada? – falou Roseilane. – Você tem mais é que abraçar-se às rosas e começar a sorrir. Sorrir com vontade mesmo, pois acabou de ganhar uma coisa de que muito gosta. Eu, quando ganho algo de que gosto muito, fico muito feliz e começo a rir bem alto, e saio dançando com quem vejo pela frente. Dançando, minha felicidade fica maior, e a pessoa que dança comigo acaba se contagiando com minha felicidade. Inclusive vou começar a dançar agora, pois estou feliz por saber que você ficou contente ao receber o buquê de rosas brancas de Jaqueline. – Ela me pegou pelo braço e, me movimentando, me fez dançar algo parecido com uma valsa.

A jovem sorriu e disse para Roseilane que ela é brincalhona.

Roseilane falou que ela ainda nem a tinha visto brincar. Quando a visse brincando pra valer é que iria chamá-la de brincalhona.

A jovem sorriu de novo e pediu para eu colocar o buquê em um vaso sobre uma mesinha próxima ao seu leito.

Fiz o que ela pediu, ela agradeceu e falou que agora iria voltar a chorar os seus pecados.

Sentei-me no colchão e, segurando-lhe a mão direita, falei que ela não precisava chorar os seus pecados. Tinha era de crescer através deles. Ela me perguntou como fazê-lo. Disse-lhe que ela, ao ter conhecimentos de quais eram os pecados pelos quais chorava, demonstrava pelas lágrimas estar arrependida. Esse arrependimento deveria alegrá-la, porque ao se arrepender ela reconhecia que os pecados só a tinham prejudicado. E, por a terem prejudicado, ela com certeza não iria mais querer saber deles, e começaria a fazer algo que lhe fosse motivo de crescimento, e não mais de arrependimento.

Ela me olhou com atenção e pediu para eu repetir o que acabara de lhe dizer. Sorri e, tentando recordar o que falara, repeti.

A jovem me pediu um abraço. Ao abraçá-la notei que uma lágrima desceu pelo seu rosto. Imediatamente plasmei um lenço, sequei a lágrima e coloquei o lenço perto do vaso de rosas.

— Eu nunca tinha parado para pensar no que acabou de me dizer. Você é muito sábia para a sua idade – disse-me a jovem. – Vou seguir o que me falou e, deixando de chorar, começarei a fazer algo que me ajude mesmo a crescer. Preciso mostrar para mim mesma que dentro de mim deve existir uma coisa boa.

— Uma, não. Garanto que existe uma porção de coisas boas. O seu coração está cheio de bondade – mencionou Roseilane.

A jovem sorriu. Roseilane voltou a falar:

— Cuidado, garota! Estando o seu coração muito cheio de bondade é hora de começar a colocá-la para fora. Do contrário, estando ele muito cheio e você nada fazendo para liberar essa bondade, seu coração poderá vir a estourar. Se estourar, eu quero estar por perto, assim vou pegar um pouco da sua bondade e começar a ser uma pessoa boa.

A jovem deu uma gargalhada.

Eu disse que a sua gargalhada e o sorriso a deixavam muito mais bela do que as lágrimas.

Eu e Roseilane ficamos mais uns minutinhos com ela e, ao partirmos, ela pediu que a visitássemos outra vez.

Seguimos para a ala masculina. Entramos em uma das enfermarias e encontramos os dois jovens que, encarnados, tinham sido presidentes de grupos jovens em igrejas católicas. Os dois estavam em leitos próximos.

Na mesma enfermaria encontramos os outros dois que tinham sido coordenadores de mocidades espíritas. Seus leitos também eram próximos.

Fiquei entre os dois leitos dos católicos, e Roseilane, entre os dos espíritas. Decidi conversar primeiro com os católicos e deixar Roseilane conversando com os espíritas.

Sorri para os jovens e entreguei um santinho de São Tarcísio com uma prece para cada um. Eles agradeceram. Perguntei como eles estavam, e me disseram estarem bem. Indaguei sobre os grupos de jovens que eles lideravam. Falaram-me um pouco a respeito. Eu contei sobre o grupo de jovens que freqüentei quando estive encarnada em Anápolis, cidade do Estado de Goiás, comentando que fora uma etapa muito feliz da minha vida.

Ao saberem que eu tinha participado de um grupo de jovens, eles se animaram e falaram mais detalhadamente sobre os grupos que dirigiram. Foi gostoso ouvi-los. Ouvindo-os, estava aprendendo coisas que não sabia que um grupo de jovens fazia. Coisas que certamente muito me ajudariam no futuro.

Antes de deixá-los, cantei bem baixinho uma canção que os jovens cantavam no grupo de que eu fizera parte. Eles conheciam a canção e cantaram comigo.

Deixando-os troquei de lugar com Roseilane. Sorri para os dois rapazes que tinham sido presidentes de mocidades espíritas e lhes entreguei um exemplar de *O Evangelho Segundo o Espiritismo*. Os dois me olharam com carinho e, ao receberem o presente, sorriram. Indaguei a respeito das mocidades espíritas que eles dirigiram e ambos, entusiasmados, começaram a falar sobre as atividades que executavam.

Fiquei encantada ao saber de quanta coisa boa as mocidades espíritas fazem em prol dos mais necessitados. Também fiquei feliz ao saber que boa parte dos jovens que freqüentam as mocidades, ao ouvir palestras e ao estudar a doutrina espírita, cresce moralmente.

Eles continuaram a falar bem das mocidades espíritas. Com os dois eu estava aprendendo muito sobre essas comunidades. Aprendi coisas que não vira no rápido curso que ministraram sobre o espiritismo na Colônia Bom Jardim. Acredito que tudo o que estou aprendendo com os dois me ajudará um dia.

Um dos jovens que fala tão bem da mocidade foi aquele que pediu auxílio para os demais quando todos estavam aprisionados na cidade do Umbral. Seus olhos brilhavam ao recordar tudo de bom que ele tinha ensinado aos que participam da mocidade na casa espírita que ele freqüentava quando encarnado[7]. Sentou no leito e, olhando bem dentro dos meus olhos, disse:

— Ensinei muita coisa boa aos jovens e os vi crescendo com o que ensinei. No entanto, não coloquei em prática o que lhes ensinava e cometia os erros que falava para eles não cometerem. Como estava cego e como errei! Errei muito, muito mesmo. Nas reuniões da mocidade ou fazendo trabalhos voluntários com os jovens, na frente deles, eu fazia tudo direitinho, mas quando ficava sozinho, cultivava tendências indignas de alguém que tão bem conhecia a doutrina. Hoje me arrependo profundamente dessas tendências e vou me esforçar ao máximo para vencê-las. Não tenho mais medo de que alguém descubra que eu as cometia. Essas tendências eram...

---

[7]Não escrevi os nomes dos jovens nem os das instituições religiosas que eles freqüentavam quando encarnados porque muitos que estão encarnados e que participam dos grupos de que eles participaram poderão ler esta obra e descobrir de quem se trata (NAE).

— Não precisa mencioná-las – eu o interrompi. – Você se arrependeu delas e, como disse, está disposto a tudo fazer para vencê-las. Isso é o que importa, meu irmão. Comece a praticar as coisas boas que ensinou aos jovens encarnados. Você sabe quais foram elas, e, sabendo, fica bem mais fácil de colocá-las em prática. Com certeza aqui no plano espiritual terá a oportunidade disso e de começar a crescer. Conte comigo para ajudá-lo. Não sou detentora de nenhuma virtude, mas, ao auxiliá-lo a praticar coisas boas que o ajudarão, acabarei aprendendo a fazer essas coisas boas para mim.

Ele perguntou se poderia me abraçar. Sorri e o abracei com muita vontade.

Ele me disse:

— Vou querer a sua ajuda, sim. Você é uma garota humilde e, pelo visto, conhece bem o plano espiritual. Gostarei muito de ter a sua amizade.

— Não sou humilde e muito menos conheço bem o plano espiritual. Mas o que já conheço deste plano posso muito bem ajudá-lo a conhecer. Em relação a minha amizade, pode se considerar meu amigo. – E o abracei de novo, desejando-lhe muita sorte e garantindo que faria preces em sua intenção e de seus companheiros.

Ele e os outros três me pediram para voltar a visitá-los.

Roseilane, olhando-os, falou:

— Ouvi os três pedindo só para Jaqueline vir visitá-los. Não ouvi ninguém me pedindo para voltar. Querem ficar sozinhos com ela? Vejam lá o que vão aprontar com Jaqueline, seus espertalhões. Será que a escolheram para visitá-los novamente só porque ela não é ruiva, não tem sardas e é bem mais bonitinha do que eu, ou a escolheram por ela ser mais bonitinha do que eu e não ser ruiva e não ter sardas? Se quiserem, posso pintar o cabelo da cor do dela e dar um jeito nestas sardas. Quem sabe assim, da próxima vez que os vier visitar com Jaqueline, vocês também me notem e me convidem para vê-los outra vez. Vão convidar?

Os três sorriram, eu também sorri, até Roseilane sorriu. Ela não tem jeito. Sempre arruma uma maneira para a gente achar graça de algo que diz.

Antes de deixarmos a enfermaria, percebi que os que tinham ganhado *O Evangelho Segundo o Espiritismo* o abriram e começaram a ler, e os que tinham ganhado o santinho de São Tarcísio liam a prece que o santinho continha.

Ao chegar à sala em que trabalhamos em nossa colônia, Roseilane comentou que eu tinha sido excelente com os jovens. Disse-me que o que eu lhes dissera também a fez refletir. Ela me abraçou e falou que foi muito bom ter me acompanhado, e gostaria de em outra ocasião, quando nossas folgas ou horários de descanso coincidissem, me acompanhar de novo em alguma visita que eu fosse fazer.

Minha amiga ruiva logo foi selecionada para levar um auxílio junto com uma criança. Os dois iriam ajudar um menininho encarnado que há dois anos vivia em uma creche com a irmãzinha e que estava inconformado porque a irmã fora adotada por uma família e ele por outra. O menino desejava que os dois fossem adotados pela mesma família.

Fiquei na sala esperando minha vez de ser selecionada. Enquanto aguardava, recordei-me do momento em que tinha interrompido o jovem antes de ele falar quais foram suas tendências negativas. Fiz isso porque, quando ele começou a falar sobre tendências negativas, lembrei-me do que Demetrius me dissera quando o indaguei do motivo de eles, tendo conhecimentos do Evangelho, terem ido parar naquela cidade do Umbral. Relembrando o que o meu orientador me dissera na ocasião, agradeci a Deus por estar sendo orientada por ele. Com Demetrius estou aprendendo bastante.

Aproximei-me da tela de vídeo e fiquei observando os da nossa equipe que estão prestando diversos auxílios a encarnados e desencarnados. Percebendo que alguns encontravam certas dificuldades com os encarnados que auxiliavam, chamei os que estavam na sala. Fizemos uma prece por eles e desejamos com todo o nosso coração que recebessem as energias da prece. Naquele momento, pequeno raios, parecidos com os que saem da pintura do bondoso Mestre Jesus Cristo da Casa da Prece, saíram de nossas frontes, juntaram-se e se transformaram em um único raio. Esse deixou a nossa sala e velozmente se encaminhou até aqueles pelos quais rezávamos.

Pela tela de vídeo vi que o raio, ao chegar à Terra, explodiu e voltou a se transformar em vários raiozinhos, que seguiram em direção aos membros da nossa equipe. Cada um dos raiozinhos tocou a fronte de cada um deles. Ao serem tocados, sentiram-se inundados por novas energias e, tocando a mente dos encarnados que auxiliavam, passaram essas energias para eles.

Fui selecionada para levar um auxílio acompanhando um médico que faz parte da equipe de Norma. Fomos auxiliar um hospital de uma das colônias filiadas.

Chegando ao hospital, o médico que me acompanhava me passou algumas instruções, e nós dois adentramos a sala do médico responsável pelo hospital.

Lá, encontramos todos os médicos do hospital. Inteirados do que eles necessitavam, o médico da nossa colônia lhes passou diversas orientações, e depois eu e ele seguimos os médicos até onde alguns enfermos se encontram. Os enfermos, ao nos verem, começaram a se agitar. Observando cada um, o médico que eu acompanhava ia relatando a enfermidade que o acometia e qual o tratamento eficaz para combatê-la. Ele auxiliou alguns enfermos e, enquanto o fazia, solicitava os meus préstimos de enfermeira.

Ajudando-o, eu prestava muita atenção ao tratamento que ele ministrava e aprendia um pouco mais sobre enfermidades e sobre a forma de lidar com elas.

Concluímos o auxílio ao hospital e, quando chegamos à Casa do Auxílio, o médico pediu que o ajudasse no relatório que ele tinha de apresentar. Sentamo-nos e, como já estava me acostumando a fazer esses relatórios, coloquei no papel o que dele escutava. Escutando-o aprendi algo novo referente aos diversos tipos de enfermidades.

No outro dia, ao chegar à colônia em que faço o curso, a professora Elisabeth nos informou que a palestra sobre o desapego e a paciência tinha sido adiada. O palestrante, após ter ouvido os três professores pedirem para incluir dois novos temas na palestra, sorrira bondosamente e, concordando em falar sobre os dois novos temas, pediu para a palestra ser adiada para que ele melhor pudesse estudar.

Questionei a professora Elisabeth a respeito desses novos temas. Ela disse que, além do desapego e da paciência, o palestrante falaria sobre a humildade e a tolerância.

O professor Rogério falou que começaríamos a estudar a humildade e passou a explicar sobre virtude tão sublime.

Eu permanecia atenta a tudo o que ele explicava e meditava sobre os ensinamentos.

Os outros dois professores também falaram da humildade, e, ao ouvi-los, despertava em mim o desejo de me trabalhar para adquirir essa virtude.

Estou amando esse curso, e a cada aula passo a amá-lo mais e mais.

O curso sobre a prece e as virtudes, e o trabalho que desempenho na Casa do Auxílio, a cada dia foram se intensificando. Eu mal chegava de um auxílio prestado e já recebia a informação de que fora selecionada para levar um novo auxílio. A cada um que executava e a cada aula do curso eu ia aprendendo cada vez mais. O aprendizado contribui para meu crescimento, pois, estando ocupada em ajudar o meu próximo, não tenho tempo para pensar em mim e muito menos para fazer coisas que me alegram. Desse modo, procuro fazer coisas que alegram aqueles que eu atendo, e fico imensamente feliz aos vê-los sorrindo e muito alegre por saber que estão fazendo aquilo de que gostam.

CAPÍTULO 8

Ensaios

Era o meu dia de folga. Sentada no parapeito da janela do meu quarto e tendo as anotações do curso sobre os joelhos, eu revisava as matérias estudadas e me emocionava com tudo o que tinha escrito nas anotações. Compreendia que não possuía certas virtudes, mas nada impedia que no futuro viesse a possuí-las.

Reli com atenção o que anotara sobre o desapego e parei para pensar se, desde o dia em que começara a estudar sobre essa virtude que tanto me fascina, eu já tinha me desapegado de algo. Concluí que de nada me desapegara e que preciso verdadeiramente colocar em prática o que aprendi com os professores e o que estou aprendendo com Demetrius e com todos da colônia.

Deixando o parapeito, apanhei o envelope que Sulamita me entregara quando chegara à colônia e reli as informações referentes ao novo curso que faria. Guardei o envelope novamente dentro da gaveta da escrivaninha e preparei o material para as anotações desse novo curso.

Decidi caminhar um pouco pelo jardim.

Como sempre, encantei-me com as rosas e as flores, e fiquei um pouco perto da fonte. Depois, peguei um dos caminhos que levam a outra parte do jardim e, após caminhar mais um pouco, sentei-me em um dos bancos e fiquei olhando para a Casa dos Encontros.

Comecei a imaginar quando eu iria ter o meu primeiro encontro com Rodolfo na casa e, ao lembrar-me desse meu amigo, suspirei alto como os apaixonados costumam fazer e passei a sonhar acordada.

Algumas lembranças agradáveis vieram a minha mente, e sorri ao recordar do primeiro beijo dado por Rodolfo.

De repente ouvi alguém cantando alegremente. Deixando de pensar em Rodolfo, procurei com o olhar quem cantava e vi que Caius Lucius, ainda cantando, vinha em minha direção.

— Jakalina! Quem é o sortudo que tava fazendo moça tão linda como cê suspilar tão lomanticamente? Tá cum cala de paixonada. Que coisa bunitinha! Ah, como o amor é belo! – Caius Lucius levou as duas mãozinhas ao coração e respirou fundo, sonhador.

Ri com vontade, ouvindo-o falar do jeitinho errado dele e vendo a carinha de apaixonado que fez.

— Tá solindo, né? Se tá solindo é poque tava pensando nu seu píncipe. Se tava pensando nele nu pecisa pensar mais. Tá qui ele. – Bateu no peito demonstrando que o príncipe era ele. – Pode abaçar e beijar seu píncipe que eu dexo. – Fechou os olhinhos.

Encantada, fiquei de pé, inclinei-me e beijei-lhe a fronte.

— Sua apoveitadola! – me disse, arregalando os olhinhos e fingindo que estava zangado. – Num ela pra ter me beijado não. Cê apoveitou que mi distraí e mi vendo cum olinhos fechados mi beijou. Tá tão paixonada assim que tá beijando inté criança? Nossa! Como cê tem amor pra dá. Se quiser pode dar ese amor pra mi que eu num ligo não. Ah, como amor é belo! Vou inté fechar meus olinhos di novo pra cê apoveitar novamente. Ponto, pode apoveitar que eu nu tô vendo nada. Pode apoveitar à vontade que eu dexo.

Caí na gargalhada. Caius Lucius é uma gracinha.

Não o beijei de novo. Ele abriu os olhinhos.

— Num gostou di mim, né? Só poque sou pequeninino. Se tivesse gostado tinha se apoveitado di novo. Um dia vou crescer e ficar lindão. Mais lindão do que Demetrius. Daí, quando cê mi vê lindão e quiser apoveitar di novo, num vô deixar. Vou tá é di olinhos em outra. Em outra qui vá mi fazer suspilar igual cê tava suspilando no banco.

Sorrindo, falei:

— Você é um menino muito fofo e bem brincalhão para a sua idade. Quantos anos tem?

— Muier num divia peguntar idade pra homem. Ela num gosta quando homem pegunta idade dela.

— Mas você ainda não é um homem, mas um menininho muito fofinho. Por isso pode dizer sua idade.

— Num mi chama di fofinho se não vou ficar todo cheio. Eu tenho só cinco aninhos – falou, levantando a mão e mostrando os dedinhos.

Eu o abracei e apertei suas bochechas. Ele deu um sorriso lindo e se sentou no banco. Sentei ao lado dele e perguntei se gostava de cantar, pois o tinha ouvido cantar enquanto caminhava no jardim. Caius Lucius respondeu que ama cantar, sorrir e ser alegre. Falou também que fica muito feliz quando ajuda os encarnados e desencarnados a sorrir e a ser alegres também.

Conversamos um pouco e fiquei admirada da esperteza e inteligência dele. Ouvindo-o falar sobre as diversas maneiras que utiliza para alegrar as pessoas, me dei conta de que ele, embora se apresente como criança, é detentor de uma altíssima vibração espiritual.

Caius Lucius, enquanto conversava comigo, dava gostosas gargalhadas, dizia sempre algo engraçado, cantava pedacinhos de músicas e, levantando-se do banco, dançava ao cantar. Eu o escutava encantada e admirada.

Caius Lucius estava dançando alegremente quando vimos Sulamita vindo em nossa direção segurando pelas mãozinhas um casal de crianças. Outro casal segurava nas mãozinhas dos que seguravam as mãos de Sulamita. Ela ao nos ver disse:

— Vejo que Caius Lucius já está ensaiando para a apresentação do show de talentos. Está dançando muito bem, Caius Lucius. – E fez um afago na cabecinha dele.

— Dançar bem num tô não. Quem dança bem é cê, lindona Sulamita.

Ela sorriu e me perguntou se não gostaria de assistir ao ensaio das crianças. Respondi que adoraria vê-las ensaiando.

— Sulamita, ela só pode vê o insaio de abetula, não o di encelamento. Se ela vê os dois num vai ser supesa niuma no dia do show – falou Caius Lucius.

Sulamita disse que ele tinha certa razão e falou que eu poderia ver o ensaio de abertura das crianças. Comentou que nem ela Caius Lucius deixava assistir ao ensaio de encerramento. Segundo ele, seria uma grande surpresa para todos da colônia. Sulamita perguntou por que eu não aproveitava e marcava um horário para ensaios. Como iria me apresentar no dia do show, seria interessante que já começasse a ensaiar. Falei que ainda não tinha pensado se iria cantar ou não.

Sulamita, sorrindo com candura, disse:

— Não pense em cantar: cante. Cante e encante a todos com sua voz alegre.

— Cê sabe cantar, Jakalina? – Caius Lucius quis saber.

— Um pouquinho só. Creio que não canto muito bem.

— Canta, intão. E quando cê tiver cantando vô soviar com os dedinhos na boca e gritar: "Voz lindona que nem a dona da voz!".

Todos nós achamos graça.

Caius Lucius pediu para eu cantar no show e para que, quando estivesse ensaiando, o deixasse assistir a um ensaio um dia. Eu atendi ao pedido dele dizendo que cantaria e que o deixaria assistir a um ensaio, sim. Ele me abraçou com carinho.

Entramos na casa de diversões e nos encaminhamos até a sala de dança. Encontrei dois jovens e uma adolescente que trabalhavam comigo na mesma equipe, uma moça e um senhor da equipe dos adultos. Fui informada de que eles fazem parte da banda da colônia. A banda lá se encontrava para tocar os instrumentos musicais durante os ensaios dos que se apresentariam no dia do show. Um dos membros da banda é Murilo.

Sulamita levou as crianças até o centro da sala. Cada integrante da banda se posicionou próximo ao seu instrumento musical. Os casais de crianças se posicionaram dois passos atrás de Caius Lucius, que apanhou um microfone e ficou apenas um passo à frente das crianças.

Sulamita fez um sinal e a banda começou a tocar. Conforme a banda tocava e Caius Lucius cantava, Sulamita ensinava algumas coreografias. Eu, que os estava vendo ensaiar pela primeira vez, percebi que eles estavam ensaiando muito bem. Caius Lucius e os dois casais de crianças rapidamente aprendiam a coreografia que Sulamita ensinava. Quando uma criança errava, todos paravam no mesmo instante e juntos retornavam a coreografia.

Foi muito agradável assistir ao ensaio. Caius Lucius, cantando e dançando, faz qualquer um sorrir. A voz dele é bonitinha. Ele e os dois casais de crianças combinam muito bem.

Ao terminar esse ensaio, eu, Sulamita e a banda saímos. Caius Lucius e as outras crianças ficaram. Eles iriam ensaiar a música de encerramento do show. Estranhei a banda ter saído.

Murilo me disse que as crianças em outras ocasiões tinham pedido aulas para a banda sobre como tocar os instrumentos. As aulas foram dadas, instrumentos musicais um pouco menores do que os de tamanho original foram plasmados e, para espanto da banda, as crianças aprenderam a tocar bem rápido.

Murilo perguntou se eu não queria aproveitar e marcar um horário de ensaio para mim. Falou que após o horário de ensaio de Sulamita existia um horário vago. Fiquei pensando sobre qual música cantar e, indecisa, não sabia se cantava uma conhecida dos encarnados, a música que cantara quando prestara auxílio a Bárbara em companhia da Roseilane, ou aquela que ouvira Abimael cantar quando ele me visitou assim que cheguei à Colônia Bom Jardim.

As crianças deixaram a sala de dança e a banda entrou com Sulamita. Ela disse que, se eu desejasse, poderia vê-la ensaiando. Sentei-me e fiquei aguardando o ensaio da minha amiga.

A banda apenas afinou as cordas de um violão e o entregou a Sulamita. Ela fez um teste no violão e falou para a banda que o instrumento estava uma maravilha.

Sentada em um banco e tendo um microfone posicionado bem próximo dos lábios, fechou os olhos e suspirou. Quando os abriu, começou a tocar e a cantar.

Sua voz é lindíssima, e ela toca violão divinamente bem. Ouvindo-a, permiti-me ser contagiada pela linda canção que saía de seus lábios; a letra da música me fez viajar sem sair do lugar. Até o presente momento ainda não tinha ouvido no plano espiritual uma voz tão linda quanto a dela. Observando-a cantar tão compenetrada constatei que em Sulamita tudo é perfeito. Ela é linda e a voz é tão linda quanto ela.

Concluído o seu ensaio, Sulamita veio até mim e perguntou se não gostaria de ensaiar. Falei que estava indecisa sobre qual música cantar. Ela indagou qual música que ao cantar me transportava para outros lugares e me dava a sensação de estar vivenciando emoções nesses lugares. Falei que a música de Irami me causava a sensação que ela comentara. Sulamita pediu para eu cantar para ela e a banda me ouvirem.

Fui até o centro da sala de dança. Pensei em Irami sentada na pedra e comecei a cantar.

A canção da Irami mexe profundamente comigo. Cantei, relembrando-me do grande amor da índia pelo índio.

Terminada a canção, Sulamita e a banda me olharam e disseram que eu canto bem. Apenas sorri. Sulamita inquiriu se eu tinha a letra da música, pois seria importante deixar a letra e se possível a partitura referente com os músicos. Assim, a banda logo pegaria o ritmo da música e de ensaio em ensaio eu e a banda estaríamos em perfeita harmonia.

Afirmei para minha amiga e a banda que eu iria escrever a letra, no entanto, não tinha nem noção da partitura.

Sulamita se ofereceu para colocar a partitura, pedindo apenas que eu lhe entregasse uma cópia da letra e voltasse a cantar enquanto ela me ouvia pelo menos duas vezes.

Como Sulamita ainda tinha algumas horas livres, nós duas fomos até a nossa casa e entramos em meu quarto. Apanhei papel e caneta e comecei a escrever a letra da música. Fiz duas cópias. Entreguei uma para Sulamita e fiquei com a outra.

Sulamita se acomodou na cadeira e, tendo a letra, em mãos pediu que eu voltasse a cantar olhando para ela.

Sentei no parapeito da janela e cantei olhando para minha amiga, conforme sugerira. Percebi que, enquanto eu cantava, ela escrevia na folha que continha a letra da música. Voltei a cantar novamente. Depois de ter cantado pela segunda vez, Sulamita me apresentou a letra da música com a partitura.

Sulamita passou a partitura para a cópia da letra que tinha ficado comigo e me pediu que a entregasse para a banda.

Saímos do quarto. Sulamita seguiu para seus aposentos e eu fui até a casa de diversões. Entreguei a letra para Murilo e retornei ao meu quarto.

Sentei na cadeira e, com a letra da música em mãos, comecei a cantar baixinho. Disse a mim mesma que precisava me dedicar aos ensaios, afinal eu decidira me apresentar em um show, e portanto deveria fazer uma bela apresentação.

Participei de outros ensaios. De ensaio em ensaio eu ia me preparando para o dia do show.

CAPÍTULO 9

Estudando e auxiliando

Ao sair da casa em que moro para iniciar o curso sobre as enfermidades da alma, encontrei Demetrius no jardim. Ele veio até mim e me falou que o curso que iria iniciar era muito interessante e que muito contribuiria para minhas atividades de enfermeira. Pediu para dedicar-me ao curso da mesma forma como vinha me dedicando ao outro. Abraçando-me, desejou-me boa sorte.

Cheguei à colônia onde já faço o curso sobre a prece e as virtudes. O curso que nesse dia iria iniciar seria ministrado na mesma colônia.

Antes de entrar na sala, fui cumprimentada por uma jovem e por um senhor. Sentei-me em uma carteira e fiquei aguardando. Fora a primeira a chegar.

Os outros alunos foram chegando um após o outro e depois de cinco minutos a jovem e o senhor que me cumprimentaram fecharam a porta da sala.

Clarissa, a jovem, e Armando, o senhor, se apresentaram como nossos professores. Em seguida, os alunos se apresentaram. Somos vinte ao todo.

A aula teve início. Clarissa nos falou que encarnados e desencarnados carregam algumas enfermidades na alma que necessitam ser erradicadas. E isso só acontecerá com muita força de vontade, com a prece e principalmente com o auxílio dos amigos.

— Orgulho, preguiça, egoísmo, ambição, raiva são exemplos de enfermidades que vão se impregnando no homem e levando-o por caminhos impróprios ao seu crescimento moral e espiritual – explicou Clarissa.

O professor Armando nos entregou dois livros que fariam parte do curso. Nós os abrimos e depois os deixamos na carteira.

O professor disse que começaríamos a estudar sobre o egoísmo.

— O egoísmo é próprio de quem não consegue enxergar o outro como seu irmão de caminhada. É uma enfermidade tão terrível que, ao criar a ilusão de que aquele que a possui é a pessoa mais importante que existe, faz o indivíduo viver cultivando apenas sentimentos que o destroem, pois, acreditando ser muito importante, não consegue entender que o seu próximo é tão importante quanto ele. Não entendendo, dificilmente vai enxergar as virtudes que o seu próximo detém e com elas aprender alguma coisa – disse o professor Armando.

Clarissa também explicou sobre o egoísmo. Ao fazer minhas anotações, eu começava a me empolgar pelo tema.

No final da aula, percebi que fazer esse curso paralelo ao da prece e das virtudes seria muito interessante. Aprendendo sobre as enfermidades da alma em um curso e sobre as virtudes no outro, eu acabaria encontrando no estudo das virtudes o respaldo para combater tais enfermidades.

Ao chegar a minha colônia, ao fim da aula, coloquei as anotações na escrivaninha do meu quarto e segui para o local em que trabalhava.

Lá, fui surpreendida pela notícia de que iria prestar um auxílio acompanhando Rodolfo.

Fiquei feliz. Desde que chegara à Colônia São Tarcísio e iniciara meus trabalhos em uma das equipes da Casa do Auxílio, raríssimas foram as vezes em que encontrei Rodolfo e pude conversar alguns minutos com ele. Até mesmo no intervalo das aulas do curso que fazíamos juntos nós quase nunca nos encontrávamos. Rodolfo, nos horários do intervalo, se ausentava para estar ao lado de dois encarnados que vinha auxiliando. Segundo ele, a sua presença ao lado desses encarnados nos horários do intervalo das aulas estava sendo de grande valor para os encarnados e para ele.

Dessa vez, quem nos informou sobre o auxílio que iríamos levar não foi Demetrius, mas Amália. Ela nos disse que deveríamos prestar ajuda a uma jovem encarnada de uma mocidade espírita. Passou-nos algumas instruções e após a prece que a equipe fez por mim e Rodolfo, Roseilane cochichou no meu ouvido que eu estava indo prestar um auxílio, e não namorar, por isso que me comportasse.

Dei um tapinha no ombro da minha amiga e cochichei-lhe que se surgisse alguma oportunidade eu não perderia tempo. Roseilane deu uma gostosa gargalhada e nos desejou sorte.

Eu e Rodolfo chegamos a uma casa espírita da região do Sudeste brasileiro. Notei um pequeno posto de socorro acima da casa espírita e indaguei a Rodolfo por qual motivo o posto lá estava.

Rodolfo me informou que é comum nas casas espíritas existirem pequenos postos de socorro plasmados acima delas.

Um senhor bondoso nos cumprimentou sorrindo. Falou que já estava sabendo da nossa vinda e nos levou até a sala em que o grupo da mocidade espírita estava reunido.

O senhor nos falou ser ele o mentor daquela casa espírita e comentou que poderíamos ficar à vontade. Ele estava em reunião com outros benfeitores da casa. Em poucos minutos, o mentor da mocidade estaria conosco. O senhor nos deixou, e nós dois ficamos observando os encarnados da mocidade.

A jovem que receberia o auxílio chorava. Alguns companheiros do grupo a acusavam de ladra e diziam que ela não mais poderia participar da mocidade. A jovem, entre soluços, falava que não tinha roubado nada, mas as acusações contra ela continuavam[8].

Rodolfo sondou a mente da coordenadora da mocidade, e eu, a mente da jovem que dizia não ter roubado nada. Com as sondagens que eu e Rodolfo fizemos, descobrimos que a pobre garota estava sendo acusada de ter se apossado de uma parte do dinheiro de uma rifa que o grupo promovera para arrecadar fundos para a mocidade.

Entre as acusadoras da jovem se destacava uma que lhe dizia verdadeiros absurdos. Essa moça estava muito exaltada. Ao acusar a outra, seus olhos revelavam grande ódio pela acusada. Percebi ao seu lado um desencarnado que a incentivava a dizer aquelas maldades todas.

---

[8]Não escrevi o nome da casa espírita nem o nome dos jovens da mocidade para que os jovens e a casa não sejam identificados pelos encarnados que lerem este livro.

Aproximando-me de Rodolfo perguntei por qual motivo aqueles desencarnados estavam na sala.

Rodolfo me informou que verificou através da sondagem que fez na mente da coordenadora do grupo que ela não fez uma prece antes de iniciar a reunião. Estava tão preocupada em ter de pedir à jovem para se afastar da mocidade que se esqueceu de pedir auxílio aos benfeitores da casa.

Nesse momento, entrou no recinto um rapaz moreno-claro de olhos azuis. Ele se aproximou de nós e nos cumprimentou com um abraço. Informou-nos ser o desencarnado que auxiliava a mocidade e desculpou-se por não estar presente quando chegamos, pois se encontrava em reunião com os outros benfeitores. Logo que o mentor o informou que tínhamos chegado, veio ao nosso encontro.

O mentor daquela mocidade nos deu maiores detalhes sobre o ocorrido. Ele nos disse que, no dia do sorteio da rifa, os jovens prepararam uma tarde festiva. Todos os que compraram um bilhete da rifa tinham direito a um salgado. Refrigerantes e mais salgados estavam sendo vendidos à parte. A jovem que estava sendo acusada e a moça exaltada ficaram no caixa. Ambas eram responsáveis em receber os bilhetes da rifa vendidos, em vender alguns bilhetes que restaram e também os salgados e refrigerantes.

A tarde festiva foi uma maravilha, até que um grupo de desencarnados desequilibrados entrou no recinto acompanhando encarnados que demonstravam estar meio bêbados. O mentor e os benfeitores da casa tiveram de conversar com esses irmãozinhos desequilibrados e ao mesmo tempo intuir os encarnados da mocidade para conversar com os encarnados que estavam um pouco exaltados por bebidas alcoólicas. Ele intuiu alguns jovens da mocidade a conversar com os encarnados, que deram trabalho para deixar o local onde a tarde festiva acontecia, e apenas um dos desencarnados que os acompanhava aceitou ajuda. Durante o momento em que ele intuía alguns da mocidade, um dos desencarnados desequilibrados aproximou-se da jovem exaltada e nela encontrou campo de atuação. Essa moça nutria sentimentos negativos contra a outra, que estava sendo acusada do roubo, e quando as duas se sentaram para fechar o movimento do caixa, a exaltada escondeu mais da metade do dinheiro em um dos bolsos da calça jeans que usava. Fechado o movimento do caixa, a que estava sendo acusada falou que alguma coisa estava errada porque, pelo número de salgados e de bilhetes da rifa que tinham sido vendidos, deveria haver mais dinheiro. A outra, falando que talvez elas tivessem contado errado, sugeriu que fizessem novas contas, e assim foi feito. E ficou comprovado que realmente faltava dinheiro.

A que tinha escondido o dinheiro, olhando com ódio para a outra, disse que deveria mesmo ter mais dinheiro e, se esse estava faltando, significava que uma das duas o tinha roubado. Afirmando que ela jamais faria tal coisa, só poderia ter sido a outra quem se apossara do dinheiro. A outra, admirada, falou que ela também jamais faria isso. A exaltada lhe disse que faria, sim, comentando que a vira em atitudes suspeitas quando olhava para o dinheiro do caixa. Falou que ela fora obrigada a ir ao banheiro duas vezes e certamente numas dessas suas idas a outra roubou o dinheiro e o escondeu em algum lugar.

O jovem mentor continuou falando que a acusação tivera início naquele momento. A que acusava chamou a coordenadora da mocidade e os outros jovens e, sem nenhum escrúpulo, acusou a colega. O irmãozinho desencarnado que se unira a ela a fazia acusar a outra com tamanha intensidade que apenas um rapaz da mocidade não acreditou que a acusada tivesse cometido tal coisa. Os outros acreditaram e começaram também a acusar a jovem. Foi marcada uma reunião para dentro de dois dias. A reunião aconteceu, e mais acusações foram feitas. Ele e os mentores tentaram ajudar, mas estava sendo difícil, porque os jovens da mocidade passaram a acreditar nas palavras daquela que acusava. A coordenadora do grupo inspirada por ele sugeriu que todos fizessem uma prece.

A prece foi feita, e dela só quem recebeu os seus bons fluidos foram a acusada e o rapaz que acreditava em sua inocência. Uma nova reunião foi marcada, e a que tinha roubado o dinheiro falou que se a ladra não apresentasse o valor do furto nessa reunião deveria ser expulsa da mocidade. Com exceção do rapaz que acreditava em sua inocência, todos os outros concordaram e, ao concordar, permitiram que suas vibrações os aproximassem de desencarnados que, semelhantes ao que tinha se ligado à moça que escondera o dinheiro, passaram a influenciá-los.

Como mentor daquela mocidade, ele, durante os dias que antecederam a reunião, tudo fizera para intuir a que tinha escondido o dinheiro para se arrepender. Essa, porém, em nenhum momento lhe deu campo de atuação, e se ligava ainda mais ao desencarnado que a acompanhava. Ele tentou se aproximar da coordenadora do grupo e não obteve resultado, então se aproximou do rapaz que acreditava na inocência da outra, e ele passou a fazer preces pela jovem que estava sendo acusada. As preces dele, juntamente com as dos benfeitores da casa, foram direcionadas até a colônia a que a casa é filiada, e a colônia nos enviou para auxiliar. Eu e Rodolfo tínhamos chegado no exato momento em que os membros da mocidade se decidiam pela expulsão da jovem inocente.

Rodolfo pediu para eu chegar perto da coordenadora do grupo e ajudá-la. Ele iria se aproximar da jovem que acusava a outra e retirar de perto dela o irmãozinho que estava lhe passando idéias negativas. Rodolfo pediu ao mentor do grupo para se direcionar ao rapaz que tinha feito as preces em favor da inocente.

Eu me aproximei da coordenadora e comecei a lhe passar pensamentos sobre o perdão, e lhe sugeri para dar um tempo para que a situação se esclarecesse. Ela, ao receber minha orientação, ficou pensativa, depois balançou a cabeça como se quisesse expulsar os pensamentos que eu lhe sugeria e, olhando para a que era acusada, nada disse.

Rodolfo, ao chegar perto da que acusava, assoprou sobre ela, e o irmãozinho que tinha se ligado à jovem assustou-se e, cambaleando, afastou-se dela. Fitou em volta, espantado. Com os olhos bem arregalados, ele olhou para todos os lados, mas devido a sua baixa vibração não conseguiu nos ver. Observando que a jovem a que se ligara parara de acusar a outra, abriu os braços para abraçá-la, e Rodolfo assoprou diretamente nele. Pelo grito que deu, me pareceu ter sentido uma grande dor. Ele, percebendo que alguma coisa estava errada, se encostou à parede e ficou todo encolhido.

Rodolfo aproximou-se dele e se fez visível. Quando o viu, o espírito fez menção de fugir. Rodolfo o segurou pelo braço e disse que ele estava necessitando de ajuda. O espírito recusou-se a receber a ajuda, e Rodolfo gentilmente lhe disse que ele não poderia mais permanecer naquela sala, e muito menos incentivar a jovem a acusar uma inocente.

Ele falou para Rodolfo que a jovem o aceitara de livre e espontânea vontade. Que iria sair da sala e ficaria aguardando a moça do lado de fora da casa espírita.

Assim que ele saiu, Rodolfo tornou a assoprar na que acusava e tocou a sua fronte. Ela baixou a cabeça e nada mais disse.

Rodolfo aproximou-se do jovem que estava próximo do mentor da casa e que acreditava na inocência da outra e tocou sua testa. O jovem fechou os olhos, e Rodolfo, utilizando-se da mediunidade dele, começou, através da psicofonia[9], a conversar com os que estavam na sala.

Aqueles decididos a expulsar a jovem da mocidade, ao ouvir o rapaz falar com um tom de voz diferente e ao escutar a mensagem de Rodolfo através do médium, ficaram pensativos.

Eu me aproximei da jovem acusada e comecei a lhe aplicar um passe.

O mentor daquele grupo fez o mesmo com a coordenadora, e depois eu e ele começamos a aplicar passes nos demais.

— Não há coisa oculta que não acabe por se manifestar, nem secreta que não venha a ser descoberta[10] — disse Rodolfo, encerrando a sua fala com essas palavras ditas pelo bondoso Mestre Jesus Cristo.

O rapaz suspirou e, quando abriu os olhos, todos o encaravam, muito sérios. Ele pediu desculpas, dizendo que talvez tivesse cochilado um pouco. Pelo visto, era a primeira vez que sua mediunidade fora requisitada para a psicofonia.

Aproximei-me outra vez da coordenadora e mais uma vez lhe transmiti pensamentos sobre o perdão e sobre dar tempo para que a situação se esclarecesse. Ela, ainda sob o efeito das palavras de Rodolfo e sem desconfiar que pelo pensamento eu a auxiliava, foi repetindo ao grupo o que eu lhe passava.

---

[9]Psicofonia é o tipo de mediunidade em que os espíritos utilizam as vozes dos médiuns para se comunicar (NAE).

[10]Lucas 8,17 (NAE).

Pelas palavras da coordenadora disse que ninguém simplesmente pode ser acusado por uma única pessoa e todos acreditarem na acusação. É necessário entrar em contato com outras pessoas que estiveram na tarde festiva e averiguar se uma delas não viu nada suspeito em relação a uma das jovens que estiveram no caixa. Certamente alguém devia ter notado algo, pois, em um local onde se concentra certo número de pessoas, há sempre alguém observando alguém sem que o observado suspeite que é alvo de observação.

A jovem que acusava, ouvindo a coordenadora dizer o que eu acabara de lhe transmitir, levantou-se e a olhou, assustada. E pediu a ela para repetir o que acabara de dizer.

Eu assoprei na coordenadora e a fiz repetir tudo.

A jovem, ouvindo novamente, sentou-se e começou a roer as unhas.

Continuando a passar minhas idéias para a coordenadora, falei que em um grupo de jovens todos têm de ser unidos e trabalhar pela felicidade uns dos outros. Se eles fossem unidos e realmente se preocupassem com a felicidade dos que compunham a mocidade, não pensariam em expulsar a jovem do grupo, mas sim em ajudá-la a esclarecer aquela situação. Ajudando-a eles também se ajudariam, pois estariam praticando o que o bondoso Mestre Jesus Cristo lhes pedira e que a doutrina também pede em seu primeiro ensinamento: "espíritas amai-vos..." [11]. Se esse era o apelo da doutrina e do bondoso Mestre Jesus Cristo, era hora de eles colocarem em prática o que lhes era pedido; bastava apenas estender a mão à jovem e não mais acusá-la, mas se mostrar amigo e ajudá-la a descobrir o que de fato havia acontecido com o dinheiro que desaparecera.

Afastei-me da coordenadora e me aproximei de Rodolfo.

O rapaz que serviu de intermediário das palavras de Rodolfo dirigiu-se até a jovem acusada. Ele a abraçou e falou que jamais acreditara que ela fizera tal coisa. Comentou que ela poderia contar com ele para ajudá-la a provar a sua inocência.

Uma lágrima desceu pela face da jovem, que sentiu naquele abraço que o rapaz realmente acreditava em sua inocência.

---

[11] *O Evangelho Segundo o Espiritismo*, Capítulo VI, item 5 (NAE).

A coordenadora levantou-se e a abraçou também. Com exceção daquela que a acusava, os outros também se levantaram e, pedindo desculpas, se mostraram solidários à colega.

A coordenadora se manifestou sobre como poderiam ajudar a jovem, e os que se propuseram a auxiliar deram várias idéias. As idéias foram discutidas e após a discussão eles optaram em seguir a que julgaram ser melhor.

O mentor da casa, sorrindo, veio até mim e me abraçou, depois abraçou Rodolfo. Eu falei para o mentor que seria bom ele se aproximar da coordenadora e incentivá-la a concluir a reunião com uma prece. Ele assim o fez. A coordenadora, inspirada por ele, fez uma belíssima oração. Depois, todos se despediram.

Segui alguns até a saída da casa espírita. Vi do lado de fora o espírito que tinha se ligado à jovem que se apossara do dinheiro. Assim que viu a moça, ele foi em sua direção e tentou abraçá-la. Mas não conseguiu.

A jovem, após ouvir o que ouvira na reunião, arrependida do que tinha feito, não mais pensava em acusar a outra, estava preocupada com ela. Temia que alguém a tivesse visto no momento em que pusera o dinheiro no bolso da calça. O temor de ter sido vista a fazia pensar em Deus e, arrependida de seus atos, em prece começou a pedir a Deus para ajudá-la a sair da situação que ela própria criara.

O espírito que a incentivara ao mal não mais tentou abraçá-la; afastou-se uns dois metros e matinha essa distância enquanto a seguia.

Eu retornei à sala em que a reunião tinha sido feita. Pedi ao mentor da mocidade para me dar maiores detalhes sobre a tarde festiva. Depois de ouvi-lo, falei a ele e a Rodolfo o que pretendia fazer para ajudar a jovem a provar sua inocência.

Rodolfo gostou muito de minha sugestão e o mentor disse que eu poderia contar com a cooperação dele.

Como eu e Rodolfo ainda tínhamos algumas horas antes de irmos ao curso, pedi ao mentor para me levar até as crianças da evangelização que tinham estado na tarde festiva. Fomos à casa de algumas.

Ao chegarmos à residência da quinta criança que visitávamos, nós a encontramos deitada na cama, chorando. Eu me aproximei do menino que chorava imaginando que estivesse doente e pronta a auxiliá-lo como enfermeira.

Ao tocar sua fronte percebi, pelos seus pensamentos, que ele chorava porque tinha visto a jovem esconder o dinheiro na calça na tarde festiva e temia que, se contasse à mãe o que vira, ela o chamasse de mentiroso e lhe desse uma surra. Também chorava porque ouviu sua irmã, que faz parte da mocidade, comentar que determinada jovem da mocidade estava sendo acusada de ter roubado parte do dinheiro da rifa. Ao ouvir a irmã mencionar o nome da moça que estava sendo acusada, disse para si mesmo que não fora aquela jovem que ele vira se apossando do dinheiro. Quando em outro dia escutou a irmã dizendo que a jovem que estava sendo acusada seria expulsa da mocidade, ele começou a chorar. Chorava por imaginar que a garota inocente iria pagar por uma coisa que não tinha feito. Indeciso, não sabia se devia dizer o que vira ou não para a mãe. Na indecisão, chorava no quarto.

Como eu suspeitava, alguém tinha visto a jovem esconder o dinheiro.

Apliquei um passe no menino. Suas lágrimas foram cessando e ele foi se acalmando aos poucos. Eu o ajudei a pensar em uma prece. Ele fez a prece do pai-nosso, e em seguida pediu ajuda ao seu querido mentorzinho.

O mentorzinho dele não entrou no quarto, mas eu assoprei sobre ele e lhe sugeri uma idéia.

Acatando a sugestão, ele disse que tinha acabado de ter uma idéia brilhante. Pegou um papel e uma caneta e escreveu a idéia para não esquecê-la. Deixou o quarto e foi em direção à cozinha.

Rodolfo disse que o modo como estou prestando auxílio à jovem acusada está inteiramente correto. Ele, verificando que o horário de um dos meus cursos estava se aproximando, me convidou para regressar à colônia.

Despedimo-nos do mentor da mocidade dizendo que voltaríamos no dia seguinte e que nos encontraríamos na casa espírita.

Chegando à sala em que trabalhamos, eu e Rodolfo nos sentamos e fizemos algumas anotações na pasta da jovem que recebia o auxílio. Como já informei, essas anotações sempre são feitas nas pastas de todos que recebem auxílio. Feitas essas anotações, fui até a minha casa e, apanhando o material do curso que fazia após meu horário de trabalho, me dirigi à colônia onde estudo.

Os professores Clarissa e Armando voltaram a falar sobre o egoísmo. Semelhante aos meus professores do outro curso, os dois também prendiam muito minha atenção. Falavam muito bem sobre o assunto e, através de uma tela que existe na sala, nos mostravam alguns exemplos de irmãozinhos que infelizmente ainda são portadores de tal enfermidade da alma.

Durante o intervalo fiquei pensando na jovem que eu estava auxiliando e na outra que a acusava. Acompanhar parte da reunião daquela mocidade e verificar como os jovens agiam com a que estava sendo acusada despertou novamente em mim o desejo de dedicar-me à juventude encarnada.

Fiquei pensando como poderia ser mais útil aos jovens. De tanto pensar cheguei à conclusão de que necessito estudar ainda mais e aprender bastante para poder levar a ajuda aos jovens, certa de que essa ajuda apenas contribuirá para o crescimento deles. Decidi pedir a Demetrius para fazer cursos que me ajudassem a trabalhar com os jovens encarnados e desencarnados.

Quando o intervalo chegou ao fim, regressei à sala de aula. Voltei a anotar o que me chamava a atenção, e ao término das aulas daquele dia percebi que tinha aprendido um pouquinho mais sobre o egoísmo.

Assim que cheguei à Colônia São Tarcísio procurei Demetrius e o encontrei no quarto de Caius Lucius. Fui convidada a entrar.

Caius Lucius abraçou-me. Perguntei a Demetrius se poderia conversar uns minutinhos com ele. Caius Lucius respondeu que poderia, sim, falando que a conversa dele com Demetrius já terminara.

— Si os dois quiselem podi cunversar aqui. Tô di saída – disse Caius Lucius.

— Não precisa sair do seu quarto, Caius Lucius – falei. – Não tem nenhum problema ouvir o que vou falar a Demetrius.

— Memo assim tô saindo de finino. Num quelo iscutar cunversa de gente adulta. Qui Deus bençõe a cunversa di vocês. Tchauzinho! – Sorrindo, saiu, deixando-nos a sós.

— Demetrius, estou com grande desejo de ajudar os jovens encarnados e desencarnados. Para ajudá-los, estou ciente de que necessito estudar e me preparar para esse tipo de trabalho. Você poderia me informar se aqui no plano espiritual existem cursos que me ensinem a trabalhar diretamente com os jovens?

— Os dois cursos que está fazendo e o trabalho que desempenha na Casa do Auxílio possuem essa finalidade. Através dos cursos e do trabalho você está aprendendo a trabalhar com jovens, crianças, adultos e pessoas da terceira idade.

— Você tem razão! Tenho aprendido muito nos dois cursos e no trabalho que faço. Mas é devido ao trabalho que exerço que sinto a forte necessidade de fazer um curso mais voltado aos jovens. Com isso, não estou dizendo que vou deixar de prestar auxílio a quem não seja jovem, pelo contrário, auxiliarei todos aqueles que Deus me permitir auxiliar. O curso que lhe digo que quero fazer, além de me especializar no atendimento aos jovens, também deverá contribuir no atendimento aos que também não são jovens.

— Por que esse interesse tão grande em ajudar os jovens? – indagou Demetrius.

— Porque, ao prestar alguns auxílios, percebi que muitos jovens necessitam apenas de um empurrãozinho para conseguir dar passos que contribuam em seus crescimentos. Como sou jovem como eles e falo a mesma língua, acredito que posso, com a bênção de Deus, dar esse empurrãozinho.

— Em que horário pretende fazer esse novo curso, Jaqueline? Seus horários já estão todos preenchidos.

— Demetrius, eu tenho quatro horas de descanso por dia. Como sou plenamente consciente do meu estado de desencarnada e como aprendi a viver utilizando recursos da natureza e da atmosfera, sinto que não necessito de quatro horas de descanso. Eu poderia fazer o curso que estou pretendendo durante esse meu horário de descanso.

— Você tem poucos anos de desencarnada. Embora tenha aprendido a viver como muitos de nós vivemos, várias são as suas atividades aqui no plano espiritual, e você ainda necessita de algum tempo para o descanso. Seu desejo de se dedicar aos jovens com maior empenho é louvável. Mesmo não fazendo um curso inteiramente voltado aos jovens, pode se dedicar a eles, sim. Essa dedicação pode inclusive se dar em seu horário de descanso ou após efetuar um auxílio e concluí-lo antes das suas dez horas diárias de trabalho. Quanto ao curso que pretende fazer, vou verificar onde ele é ministrado e, logo que descobrir, lhe comunicarei, e você poderá cursá-lo após o término de um dos dois que já cursa.

Ele me abraçou e disse-me estar feliz ao perceber o quanto eu me preocupo com os outros e o quanto desejo ser útil a eles.

Nós dois saímos do quarto de Caius Lucius. Demetrius seguiu por um caminho, e eu por outro.

Chegando ao meu quarto, guardei o material do curso, e pegando o material do outro curso eu o deixei sobre a escrivaninha. Fui até a janela e fiquei contemplando o jardim até o momento em que teria de ir à colônia onde estudo.

No horário de seguir para a colônia, eu me dirigi até a frente da casa onde os homens vivem e fiquei aguardando Rodolfo. Quis fazer uma surpresa para ele, pois é sempre ele que me aguarda na frente da minha casa. Ao ver-me, sorriu e abraçou-me. Seguimos os dois para mais um dia de aula do curso sobre a prece e as virtudes.

Na aula desse dia, os professores Rafael, Rogério e Elisabeth falaram sobre a compaixão. Cada um de acordo com seu estilo de lecionar foi fazendo comentários grandiosos a respeito dessa virtude. Comentários que muito me faziam pensar e desejar um dia ser portadora dessa virtude.

O professor Rafael leu na Bíblia a passagem que narra o encontro do bondoso Mestre Jesus Cristo com a viúva de Naim[12]. Depois nos disse que a verdadeira compaixão faz o que o Mestre Jesus fez ao perceber e sentir a dor da viúva. Compadece-se do próximo e estende a mão a ele.

Terminada a aula, eu e Rodolfo seguimos até a nossa colônia, deixamos o material do curso em nossos quartos e seguimos para a casa espírita onde o mentor da mocidade nos aguardava.

---

[12]Lucas 7,11-17 (NAE).

Ao encontrarmos o mentor da mocidade, fizemos uma prece.

Rodolfo me pediu para continuar à frente do auxílio à jovem acusada.

Procurei o menino que tínhamos visitado. Ao encontrá-lo, encontrei também o seu mentor.

Os dois estavam na biblioteca do colégio em que o menino estuda. Uma professora tinha faltado, e os alunos foram levados à biblioteca para fazer determinada tarefa.

Ao me aproximar do menino, ele pensava na idéia, que anotara no papel. Assoprando nele, eu o ajudei a se concentrar na idéia e tudo fiz para que começasse a colocá-la em prática.

O menino abriu seu caderno e começou a escrever o que eu o ajudava a pensar. Concluído o que escreveu, ele leu e eu li junto. O menino achou que o que tinha escrito estava bom, e eu também.

Quando chegou a sua casa, o menino ligou o computador, digitou o que escrevera, imprimiu e, com a folha impressa na mão, pediu à mãe um envelope. Colocou dentro do envelope a folha, escrevendo por fora do envelope em letras de fôrma apenas "coordenadora da mocidade espírita". Ele lacrou o envelope e o guardou com cuidado.

O mentor do menino nos disse ser ele um bom garoto e que não ia dar muito trabalho.

Deixando o menino com seu mentor, seguimos até a casa da jovem que fora acusada, e a encontramos lendo um trecho de *O Evangelho Segundo o Espiritismo.*

Uma moça que estava ao seu lado nos acolheu com carinho e nos informou ser ela a mentora da jovem.

Após ter lido o trecho, a jovem fechou os olhos e pediu aos benfeitores da espiritualidade para ajudá-la a esclarecer o roubo. Ela começou a falar bem baixinho enquanto pedia auxílio ao plano espiritual. Disse que gostava muito da mocidade e que não queria de modo algum ser expulsa. Estar lá, para ela, era muito importante, pois as reuniões do grupo e o trabalho voluntário que fazia ao lado dos jovens muito a vinham ajudado. Ela nunca pedira a ajuda do plano espiritual para si, era a primeira vez que o fazia e gostaria muito de ser atendida.

Sussurrei em seu ouvido que ela já estava recebendo a ajuda.

A jovem fez a prece de Cáritas[13]. Enquanto a fazia, assoprei sobre ela, coloquei minhas mãos sobre sua cabeça e dei-lhe um passe.

A jovem apanhou um material escolar e saiu para o colégio.

Fomos até a casa da jovem que tinha se apossado do dinheiro. Ela estava sentada na cama do seu quarto. O espírito que a tinha seguido estava lá também. Continuava mantendo certa distância dela. O mentor da jovem permanecia por perto. Ele se apresentou e disse estar feliz com a nossa visita.

Perguntei ao mentor por que motivo ele permitia que o espírito que queria atrapalhar a jovem ficasse no quarto. Ele me respondeu que não era ele que permitia, mas a própria jovem. O espírito se ligara a ela devido ao campo vibracional negativo que a garota criou. Ela precisava criar um campo vibracional positivo, e assim ele poderia tentar conversar com o espírito. Disse-nos que a jovem parecia estar começando a criar o campo.

Aproximei-me da jovem. Perscrutando sua mente descobri que ela relembrava as palavras que ouvira Rodolfo dizer pela boca do jovem médium e as palavras que a coordenadora inspirada por mim dissera.

A jovem pegou uma Bíblia e a abriu aleatoriamente, bem no salmo 50 em que se pede perdão a Deus após ter praticado uma grande falta. Conforme lia os versículos do salmo, a jovem passou a verter lágrimas. Ela realmente começava a demonstrar estar arrependida.

Eu lhe apliquei um passe e disse-lhe para confiar em Deus, que Deus a ajudaria a sair da situação criada por ela mesma.

Rodolfo aproximou-se do espírito que teimava em ficar perto dela e conversou com ele. O mentor da jovem também conversou com o espírito.

Através do pensamento da jovem comecei a conversar com ela. Falei sobre o verdadeiro arrependimento e disse-lhe que ela poderia muito bem inocentar a outra que deliberadamente acusara. Ela foi refletindo em cima do que considerava ser seus próprios pensamentos. Levantou-se da cama e,

---

[13]Prece muito conhecida dos espíritas. Foi recebida em uma noite de Natal pela médium Mme. W. Krill (NAE).

abrindo a gaveta do guarda-roupa, pegou o dinheiro que tinha escondido da rifa. Colocou-o dentro de um envelope e, pelo lado de fora do envelope, em letras de fôrma também, escreveu: "coordenadora da mocidade espírita". Guardou o envelope, deixou o quarto e foi até a sala onde ficava o computador de sua casa. Ela o ligou e começou a digitar o que tinha em mente. Concluído o texto, imprimiu e, voltando ao quarto, dobrou a folha de papel impressa e a colocou dentro do envelope.

O espírito que estava acompanhando a jovem, depois de ter ouvido Rodolfo e o mentor da moça, aceitou ser ajudado.

Falei para Rodolfo e para os dois mentores que agora era só aguardar o dia da reunião da mocidade.

O mentor da jovem seguiu com o espírito para um posto de socorro, e o da mocidade, para a casa espírita. Eu e Rodolfo voltamos para a casa em que trabalhamos e fizemos novas anotações na pasta da jovem.

Feitas as anotações, Rodolfo deixou a sala. Eu fiquei durante alguns minutos por ali, acompanhando através da tela de vídeo amigos da equipe que prestam auxílio. Observando-os eu ia aprendendo a forma como eles prestam o auxílio aos mais variados tipos de pedidos que chegam a nossa colônia.

Saindo da sala fui à procura de Caius Lucius. Encontrando-o, convidei-o para assistir ao ensaio da música que iria apresentar no dia do show de talentos.

Enquanto cantava, ele assoviava com os dedinhos na boca e dizia ser a minha voz tão linda quanto a dona da voz.

Terminando o ensaio, nós dois fomos ao jardim e, sentados em um banco, conversamos por alguns minutos. Conversar com uma criança como Caius Lucius é uma maravilha. A todo instante ele me faz sorrir com suas gracinhas.

No dia da reunião da mocidade espírita, eu e Rodolfo chegamos duas horas antes. O mentor da mocidade preparava o ambiente da sala espalhando bons fluidos nela. Eu e Rodolfo o ajudamos. Depois, pedi a Rodolfo para ir até a casa do menino, e ao mentor, para ir até a casa da jovem que tinha sido acusada. Eu seguiria até a residência da jovem que pegara o dinheiro e a acompanharia até a mocidade espírita, onde me encontraria com os demais.

Na casa da jovem, eu a encontrei olhando para o envelope no qual colocara o dinheiro.

O mentor dela me recebeu com um abraço. Eu me aproximei da jovem, fiz uma prece e lhe sugeri que deixasse sua casa e chegasse bem antes de todos os jovens da mocidade. Ela, sempre imaginando que tinha tido tal idéia, colocou o envelope no bolso da calça e saiu em direção da casa espírita. Eu e o seu mentor a acompanhamos.

Quando nós três chegamos, eu a conduzi até a sala da reunião. Antes de entrar, ela olhou para todos os lados. Constatando que ninguém olhava em sua direção, entrou e colocou o envelope na mesa. Saiu olhando para todos os lados e, deixando a casa espírita, entrou em uma banca de jornais próxima da casa e ficou mexendo em algumas revistas.

O seu mentor ficou com ela e eu voltei para a casa espírita.

Rodolfo chegava com o menino. Este, conduzido por Rodolfo e pelo seu mentor, entrou na sala e jogou o envelope na mesa. Estava tão nervoso que nem mesmo percebeu que outro envelope já estava ali.

O menino saiu da sala e, junto com seu mentor, foram para a sala onde ele participa dos encontros de evangelização.

Passados alguns minutos, a coordenadora da mocidade entrou, acompanhada pelo jovem médium e por mais duas moças. Vendo os envelopes, apanhou-os e os abriu. Ao encontrar o dinheiro dentro de um deles admirou-se e começou a ler o que a jovem tinha escrito. Depois, abriu o envelope que o menino deixara e também leu o que o menino escrevera. Ficou pensativa.

Os três que tinham entrado na sala com ela perguntaram do que se tratava, e ela comentou que durante a reunião informaria a todos sobre o conteúdo dos envelopes.

Quando todos que fazem parte da mocidade chegaram, foi feita uma prece e a reunião teve início.

O mentor da jovem que acusara e a mentora da jovem que tinha sido acusada ficaram perto de mim.

A coordenadora falou dos dois envelopes que encontrara na mesa e começou a ler em voz alta o que o menino tinha escrito:

— "Quero comunicar à coordenadora da mocidade espírita que no dia da tarde festiva eu vi uma pessoa pegando dinheiro da rifa e colocando no bolso. Essa pessoa não é a jovem que a mocidade está acusando. Não foi ela que eu vi pegando o dinheiro, mas uma outra pessoa. Não vou revelar quem foi. Estou fazendo preces para que essa pessoa se arrependa e devolva o dinheiro. Apenas quero que todos fiquem sabendo que a jovem que acusam é inteiramente inocente. Quem escreve essa informação é alguém que faz parte dessa casa espírita e que freqüenta a evangelização".

A jovem que roubara o dinheiro apavorou-se. Eu assoprei sobre ela e a fiz pensar em uma prece. Ela fez uma rápida oração, depois ficou olhando para a coordenadora. Esta pegou o outro envelope e começou a ler o que estava impresso na folha:

— "Muitas vezes praticamos más ações e acabamos prejudicando algumas pessoas. Eu infelizmente, presa de um grande sentimento negativo por uma jovem que faz parte dessa mocidade, pratiquei uma ação má e acabei prejudicando essa jovem. Estou devolvendo o dinheiro do qual me apossei. Compreendo que devolvê-lo não isenta a minha culpa. Quando roubei o dinheiro, minha intenção era ver a jovem que não cometera o furto expulsa dessa mocidade. Não gosto dela. Nem mesmo sei por que não gosto. Hoje me arrependo do que fiz e inocento a jovem".

A moça que devolvera o dinheiro tinha lágrimas nos olhos. Como eu estava bem próxima a ela, apliquei-lhe um passe e, soprando sobre ela, lhe dei energias para que pudesse ser forte. Ela se levantou e disse:

— Quem pegou o dinheiro fui eu, não foi ela. Resolvi devolvê-lo porque minha consciência não me deixa em paz. – Caminhou até a jovem que ela havia acusado. – Nunca gostei de você. Como disse no bilhete que escrevi e que a coordenadora leu, também não sei por que não gosto. Mesmo não gostando de você, por ter feito com que sofresse ao acusá-la de algo que não fez, peço que me perdoe. Se não perdoar, eu a compreenderei. Estou muito arrependida do que fiz. Muito arrependida mesmo.

– Lágrimas desciam pelas suas faces, revelando que ela realmente estava arrependida do que fez.

A jovem inocente a olhou e, levantando-se, a abraçou carinhosamente. O abraço demonstrava que ela a perdoara. Olhando bem dentro dos olhos da outra, falou:

— Eu a perdôo. Estou muito feliz por você ter me inocentado e sinceramente estou muito mais feliz por você ter sido corajosa e assumido a sua culpa na frente de todos. Quanto a não gostar de mim, apenas posso lhe dizer que talvez não goste porque não me conhece. Estou disposta a tudo fazer para que me conheça melhor, e assim quem sabe no futuro o seu não gostar de mim se transforme em um gostar amigável. – E tornou a abraçá-la.

A outra não esperava ouvir tais palavras e muito menos os outros da mocidade.

Eu, Rodolfo e os mentores também ficamos encantados com o que ouvimos da jovem. Ela com certeza era um espírito evoluído. Se não o fosse ainda, caminhava a passos largos nessa direção.

A que recebeu o perdão agradeceu, e depois, olhando um por um os jovens, disse:

— Eu gosto muito de fazer parte desta mocidade. Mas, devido ao que fiz, não vou mais me sentir bem junto com vocês. Estou deixando a mocidade. A única coisa que peço é que façam preces por mim.

A coordenadora levantou-se e, indo até ela, pediu-lhe que não deixasse a mocidade. Agora é que tinha de permanecer nela. A jovem falou que seria muito difícil para ela permanecer na mocidade, pois certamente um dos componentes sempre a olharia de forma estranha, e isso ela não queria.

A coordenadora comentou que isso era coisa da mente dela, que ninguém a olharia de forma que ela se sentisse ofendida. A jovem replicou que talvez a coordenadora e a jovem que a perdoara não a condenassem com o olhar, mas certamente um da mocidade o faria. Isso ela não estava disposta a enfrentar, já que tinha sido forte o suficiente para revelar a sua culpa na frente de todos.

A coordenadora entendeu o que ela falara e lamentou a sua saída. Disse-lhe que esperava que ela tivesse crescido um pouquinho com tudo o que aprendera nas reuniões e nas demais atividades da mocidade.

A jovem, antes de sair da sala, olhou para a moça que lhe perdoara. Essa, pegando uma caneta e um pedaço de papel, pediu para ela anotar o seu endereço e o número do seu telefone. Ela anotou e deixou a sala acompanhada pelo seu mentor.

Eu abracei o mentor da mocidade e lhe desejei muita sorte com aquele grupo. Abracei a mentora da jovem e abracei a jovem também.

Rodolfo abraçou o mentor e a mentora da jovem e, nos despedindo, fomos atrás da jovem que tinha deixado a mocidade.

A jovem regressava para sua casa de cabeça baixa. Estava muito triste por ter deixado aquela mocidade. O seu mentor a acompanhava em prece.

Eu perguntei ao mentor se naquele mesmo bairro existia outra casa espírita, e ele me informou que no bairro não, mas no bairro vizinho existia sim. Eu pedi a ele para me levar até essa casa e pedi a Rodolfo para acompanhar a jovem até a sua residência.

O mentor da jovem me levou até a casa espírita. Nela chegando, fomos recebidos pelo mentor da casa. Indaguei se ali existia mocidade espírita, e o mentor respondeu que sim, dizendo que os jovens estavam reunidos. Levou-nos até a sala em que os jovens se encontravam e nos apresentou a mentora espiritual daquela mocidade.

Conversei com ela e, ao saber o dia das reuniões da mocidade e o dia em que os jovens prestam trabalhos voluntários, disse-lhe que intencionava conduzir uma encarnada para conhecer aquela mocidade.

A mentora disse que a jovem seria muito bem-vinda. Deixamos aquela casa espírita e fomos até o lar da jovem. Ela lia um romance espírita. Rodolfo estava sentado na cama lendo o romance com a jovem.

Deixamos a garota com o seu mentor e voltamos para a nossa colônia.

Durante as aulas do curso que faço após meu horário de trabalho, prestei muito mais atenção às explanações dos professores sobre o egoísmo. Essa seria a aula que encerrava essa enfermidade da alma.

Saber sobre o egoísmo é muito importante para mim, pois com as explicações dos dois professores eu estava aprendendo como lidar com encarnados e desencarnados portadores dessa deficiência na alma.

No dia dos trabalhos voluntários dos jovens da mocidade da casa espírita que tinha recentemente conhecido, eu e Rodolfo nos dirigimos até a casa da jovem que deixara a mocidade da qual fazia parte.

O mentor da jovem nos recebeu com um belo sorriso.

Eu me aproximei da jovem e lhe transmiti o desejo de caminhar um pouco. Ela, deixando o romance espírita que lia sobre a cama, levantou-se e disse à mãe que iria dar uma volta.

Sem que ela suspeitasse, eu a direcionava pelas ruas que a levariam até a casa espírita. Ao chegar à frente da casa, deparou com os jovens que se organizavam para prestar trabalhos voluntários.

Falei à mentora da mocidade que aquela era a jovem de quem eu tinha falado.

A mentora aproximou-se do coordenador da mocidade e este, ao receber as instruções dela através do pensamento, aproximou-se da jovem e perguntou se ela desejava alguma coisa.

Ela, que estava sendo orientada por mim, falou que estava caminhando e que ao deparar com a casa espírita sentiu vontade de entrar para saber se ali havia uma mocidade espírita. O coordenador sorriu e disse que os jovens que ela estava vendo faziam parte da mocidade da casa, e que eles estavam indo prestar trabalhos voluntários em um lar de idosos. Eles se apresentaram. O coordenador perguntou se ela fazia parte de alguma mocidade de outra casa espírita. A jovem disse que tinha participado de uma mocidade e que saíra de lá devido a problemas particulares. Estava pensando em fazer parte de uma mocidade novamente.

O coordenador a convidou para ir com eles até o lar de idosos. Ela aceitou. Ele a abraçou e todos os outros a abraçaram, dizendo que era muito bem-vinda no meio deles.

A jovem deixou uma lágrima descer pela sua face e, olhando para o céu, fez uma rápida prece e seguiu com a mocidade para o lar de idosos.

Falei para o mentor dela que a jovem tinha encontrado outra mocidade e que agora, orientada por ele, poderia continuar buscando o seu crescimento.

O mentor nos agradeceu pelo auxílio dado a sua pupila. Eu e Rodolfo falamos que agradecimentos não são necessários, estávamos apenas auxiliando em nome do bondoso Mestre Jesus Cristo. Nós fizemos uma prece, deixamos o mentor com a mocidade e sua pupila, e regressamos para a sala onde trabalhamos.

Eu e Rodolfo sentamos e, consultando a pasta que continha as informações que já tínhamos nela colocado, fizemos o relatório para ser apresentado a Amália.

Concluído o relatório, ele me falou que eu tinha auxiliado as duas jovens muito bem. Ele praticamente ficara só me observando. Eu nada disse, apenas o olhei e sorri.

Como tínhamos algumas horas livres, ele me convidou para dar uma volta pelo jardim. Aceite o convite. Passeamos de mãos dadas e depois nos sentamos em um banco que fica na varanda da Casa dos Encontros.

Rodolfo segurou delicadamente minhas duas mãos e com uma voz doce e meiga disse:

— Jaqueline, eu a amo, e há muito tempo. Você é muito especial para mim.

— Eu também o amo, Rodolfo.

Nós dois nos abraçamos. Ele beijou-me na fronte e eu retribuí o beijo.

Depois, regressamos de mãos dadas para as nossas casas. Eu ia muito feliz, pensando ser o amor o sentimento mais lindo que Deus criou.

Rodolfo deixou-me na porta de minha casa. Eu entrei e, sentada em meu quarto, fiquei pensando nele. Depois apanhei o material do curso e, muito alegre, fui aprender um pouco mais com os professores Armando e Clarissa.

CAPÍTULO 10

Show de talentos

Conforme o dia do show de talentos se aproximava eu intensificava os ensaios. Devido aos ensaios eu e a banda estávamos em perfeita sintonia. A cada ensaio eu sentia um enorme prazer em soltar a minha voz e em permitir que o canto realmente expressasse as minhas emoções.

Eu ainda não tinha decidido se iria me apresentar usando o vestido que sempre uso ou as roupas que usava em minha existência como Irami. De tanto pensar, resolvi que só decidiria no dia do show.

Queria dar um toque especial à canção de Irami e, embora muito me esforçasse em todos os ensaios, sentia que ainda não tinha encontrado esse toque. Tinha ciência de que estava cantando bem, no entanto, gostaria de cantar um pouco melhor.

Em um ensaio lembrei-me de como Abimael cantava e resolvi ir até a Colônia Bom Jardim pedir algumas instruções a ele. Em minha folga do trabalho e dos cursos, volitei até a colônia onde o meu amigo mora.

Chegando ao educandário, fui recebida pelos dois diretores. Eu os abracei e perguntei se poderia conversar com Abimael. Os diretores me informaram que ele estava no quarto e que poderia conversar com ele o tempo que desejasse. Fui até o quarto e bati na porta.

Abimael a abriu, estava com um livro na mão. Vendo-me, lançou-se em meus braços e abraçou-me com efusão. Eu o beijei com carinho. Entrei no quarto e me sentei na cama dele.

Ele também se sentou na cama, colocou o livro que segurava entre mim e ele e perguntou se eu estava feliz na colônia onde vivia. Respondi que não estava feliz, não. Ele me olhou espantado. Sorrindo, eu lhe disse que não estou feliz, estou na verdade é *muito* feliz. Abimael sorriu e falou que todo dia em suas preces pede a Deus para eu ser feliz na Colônia São Tarcísio. E, ao ouvir de minha boca que eu estava muito feliz, iria fazer preces agradecendo a Deus por tê-lo escutado.

Dei uma olhada no livro que ele colocara na cama: *O Estatuto dos Direitos das Crianças e dos Adolescentes.* Peguei o Estatuto e indaguei por qual motivo ele o estava lendo. Falou-me que o lia para ficar conhecendo os direitos das crianças e adolescentes e melhor poder ajudar esses jovens encarnados.

Eu lhe disse que estava precisando de um favor dele. Meu amigo falou que eu poderia lhe pedir qualquer favor. Pedi para ele cantar a música que cantara quando me visitou no hospital, logo que fui recolhida na Colônia Bom Jardim. Ele falou que seria bom irmos até o jardim do educandário, lá ele a cantaria.

Fomos até o jardim. Eu me sentei em um banco e ele ficou de pé. Fechou os olhos, suspirou e começou a cantar. Fiquei a observá-lo enquanto cantava. Para mim Abimael canta e declama ao mesmo tempo. Prestei muita atenção a cada gesto que ele fazia e nas expressões do seu rosto. Ele realmente canta com o coração, e ao fazê-lo dá um toque especial à canção, emocionando e sensibilizando quem escuta.

Quando Abimael terminou de cantar, eu bati palmas e falei que ele canta lindamente.

Abimael se sentou no banco e sorriu. Eu lhe pedi para que me ensinasse a cantar um pouco parecido com ele. Abimael olhou-me e falou que não canta lindo coisa nenhuma, apenas canta como se estivesse declamando uma poesia. Ele, ao cantar, vive o que realmente canta e permite que seu corpo, através dos gestos que faz, cante também e demonstre o quanto isso lhe faz bem e eleva seu espírito.

Disse-lhe que queria aprender essa forma de cantar declamando. Abimael perguntou por que eu gostaria de aprender. Contei para ele sobre o show de talentos e comentei que não queria aprender apenas por causa do show; também queria aprender como ele cantava para que eu também fosse capaz de emocionar os outros com meu canto.

Abimael pediu para eu cantar para me ouvir cantando. Levantei-me do banco e cantei a canção que estava preparando para o show.

Assim que terminei, ele falou que eu poderia colocar mais vida na canção. Precisava deixar que meu corpo também cantasse junto com minha voz. Perguntei como fazer isso. Ele pediu para que eu cantasse apenas um trecho da canção. Eu cantei. Depois, pediu para que o cantasse por três vezes, e assim fiz.

Abimael cantou o trecho e perguntou se o tinha acertado. Eu disse que sim. Ele então o cantou da forma como costuma e ao cantar percebi que suas mãos, seu corpo e sua expressão facial expressavam o que o trecho da música dizia. Se ele não estivesse cantando em voz alta, quem de longe o visse e não o escutasse compreenderia o trecho da canção através de seus gestos. Compreendi o que ele quis me dizer ao falar que deveria deixar que o meu corpo também cantasse.

Pedi para ele me ensinar a forma como seu corpo dançava ao cantar o trecho da canção. Ele pacientemente me ensinou e, após algumas tentativas, aprendi. Passamos para outro trecho da canção e ele me ensinou novos movimentos. Combinei com ele que viria todos os dias e durante meia hora poderíamos ensaiar os outros trechos da canção. Abracei meu amigo com carinho. Antes de beijá-lo na fronte, como costumava fazer, ele se antecipou a mim e me beijou primeiro. Eu o beijei e, sorrindo, o deixei no jardim do educandário e me dirigi para a colônia onde moro.

Conforme tinha combinado com Abimael, passei a treinar com ele durante meia hora por dia. Após uma semana eu já tinha aprendido o toque especial que tanto queria dar à canção da Irami. Abimael também me ensinou a me transportar mentalmente ao momento em que eu, vivendo no passado como Irami, cantava a canção. Ele me ensinou esse transporte mental tão bem que, logo que cantava o primeiro trecho da canção, me via sentada perto do rio olhando para a mata e esperando ansiosa que o índio amado retornasse. Assim, ao cantar a canção, eu facilmente me reportava mentalmente para aquela época e conseguia, através do canto e do toque especial que aprendera, expressar os sentimentos que contagiavam Irami quando ela cantava a canção que falava do seu amor pelo índio que a abandonara.

Dois dias antes do show de talentos, perguntei a Demetrius se poderia convidar Abimael para assistir ao show.

— Você pode convidá-lo, sim. Embora Abimael esteja vivendo na Colônia Bom Jardim, possui uma vibração que o capacita a visitar a nossa colônia.

— Se ele possui essa vibração, por que nunca veio me visitar ou por que não mora aqui conosco?

— Se ele nunca veio visitá-la talvez tenha sido porque você ainda não o convidou. Quanto a não morar nesta colônia, foi escolha do próprio Abimael. Ele, ao conseguir a mesma vibração que você e ao ter sido convidado para vir morar nesta colônia, pediu para ficar na Colônia Bom Jardim. Abimael informou que ama viver lá no educandário e que gosta muito de auxiliar as crianças e os adolescentes que lá vivem. Como o auxílio que ele presta muito tem contribuido na adaptação das crianças e adolescentes no mundo espiritual, o governador da nossa colônia e o governador da Colônia Bom Jardim decidiram deixá-lo onde está.

— Demetrius, a cada dia me surpreendo mais com Abimael. Para mim ele é um espírito evoluído.

Demetrius sorriu. Despedindo-me dele, segui para a aula de um dos meus cursos.

Começamos a estudar sobre a tolerância. Os três professores nos falaram que tolerar o outro é compreender que ele é diferente de nós e que ainda não possui certas virtudes que gostaríamos que possuísse. Não possuindo essas virtudes, ele merece a nossa tolerância porque ainda não cresceu moralmente e não fez brotar em seu coração sentimentos que o façam sentir-se amado pelas pessoas que convivem com ele. Os professores também falaram que temos de tolerar os nossos semelhantes porque eles também nos toleram da maneira como somos e que, iguais a nós, também gostariam de encontrar certas virtudes em nossas pessoas, e não as encontram.

A professora Elisabeth perguntou se já tínhamos convidado alguém para a palestra que seria ministrada logo após as aulas sobre a tolerância serem concluídas. Alguns alunos disseram que não, e ela pediu para que, na próxima aula, apresentássemos os nomes dos convidados. Em seguida, falou que o palestrante que falaria sobre a paciência, o desapego, a humildade e a tolerância seria o anjo Lugiel.

Fiquei imaginando que a palestra certamente seria muito edificante, visto ser o anjo Lugiel um grande trabalhador da seara do bondoso Mestre Jesus Cristo.

Logo que a aula chegou ao fim, volitei até a Colônia Bom Jardim e convidei Abimael para assistir à minha apresentação no dia do show de talentos. Ele aceitou o convite e disse ter ficado muito feliz por ter sido convidado. Despedindo-me dele, encaminhei-me para a colônia onde moro. Ao chegar, guardei as anotações em meu quarto e fui para a Casa do Auxílio.

Encontrei Demetrius na sala em que trabalho, e o convidei para assistir à palestra do seu irmão. Demetrius falou que já havia sido avisado e agradeceu pelo meu convite. Pensei em convidar a minha amiga Roseilane. Quando lhe falei sobre a palestra, ela vibrou dizendo que, além de assistir a uma linda palestra, teria a oportunidade de contemplar o lindo Lugiel.

Naquele dia fui selecionada para levar auxílio a uma índia que desencarnara e que não aceitava o desencarne. Os socorristas que tentaram ajudá-la foram por ela repelidos. A índia desejava ser acolhida no mundo dos espíritos por um filho dela que tinha desencarnado três anos antes. Mas ele reencarnara, e no momento não poderia atender a mãe. Perguntei em qual colônia ela seria recolhida e, ao saber, me dirigi para auxiliar a índia.

Cheguei até a oca onde a índia desencarnada estava. Antes de entrar na oca, recordei-me de Irami e plasmei vestimentas indígenas. Entrei na oca sorrindo e, estendendo a mão para a índia, disse:

— Venha comigo. Sei onde seu filho se encontra e poderei, após alguns dias, levá-la até ele.

— Se sabe onde ele está, por que não o trouxe com você para me ajudar? – inquiriu a índia.

— Porque ele agora está muito ocupado. Logo que se desocupar irá lhe fazer uma visita. Só que essa visita não poderá ser feita nesta oca de encarnados, ela será feita em um lugar bem bonito, onde existe um lindo riacho, onde as aves do céu cantam maravilhosamente bem e onde outros índios desta taba que deixaram o corpo físico antes de você a esperam de braços abertos.

— Os que vieram antes de você para me levar não me falaram que os espíritos dos outros índios e que o meu filho iriam me encontrar nesse tal lugar bonito que você falou. Esse lugar existe mesmo e vou poder ver meu filho ou você só está me enganando para que eu a acompanhe?

— Esse lugar bonito existe, sim. Venha comigo e o descobrirá. Quando chegar a ele, receberá ajuda e, como lhe disse, depois de alguns dias receberá a visita do seu filho. Vamos. – Estendi minha mão.

— Vou com você, mas se chegar nesse lugar e ele não for nada bonito e eu não encontrar o que me disse, volto para a minha oca.

Ela pegou minha mão. Assoprei sobre ela. A índia bocejou e encostou a cabeça em meu ombro.

Volitei com ela até a colônia em que ela iria ficar e, chegando ao hospital, a entreguei aos cuidados de um enfermeiro índio. Saindo dali, voltei a plasmar o vestido que sempre uso e, ao chegar à sala em que trabalho com a equipe de jovens e adolescentes, fiz o relatório daquele auxílio.

Na véspera do show de talentos, fiz o último ensaio da canção. Tinha decidido me apresentar usando as vestimentas que Irami usava.

No dia do show, eu me dirigi à Colônia Bom Jardim e volitei com Abimael até a casa de diversões da nossa colônia.

Entramos no teatro, que estava lotado. Deu-me a impressão de que praticamente todos os moradores da colônia lá se encontravam. Avistei Demetrius e nos encaminhamos até ele. Ao lado de Demetrius existia uma cadeira bem confortável vazia. Abimael cumprimentou Demetrius e sentou-se. Na outra cadeira, que ficava do outro lado de Demetrius, avistei o irmão gêmeo dele, o anjo Lugiel. Ele, ao ver-me, levantou-se e sorriu com meiguice. Retribuí o sorriso e me dirigi para o palco.

Luzes clarinhas de holofotes circulavam pelo palco.

Lucius, o atual diretor da Casa do Auxílio, seria o apresentador do show. Ele, usando um minúsculo microfone preso na camisa, fez uma prece pedindo ao querido Deus que o show contribuísse para a alegria de todos e que levasse fluidos benéficos ao show beneficente que naquele momento artistas encarnados promoviam no Estado do Rio de Janeiro.

Enquanto Lucius apresentava os participantes do show, indaguei a Sulamita o motivo de Lucius ter pedido na prece para que bons fluidos chegassem até o show dos encarnados.

Sulamita me explicou que os shows de talentos da colônia sempre são realizados em um dia em que ocorre um show beneficente dos encarnados. Dessa forma, enquanto aqueles que se apresentam na colônia encantam com as suas apresentações, os que estão assistindo, ao ficarem encantados, liberam energias em forma de bolinhas pequeninas que saem de seus corpos espirituais. Essas energias são originadas pelos sentimentos maravilhosos que os envolvem; as bolinhas portadoras de energias se unem e se transformam em uma bola contendo bons fluidos. Essa bola sai em direção do show beneficente. Chegando ao local do show, a bola explode e dela se originam milhares de gotículas que caem sobre cada um dos participantes e lhes transmitem boas energias. Essas energias eles recebem porque se fizeram merecedores, após terem, com suas presenças, contribuído para que o show beneficente conseguisse arrecadar o que se pretendia, e, com a arrecadação, levar certo lenitivo a muitos encarnados que necessitam. Assim, os participantes do show, sem que suspeitassem, recebiam na gotícula que neles tocava energias espirituais que muito os auxiliariam.

— Estou admirada, Sulamita! Como aqui no plano espiritual tudo é muito estudado e muito bem organizado, de tal forma que a todo momento essa nossa colônia está enviando algum tipo de auxílio!

— É por isso que na nossa colônia existe uma Casa do Auxílio. Uma casa tem que estar sempre com a porta aberta para socorrer quem nela vier bater e para socorrer aqueles que também não mais possuem forças para fazê-lo. Ou seja, uma casa cuja finalidade é ajudar o próximo tem de estar a todo momento ajudando.

Escutei Lucius anunciando meu nome e rapidamente dei cinco passos. Ergui o braço direito e sorri para os que iriam me ouvir cantar.

Quando Lucius terminou de apresentar todos os participantes, nós ficamos em pequenos camarins de onde dava para assistir às apresentações. Nos camarins encontramos o que neles já havíamos deixado.

Lucius anunciou que o show teria início. A banda se posicionou. Lucius chamou as crianças que iriam fazer a abertura. Elas deixaram o camarim que ocupavam e, ao chegarem ao palco, eu sorri.

Caius Lucius usava vestimentas de rei. Tinha uma coroa de ouro na cabeça e uma faixa sobre o peito onde se via escrito: *"Eu tô pudendo!"*. As outras quatro crianças usavam vestimentas de príncipes e princesas e também possuíam a mesma faixa sobre o peito.

Os príncipes e princesas ficaram dois passos atrás de Caius Lucius. A banda começou a tocar, e Caius Lucius, segurando um pequenino microfone de ouro, cantou. Enquanto cantava, ele e os dois casais de crianças faziam a coreografia da música. Caius Lucius cantava e dançava tão bem que todos que assistiam davam risadinhas das coreografias que ele e as outras crianças faziam.

O refrão da música que Caius Lucius canta é o seguinte:

— Eu tô pudendo! Eu tô pudendo! — Caius Lucius ergue a mãozinha direita e enche o peito. — Deus mi bençoou. — Olhava para o Alto e colocava as mãozinhas na cabeça.— Eu xô um vencedor. — Dava um murrinho no ar e fazia vitória. — Nada vai mi fazer mal. — Fazia "não" no ar com o dedo indicador da mão direita. — Eu tô pudendo! Eu tô pudendo! Eu tô pudendo! — Juntava as duas mãozinhas acima da cabeça e fazia uma carinha de vitorioso.

Observei que, ao cantar e dançar, dos corpos de Caius Lucius e das crianças saíam bolinhas pequeninas. Os que assistiam à apresentação deles também liberavam bolinhas. Essas se juntavam e começaram a formar uma bola azul-clara. Essa bola ficou suspensa acima dos espectadores do show.

Após Caius Lucius e as crianças terem se apresentado, outros começaram a se apresentar. Murilo declamou uma poesia. Um casal de senhores dançou sapateando. Cinco jovens bailarinos dançaram um balé belíssimo.

A cada apresentação notei que outras bolinhas de energia eram liberadas daqueles que se apresentavam e dos que faziam parte do público. Elas se juntavam à bola azul-clara, que ia ficando cada vez maior.

Sulamita, ao entrar no palco, foi aplaudida de pé. Imaginei que ela estava sendo aguardada pelo público com grande ansiedade.

Sulamita tinha feito uma trança no cabelo e usava trajes de dançarina. Sentou-se em um banco, e a banda lhe entregou um violão e posicionou um microfone rente aos seus lábios.

Ela fechou os olhos, suspirou e, abrindo os olhos, começou a tocar e a cantar. Sua voz tomou conta de todo o teatro. Percebi que todos estavam emocionados ao ouvi-la cantar. A letra da música e a forma como Sulamita tocava e cantava transmitiam a todos a certeza do imenso amor de Deus por cada um dos seus filhos.

Fiquei tão emocionada ao ouvi-la cantar que lágrimas começaram a brotar dos meus olhos. Escutá-la me fez um bem enorme e deu-me a certeza de que Deus, através do canto, falava comigo.

Quando Sulamita terminou de cantar, Murilo retirou o banco, o microfone, o violão e entregou a ela um pandeiro, desses que as ciganas costumam usar em suas festas.

A banda começou a tocar e, conforme tocava, Sulamita movimentava o pandeiro e dançava.

Sulamita dançava magnificamente bem. Seu corpo se movimentava com tanta leveza que ela até parecia flutuar enquanto dançava. Vendo-a dançar imaginei que em alguma de suas existências passadas ela deveria ter sido uma dançarina ou uma cigana.

Todos estavam com os olhos fixos nela. Os rapazes e adolescentes que fazem parte da equipe em que trabalho estavam de bocas abertas e, com os olhos bem arregalados, não perdiam um único movimento da dançarina. Vendo-os olhar para ela daquela maneira, sorri. Eles tinham toda a razão de olhar para a dançarina da forma como estavam olhando. Sulamita é verdadeiramente linda e, em trajes de dançarina e dançando tão bem, parecia mais linda ainda.

Quando Sulamita terminou de dançar, foi aplaudida de pé. Ela sorriu e deu tchauzinho ao público.

Cinco pessoas se apresentaram. Uma cantou e as outras quatro apresentaram uma peça teatral.

Eu entrei em seguida. Vestia as roupas que usava em minha existência como Irami. Estava com o rosto pintado e com duas penas na cabeça, seguras por uma faixa. Sentia-me um pouco receosa e nervosa. Aquela era a primeira vez que cantaria para um grande público.

Eu me sentei no palco, pisquei para Murilo, e a banda começou a tocar. Respirei fundo e, me transportando mentalmente para a época em que vivi como Irami, comecei a cantar. Deixei que a música tomasse conta de mim e, ao cantar o refrão, as lágrimas jorraram dos meus olhos. Voltei a cantar o refrão:

— Meu coração está tão triste. Está pensando no meu amor. Ele foi embora de repente. Deixando em mim uma grande dor.

Ao cantar o refrão pela segunda vez, senti que o grande amor que sentia pelo índio Amoritã naquela existência estava tomando conta de mim. Olhei para o público, e a impressão que tive foi de que o Amoritã daquela existência lá se encontrava.

Continuei cantando e contemplando os que me ouviam cantar. Vi que alguns jovens estavam com lágrimas nos olhos e, vendo-os chorar, a impressão que tive sobre Amoritã talvez ser um deles ficou mais forte ainda.

Terminada minha apresentação, deixei o palco muito emocionada.

Murilo e o pessoal da banda colocaram no palco pequenos instrumentos musicais de sopro e percussão.

Caius Lucius e as crianças entraram em seguida para fazer o fechamento do show. Ao subirem ao palco, o público começou a sorrir.

Caius Lucius e as crianças estavam vestidas de roqueiros. Eles se aproximaram dos instrumentos musicais. Caius Lucius pegou uma guitarra. Ele tinha um brinco na orelha direita, e a roupa preta que usava estava bem colada em seu corpo.

As crianças começaram a tocar a bateria e os outros instrumentos. Caius Lucius, tocando a guitarra, começou a cantar. Conforme cantava, ele corria pelo palco, ajoelhava-se de repente no chão e colocava a lingüinha para fora, depois levantava e tocava a guitarra com muita vontade.

O público rolava de rir com as gracinhas que ele fazia. Em dado momento, alguns jovens se levantaram das cadeiras e começaram a dançar. Alguns até mesmo arriscavam cantar o refrão da música que Caius Lucius cantava com vigor:

— Eu xô soldado kardecista. — Caius Lucius marchava como soldado. — Vou divulgar a doutrina. — Pegava *O Livro dos Espíritos* das mãos de Murilo e apresentava para o público. — Amai-vos e instruí-vos. — Cruzava os bracinhos sobre o coração e mostrava *O Livro dos Espíritos* novamente. — É o lema do meu exército. — Apontava um dedinho para o público e depois para si. — Eu xô soldado kardeciiiiiiiista! — Tocava a guitarra com a lingüinha para fora. — Eu xô soldaaaaaaaaaado kardecista. — E dava pulinhos no palco.

Ao terminar a apresentação, os que estavam sentados levantaram-se e aplaudiram com muita vontade.

Caius Lucius e as outras crianças começaram a jogar beijos para o público.

Do camarim eu aplaudia sorrindo. Estava muito encantada com a apresentação deles. Para mim foi uma das melhores.

Vi quando a bola de energia que estava suspensa começou a movimentar-se e em uma velocidade imensa deixou o teatro. Na certa ia em direção dos encarnados que participavam do show beneficente no Estado do Rio de Janeiro.

Lucius convocou todos os que se apresentaram ao palco. Nós nos apresentamos e o público bateu palmas. Depois, cumprimentamo-nos uns aos outros pelas belíssimas apresentações e deixamos o palco.

Sulamita falou para Caius Lucius e para as crianças que elas tinham sido brilhantes na apresentação de encerramento. Ela os abraçou e beijou a fronte de cada um deles. Eu também os abracei e falei para Caius Lucius que ele tinha me divertido bastante. Ele sorriu e comentou que, quando eu cantei, ele ficou emocionado.

Do lado de fora do teatro alguns que tinham assistido ao show nos aguardavam. Eles nos deram parabéns. Jovens se aproximaram de Caius Lucius e pediram um autógrafo.

— Esses meus fãs num mi deixam em paz – Caius Lucius falou, rindo. – Cês num pricisa de autógrafo, eu sou todo di vocês.

Todos sorrimos. Cinco garotas beijaram Caius Lucius.

— Ah! Como é bom ser bonitão e gostosão – falou Caius Lucius, com uma carinha bem sapeca.

Caímos na risada novamente. Caius Lucius é muito divertido. Tendo apenas cinco aninhos e falando essas coisas se torna mais divertido ainda.

Segui para casa e, sentada em meu quarto, fiquei recordando as peraltices de Caius Lucius enquanto cantava e dançava, e ri baixinho.

Fiz uma prece agradecendo a Deus por ter participado de um show tão lindo e por estar vivendo na Colônia São Tarcísio. Esse lugar é uma bênção que Deus, através da Sua imensa misericórdia, concedeu a todos os espíritos que nela vivem e a todos que através dela recebem algum tipo de auxílio.

Fiquei em prece até a hora de me apresentar ao trabalho.

CAPÍTULO 11

Visitando amigos

Assim que cheguei à Casa do Auxílio, Sulamita me informou que fui selecionada para levar auxílio a uma senhora evangélica encarnada.

Chegando à capital paulista e parando em frente a um templo evangélico, vi alguns desencarnados em prece. Um deles se aproximou e me falou ser o mentor da senhora que receberia o auxílio. Ele me disse que já tinha tentado ajudar a senhora, mas ela não estava seguindo as suas orientações. Por ser uma pessoa de índole ruim, ele pediu auxílio a sua colônia, que devia ter me enviado para ajudar a senhora.

Soube pelo mentor que o pastor queria manter relações ilícitas com a senhora. Ela, por gostar muito daquele templo e dos fiéis que o freqüentavam, estava vivendo um dilema.

Perguntei por que ele e os outros estavam fora do templo, e ele pediu para eu entrar, pois iria descobrir.

Entrei no templo. O mentor entrou comigo com as mãos nos ouvidos. Os fiéis oravam todos ao mesmo tempo em voz alta. O mentor me disse que ele e os outros estavam do lado de fora esperando que eles parassem de orar. Quando paravam, os mentores entravam e os auxiliavam de acordo com o merecimento de cada um. Indaguei se não era melhor que eles ficassem dentro do templo para saberem o que os fiéis pediam enquanto oravam, e o mentor da senhora me disse que dificilmente eles iriam saber o que o seu protegido pedia naquele momento, pois todos pediam ao mesmo tempo, e assim, embora eles se esforçassem, era quase impossível prestar atenção apenas ao pedido do seu pupilo.

Ele também me disse que os fiéis sempre costumam pedir a mesma coisa, dessa forma os mentores, cientes do que os seus pupilos pediam, ficavam do lado de fora do templo em prece, pedindo a Deus para ajudar aquelas pessoas e, se fosse para o bem delas, conceder o que pediam.

Ao me aproximar da senhora, tive de me esforçar muito para auxiliá-la. Embora muito me concentrasse para tentar não ouvir as orações que eles faziam, acabei ouvindo parte delas.

Aproximei-me da senhora e coloquei as mãos em meus ouvidos. Ela parecia orar mais alto do que os outros. Assoprei nela e toquei o dedo indicador em sua fronte. A senhora parou de orar e ficou em silêncio. Sondei sua mente e, ao descobrir o tipo de auxílio que ela necessitava, imediatamente lhe passei orientações por pensamento. Ela as foi assimilando e, como os encarnados sempre fazem quando os espíritos lhe inspiram, imaginou estar tendo excelentes pensamentos.

Após todos terem terminado de orar, o pastor falou algumas coisas para os fiéis e depois deu o culto por encerrado.

Mentalmente orientei a senhora a procurar o pastor e, enquanto ela conversava com ele, eu ia lhe passando o que deveria dizer-lhe.

O pastor, boquiaberto, ouviu a senhora, e quando ela terminou de falar o que eu lhe inspirava, o pastor disse para que procurasse outra igreja, pois se ela não queria de forma alguma ceder aos caprichos dele, então não era mais bem-vinda ali.

A senhora falou ao pastor que igrejas evangélicas existiam em qualquer esquina e com certeza seria muito bem recebida em uma delas. Ela mandou o pastor começar a praticar o que ele mandava os fiéis praticarem e, levantando-se, se retirou.

A senhora foi caminhando, pensativa; seu mentor me olhava e nada dizia.

Eu ia observando o nome que as igrejas evangélicas exibiam em suas fachadas. Ao avistar uma com o mesmo nome da que ela tinha sido convidada a deixar pelo pastor, olhei para o mentor da senhora, e ele a fez levantar a cabeça. Ao erguer a cabeça, ela leu o nome exibido na fachada da igreja e, ao ouvir que eles oravam, entrou.

Ela sentou-se em um banco e começou a orar. Eu e o seu mentor colocamos as mãos em nossos ouvidos e, semelhante aos mentores dos encarnados que estavam dentro do templo, ficamos do lado de fora aguardando que eles concluíssem suas orações. Aí, o pastor leu versículos da Bíblia e os comentou.

Quando o culto terminou, eu e o mentor da senhora a levamos até a sala do pastor. Ele a recebeu muito bem e, após ouvi-la com atenção, disse ser ela bem-vinda àquela casa de Deus.

A senhora deixou o templo animada. Assoprei nela e a abracei. Despedi-me do mentor com um abraço e, ao chegar à Casa do Auxílio, fiz o relatório e o entreguei para Sulamita.

Deixando a Casa do Auxílio senti que necessitava repor parte das minhas energias. Dirigi-me até o recanto de energias que tinha sido plasmado pelo anjo Lugiel. Lá chegando recebi as bolhinhas de energia que o lago liberava e senti-me mais fortalecida. Sentei-me na grama, encostei a cabeça em um dos troncos das árvores e fiquei olhando para a água cristalina, absorta em pensamentos.

Lembrei que desde que chegara à Colônia São Tarcísio eu ainda não tinha ido visitar minhas amigas e amigos da Colônia Bom Jardim. Quando lá estive foi para treinar a canção com Abimael. Decidi visitar meus amigos no dia da minha folga.

Levantei-me da grama e fui em direção à minha casa. Antes de a ela chegar, encontrei meu orientador. Demetrius sorriu e abraçou-me com carinho. Ele sempre faz isso quando encontra alguém, seja encarnado ou desencarnado: sorri meigamente e abraça a pessoa com muito carinho. Caius Lucius faz o mesmo, só que Caius Lucius, além de sorrir e abraçar, costuma beijar a fronte da pessoa.

Sentei-me em um dos bancos do jardim. Demetrius fez o mesmo.

— Jaqueline, amanhã irei à Colônia Bom Jardim conversar com Abimael e com o governador de lá. Gostaria de me acompanhar e fazer uma visita aos seus amigos?

— Há poucos minutos eu tinha decidido que em meu dia de folga iria visitá-los. Gostaria muito de ir com você, só que amanhã não é o meu dia de folga.

— Não tem problema. Pode ir comigo amanhã, e no seu dia de folga trabalhará.

— Posso fazer isso?

— Claro que pode. Inclusive já conversei com Amália e Agenor a esse respeito. Nós três concordamos que amanhã você poderá me acompanhar e visitar seus amigos.

Sorri para ele. Demetrius é um amor de orientador.

— Quando estamos visitando amigos desencarnados ou encarnados, não podemos esquecer que somos trabalhadores da Casa do Auxílio. Assim sendo, e embora estejamos de folga, se surgir a oportunidade de prestarmos algum auxílio, nós deveremos prestá-lo. Por isso, se perceber em sua visita que pode auxiliar alguém, auxilie imediatamente, pois o verdadeiro trabalhador do Mestre Jesus não trabalha só em determinados dias, ele trabalha sempre que o trabalho se lhe apresenta. Compreendeu o que quis lhe dizer?

— Compreendi, Demetrius. Agradeço por ter me dito algo que jamais esquecerei.

Demetrius fez uma prece e depois seguiu para a casa em que ele e todos da colônia trabalham.

Eu apanhei o material de um dos cursos em meu quarto e me dirigi para mais um dia de aula.

Na aula, os dois professores começaram a falar sobre o ciúme.

Após o intervalo, os professores nos levaram até o Umbral e nos mostraram alguns desencarnados que, enraizados em ciúme, muito padecem e fazem padecer os encarnados dos quais sentem ciúme.

Regressamos para a sala de aula. Comentamos sobre os desencarnados que vimos e os professores disseram que o ciúme, se logo não for combatido, passa a ser uma das piores enfermidades da alma, pois ele torna o seu detentor cego e o faz acreditar que a pessoa ou o objeto do qual sente ciúme pertence unicamente a ele.

Eu estava aprendendo muito com as aulas desse curso. Muito mesmo. Sempre que chegava, depois das aulas, eu apanhava as anotações que tinha escrito e as estudava com afinco.

Tenho muita vontade de aprender, porque aprendendo eu cresço, e crescendo, posso ajudar aqueles a quem auxilio a crescer também.

No outro dia bem cedinho, logo que as preces do dia foram concluídas na Casa da Prece, eu e Demetrius seguimos volitando até a Colônia Bom Jardim.

Ao chegarmos, fomos direto ao educandário. Crianças que brincavam no jardim vieram até o nosso encontro e lançaram-se nos braços de Demetrius. Ele sorriu. Depois abraçou uma por uma e assoprou sobre elas. Elas sorriram felizes e me abraçaram.

Entramos, e Fernando, um dos diretores do educandário, nos acolheu com alegria. Ele pediu a um dos adolescentes que estavam com ele para chamar Abimael.

Nosso amigo indígena, ao nos ver, nos abraçou e disse estar muito feliz com a nossa visita. Eu e ele seguimos para o jardim, enquanto Demetrius ficou conversando com Fernando.

Abimael me contou o que andava fazendo e, ao escutá-lo, eu o admirava cada vez mais. Ele, embora ainda fosse um adolescente, não costumava primeiro pensar em si, pensava primeiro sempre nos outros e tudo fazia para vê-los felizes.

Depois de ter ouvido Abimael, eu lhe contei sobre os dois cursos que estou fazendo e lhe disse que dia após dia estou cada vez mais feliz vivendo na Colônia São Tarcísio.

Abimael abraçou-me com carinho e disse que eu mereço toda a felicidade do mundo. O abraço que ele me deu transmitiu-me a certeza de que ele realmente deseja que eu seja muito feliz. Falei para ele que durante as preces da colônia e durante minhas preces particulares eu sempre peço para Deus abençoá-lo e abençoar todos os índios.

Ele olhou-me com emoção e falou que, estando eu em prece pedindo a Deus por ele e pelos indígenas, Deus com certeza os estava abençoando.

Nós deixamos o jardim, e eu fui cumprimentar as demais crianças e adolescentes. Abracei Guilherme, Suzana e os outros adolescentes que encontramos. Conversei com os dois diretores. Deixando Demetrius falando com Abimael no jardim, segui para o hospital.

Lá, fui à sala do dr. Alfredo e o abracei calorosamente. Ele alegrou-se com a minha visita e falou que o hospital, embora não mais trabalhasse nele, continuava sendo outro lar para mim. Comentou que, sendo eu uma enfermeira eficiente, não hesitasse em auxiliar algum enfermo durante a minha visita.

Saindo da sala do dr. Alfredo, fui até a sala dos enfermeiros. Cumprimentei os que estavam na sala e disse-lhes que sempre faço preces por eles e pelos internos do hospital.

Cheguei à ala infantil e abracei a minha amiga Severina com emoção. Olhei para as crianças nos leitos e comecei a conversar com as que estavam despertas. Ajudei Severina e Vera, sua nova ajudante, a dar passes nas crianças e as alimentar.

Fui até a ala juvenil e me emocionei ao encontrar minha amiga Mônica no corredor. Abracei-a como se abraça uma irmã e disse-lhe estar com grande saudade dela. Minha amiga falou o mesmo. Em seguida comentou que eu tinha sido enviada por Deus. Perguntei por quê, e ela respondeu:

— Certa jovem desencanou recentemente. Quando encarnada foi tão católica quanto você, e por ter pertencido a essa doutrina religiosa, não está muito feliz com o atendimento que os enfermeiros e a médica lhe ministram. Ela constantemente diz estar no purgatório e que nós, com os passes e demais medicações que lhe damos, apenas a torturamos. Muitos tentaram conversar com a jovem, mas ela não quer compreender que, não encontrando o que os católicos quando desencarnam esperam encontrar, tinha encontrado pessoas que bondosamente estão cuidando dela e querem vê-la feliz.

Nesse instante, a dra. Marguerete apareceu no corredor. Vendo-me, sorriu, e abraçando-me disse:

— Que bom que está aqui, Jaqueline. Vim para dar uma olhada em alguns pacientes e para conversar com a jovem que ainda não coopera com a sua melhora. Já que aqui se encontra, poderia conversar com ela uns minutinhos. Acredito que ela talvez a escute melhor do que nos tem escutado.

— Mônica estava agora mesmo me falando da jovem. Conversarei com ela e verei o que posso fazer para ajudá-la.

Nós três adentramos a enfermaria. Mônica apontou o leito em que a jovem estava. A dra. Marguerete e Mônica começaram a passar nos leitos das outras jovens.

Eu me aproximei da jovem. Plasmei dois terços e sentei-me na cadeira que ficava próxima ao seu leito. Ela olhou-me, e eu sorri. Estendi-lhe um dos terços que tinha plasmado e perguntei se não gostaria de rezar um mistério comigo.

A jovem recebeu o terço e disse-me que gostaria de rezar, sim. Nós duas começamos a rezar em voz baixa um mistério do terço[14].

Concluído esse mistério, comecei a conversar com ela:

— Muitas vezes, quando encarnados, somos levados a acreditar naquilo que os padres e as freiras desejam que acreditemos. Eles nos falam do mundo dos espíritos como se eles realmente os conhecessem muito bem, mas a maioria deles não o conhece. Quem realmente conhece o mundo dos espíritos são os próprios espíritos e pouquíssimos encarnados que, em desdobramentos conscientes, são levados até esse mundo. O fato de você ter sido levada a acreditar que, quando desencarnasse, iria encontrar São Pedro na porta do céu e o seu anjo da guarda tendo em uma das mãos anotações contendo uma lista de pecados que cometeu, e na outra mão anotações contendo uma lista com as suas boas virtudes, e não os ter encontrado, não significa que um dia não os encontre. Apenas, quando os encontrar, seu anjo da guarda não terá lista nenhuma em suas mãos. Terá um abraço caloroso para lhe ofertar e um lindo sorriso nos lábios.

---

[14]O terço que os católicos rezam possui cinco mistérios. Esses mistérios falam de passagens referentes à vida de Jesus e da Virgem Maria. Em cada mistério reza-se um pai-nosso e dez ave-marias (NAE).

A jovem sorriu e perguntou se eu antes de desencarnar tinha sido católica. Respondi que sim, e que não só tinha sido católica, porque qualquer um pode ser católico, eu na verdade tinha sido católica praticante. Ela indagou se eu tinha feito novenas, rezado muitos terços, feito promessas que garantiam minha entrada no céu e se tinha feito outras devoções católicas. Disse-lhe que sim. Ela inquiriu então por que motivo eu e ela não estávamos no céu gozando o prêmio dos que tinham sido fiéis a Deus.

— E quem disse que não estamos no céu? – perguntei a ela.

— A médica e os enfermeiros me disseram que estou em uma colônia espiritual. Se estou nessa tal colônia, não posso estar no céu, não é mesmo?

— No céu, no céu não está, mas está em um pedacinho do céu.

— Pedacinho do céu? – ela inquiriu, com os olhos arregalados.

— Pedacinho do céu, sim. Todas as colônias espirituais são pedacinhos do céu. Nelas você encontra a presença de Deus em cada local. Encontra paz e harmonia, que elevam seu espírito e a deixam completamente serena. Encontra espíritos que são verdadeiros anjos, pois esses estão constantemente velando por você e tudo fazem para que se sinta bem e feliz. Encontra pássaros e outros animais que nos causam alegrias com seus cantos e suas brincadeiras. Encontra jardins belíssimos com flores que encantam a vista e que nos transmitem sensações agradáveis enquanto caminhamos por eles. Encontra outras coisas belas e lindas e também o que para mim é muito importante. Aqui você encontra o verdadeiro amor, um amor tão grandioso que, ao senti-lo através daqueles que aqui residem e que estão cuidando de você, descobrirá a intensidade dele e se deixará contaminar. Contaminada por ele, vai descobrir que Deus a contamina, pois onde o amor se faz presente, Deus aí se encontra. Deus se encontra onde existe amor, e o amor é o sentimento que impera em todas as colônias. Nesta colônia em que você está, encontrou Deus, e encontrando Deus está em um pedacinho do céu.

— Que coisas lindas você falou! Se como disse aqui, nesta colônia, encontrarei tudo isso, então só posso mesmo estar em um pedacinho do céu.

— Está sim, querida! Agora, tudo o que tem a fazer é começar a desfrutar esse pedacinho do céu. Você será capaz de desfrutá-lo se começar a aceitar o que aqueles que estão cuidando de você têm para lhe oferecer. Lembre-se de que, se eles estão cuidando de você, foi porque quando encarnada você, com suas devoções católicas e com algumas de suas ações em favor do seu próximo, angariou a simpatia deles.

— Se angariei a simpatia deles, não poderia também ter angariado a simpatia do meu anjo da guarda ou da Virgem Maria? Gostaria tanto de me encontrar com eles... Quando irei encontrá-los?

— Quando o seu anjo da guarda e a Virgem Maria a considerarem apta para o encontro com eles. Enquanto esse dia não chega, comece a se interessar pelo seu tratamento e aceite de bom coração a ajuda que está recebendo. Depois, ao receber alta deste hospital, passe a se interessar pelas coisas que esta colônia tem a lhe oferecer e seja útil a você mesma, e principalmente seja útil para com aqueles que cruzarem seu caminho. Tenha certeza de que, interessando-se e cooperando com você e com seu próximo, estará antecipando o dia do seu encontro com a Virgem Maria e com seu anjo da guarda.

— Como você fala bonito... – disse a jovem. – O seu modo de falar me faz refletir e desejar fazer o que me disse. Você é enfermeira deste hospital?

— Eu já fui enfermeira deste hospital. Hoje sou enfermeira de vários hospitais e enfermeira de muitos que não se encontram em hospitais.

— Deve ser mesmo. Seu jeito de lidar com a gente é bem diferente do jeito como os enfermeiros deste hospital lidam. Com certeza, muitos hospitais devem requisitá-la para o atendimento aos doentes. Como é o seu nome?

— Jaqueline. – E estendi minha mão.

— Gertrudes é o meu. – Ela apertou minha mão. – Responda-me apenas se aqui eu posso continuar rezando o terço.

— Claro que pode. Rezando o terço estará em prece. A prece muito a ajudará aqui no plano espiritual. Com os estudos que fará e com as orientações que receber da sua instrutora, descobrirá com o tempo que existem outras maneiras de fazer preces, e ao descobrir certamente vai se encantar por essas maneiras e começará a fazer uso delas, deixando o terço e passando a se utilizar dessas novas maneiras, que a terão ensinado a elevar preces com as palavras que verdadeiramente saem de seu coração. Até aprender a fazer esse tipo de prece, pode rezar o terço.

— Assim farei, e também farei o que me aconselhou sobre ajudar-me e ajudar meu próximo.

— Faça isso e começará a ser feliz.

— Agora estou com fome. Será que tem alguma coisa para eu comer? Sempre recusei a comida que eles tentavam me dar, mas, após tê-la ouvido, vou começar a me ajudar agora mesmo.

Eu pedi a Mônica para providenciar algo para Gertrudes comer.

Mônica trouxe um caldo de legumes e eu o dei para a jovem. Depois, dei-lhe água. Ela falou que estava com sono e que iria dormir um pouco. Comentei que, quando acordasse, a dra. Marguerete iria conversar um pouco com ela e que a enfermeira Mônica lá se encontrava para auxiliá-la naquilo que necessitasse. Antes de fechar os olhos, Gertrudes perguntou se poderia ficar com o terço que eu lhe dera. Falei que o terço já lhe pertencia. Ela sorriu e, fechando os olhos, adormeceu.

Mônica, que de longe nos observava, veio até mim e falou:

— Jaqueline, você realmente é uma exímia enfermeira do corpo e da alma.

— Que é isso, Mônica! Claro que não sou uma exímia enfermeira. Sou apenas uma simples enfermeira. Assim como você, faço a minha parte e permito que o enfermo faça a sua parte; e Deus, a dele.

Perguntei sobre Rafaela, e Mônica disse-me que ela está na casa em que um dia eu morei. Falei a ela que iria até lá. Mônica pediu-me para aguardar dez minutos, dizendo que esse era o tempo que faltava para concluir suas horas de trabalho daquele dia.

Enquanto a aguardava, fui até a ala adulta e abracei os enfermeiros e os pacientes.

Dei um passe nos pacientes que estavam reclamando e falei para eles pararem de reclamar um pouco e confiar mais em Deus. Confiando no Pai Celeste e pedindo a Ele para olhar por eles, certamente Deus olharia e continuaria enviando os que já estavam cuidando deles para ajudá-los cada vez mais.

Visitei o dr. Lucas, e ele me abraçou como se abraça uma filha. Perguntou se eu estava bem e, vendo o sorriso que lhe dei, concluiu que eu estou bem feliz.

Antes de sair de sua sala, abracei-o e voltei à enfermaria em que Mônica estava. Nós duas deixamos o hospital e fomos até o lar que um dia me acolheu.

Rafaela estava em seu quarto. Bati na porta. Ela, ao abrir e me ver, abraçou-me, emocionada.

Sentamo-nos as três na sala e ficamos conversando.

— Jaqueline, como você e Rodolfo estão? – questionou Mônica.

— Estamos bem. Continuamos muito amigos.

— Só amigos? – indagou Rafaela.

— Amigos um pouco mais íntimos. Eu e ele nos amamos.

— Que lindo, Jaqueline! – exclamou Mônica. – Os dois se amando e morando na mesma colônia devem estar sempre juntinhos.

— Não estamos, não – falei.

— Não estão? – admirou-se Rafaela. – Por que não, se moram na mesma colônia?

— Moramos na mesma colônia, mas dificilmente nos vemos. Na verdade só nos encontramos quando vamos para as aulas do curso sobre a prece e as virtudes. Quando vamos, não temos tempo para namorar, pois saímos da colônia pouquíssimos minutos antes de as aulas começarem, e durante as aulas e os intervalos do curso estamos totalmente voltados para o que estamos estudando. Na colônia, eu e ele trabalhamos na mesma equipe, só que nós dois sempre somos enviados em trabalhos diferentes. Até agora só tivemos uma oportunidade de trabalhar juntos e, quando trabalhamos, o tipo de auxílio que prestamos toma todo o nosso tempo. Em nossa colônia todos vivem voltados a auxiliar os que necessitam de algum tipo de ajuda.

— Que triste, Jaqueline! – exclamou Mônica, balançando a cabeça. – Não deve ser nada fácil estar morando no mesmo lugar da pessoa amada e raramente poder ficar com ela.

— Não é fácil, minha amiga, e por não ser fácil é que se torna tão bonito. O amor tem dessas coisas. Ele geralmente costuma separar os dois que se amam para que ambos descubram a intensidade dele. Distantes, sentem a falta daquele que amam e acabam dando o valor que o amor deles verdadeiramente merece. Dando esse valor, o amor se torna ainda maior e, embora os dois estejam distantes, na verdade estão muito próximos, porque quem ama sempre está com o amado no coração.

— Que romântico, Jaqueline! – falou Rafaela. – Você com certeza está amando.

— Estou amando e também sou amada. Isso é o que conta, minhas amigas. Pois quando você ama e é correspondida, não importa o quanto esteja separada de seu amor, os dois sabem que um dia ficarão juntos e poderão desfrutar o sentimento que os contagia com grande intensidade.

— Você está muito romântica... – mencionou Mônica, batendo em meu ombro e sorrindo.

Eu sorri, e Rafaela fez o mesmo.

Minhas duas amigas me pediram para lhes falar um pouco sobre minhas atividades na colônia.

Eu resumi o que nela estou fazendo, e as duas me falaram que eu precisava ter um pouco mais de descanso e parar de estudar tanto. Tendo mais descanso, talvez eu até conseguisse encontrar uns minutinhos para ficar em companhia de Rodolfo. Disse-lhes que tenho quatro horas de descanso diário e um dia de folga, e que essas horas e esse dia estavam sendo suficientes. Comentei que gosto muito de estudar e de executar o trabalho que estou desempenhando.

Falamos sobre outras coisas e fiquei feliz ao saber que Rafaela está namorando. Dei-lhe os parabéns.

Abracei calorosamente as duas e fui até a casa onde minha amiga Gardênia reside.

Gardênia estava no jardim. Escutava um pássaro que, pousado em sua mão direita, cantava. Aproximei-me dela e disse oi. Ela sorriu. O pássaro olhou-me, voou e pousou em minha mão direita, cantou e depois saiu voando.

Gardênia abraçou-me e convidou-me a entrar. Entramos e sentamos em poltronas. Conversamos por alguns minutos. Falei sobre o meu trabalho na Casa do Auxílio. Quando terminei de falar, Gardênia segurou minhas mãos e disse:

— Eu tenho feito muitas preces pedindo ao bondoso Deus que me ajude a auxiliar uma pessoa que muito estimo. Acredito que Deus hoje a enviou até aqui em resposta a essas minhas preces. A pessoa que estimo atualmente está no Umbral. Eu já tentei por diversas vezes me aproximar dela, mas ela se mantém tão presa ao que criou em sua mente que não sente a minha presença. Nas duas últimas vezes que a visitei, ela demonstrou estar arrependida e começou a elevar algumas preces a Deus. Nessas duas ocasiões ela conseguiu me ver, mas, logo que viu, ficou desesperada imaginando que eu iria lhe cobrar alguma coisa, e saiu correndo. Penso que se você for até ela poderá ajudá-la e conduzi-la até esta colônia. Poderia fazer esse favor a esta sua amiga?

— Nem precisa me pedir isso. Claro que irei até ela. Mas será que ao ver-me ela também não sairá correndo? – perguntei a Gardênia.

— Creio que não. Ela não lhe conhece e, se apresentando a ela como você verdadeiramente é, certamente ela se deixará ajudar.

— Como assim me apresentando como eu verdadeiramente sou?

— Você agora é portadora de uma vibração que denota a categoria espiritual a que pertence, Jaqueline. Lembre-se disso quando for até ela e faça com que essa sua vibração se manifeste.

— Entendi o que quis dizer. Demetrius uma vez me falou algo parecido. Como é o nome dessa pessoa que está no Umbral e que você deseja ajudar?

— Irmã Apolônia.

— Ela é freira?

— Sim – respondeu Gardênia.

— Vamos até ela.

Eu e Gardênia saímos volitando e chegamos ao Umbral.

Encontramos Irmã Apolônia sentada em uma pedra, toda descabelada, e com as mãos unidas fazia uma prece. Usava um hábito branco meio roto.

— Deus meu! Deus meu! Tende compaixão de mim. Estou arrependida de tudo o que fiz – rezava a irmã. – Pai, sou vossa filha. Amparai-me! Sofro muito neste purgatório infernal. Reconheço que fiz muitos sofrerem, e o que aqui padeço é em virtude do que fiz outros padecerem. Senhor, eu estou mesmo arrependida de ter feito essas pessoas sofrerem e peço-Vos, com todo o coração, que tenha piedade da minha pobre alma e me ajude. – E começou a chorar.

Plasmei um terço, imaginando que ao me ver com ele na mão direita ela não fosse sair correndo. Conforme Demetrius me ensinou, fiz com que a luz que envolve o meu corpo aparecesse.

Irmã Apolônia começou a rezar o pai-nosso. Nesse momento, a luz que me envolvia brilhou com intensidade. A irmã olhou para a luz. Eu surgi a sua frente, sorrindo para ela e estendendo-lhe minha mão direita. A irmã chorou ainda mais. Estiquei a mão. Ela segurou o terço e, em seguida, levantou-se cambaleando e segurou minha mão.

— Irmã Apolônia, venha comigo! Deus ouviu suas preces. Amigos esperam pela senhora.

Eu a abracei. Ela estava muito debilitada. Plasmei uma maca, e Gardênia ajudou-me a colocar a irmã nela. Assoprei na freira, ela bocejou e logo adormeceu.

Ao segurar a maca, escutei alguém gritar:

— Pelo amor de Deus, se alguém estiver ajudando a freira, me ajude também! Parece que vi uma débil luz, e quando olhei para o lugar em que a freira sempre fica não a vi mais. Há muitos anos estou padecendo no Umbral. Estou cansado de sofrer. Por favor, não me deixe aqui. Encarnado sempre acreditei que os socorristas vivem excursionando no Umbral e ajudando os que nele padecem. Ajude-me, por favor! Estou cansado, com fome e sofro muito. Também estou arrependido.

Aproximei-me do homem e lhe apliquei um passe. Sussurrei em seu ouvido para ele fazer uma prece sincera. Ele assimilou o que lhe disse e, ajoelhando-se, começou a rezar.

Enquanto ele rezava, aproximei-me da maca e, junto com Gardênia, volitamos, conduzindo a irmã até o hospital da Colônia Bom Jardim.

Perguntei a Gardênia se poderia levar para o hospital da colônia o homem que pedira ajuda, e ela respondeu que sim. Ele seria recebido no hospital e depois de ser medicado e cuidado, se não fosse ficar morando na Colônia Bom Jardim, seria levado à colônia em que iria viver.

Volitei novamente até o Umbral. O homem continuava em prece. Plasmei *O Evangelho Segundo o Espiritismo* e, sorrindo, apareci a ele estendendo o livro em sua direção.

O homem o pegou de minhas mãos e falou:

— Graças a Deus tinha mesmo um socorrista ajudando a freira e, ouvindo o que falei, veio me ajudar!

— Venha comigo.

Ele segurou com muita firmeza a minha mão. Eu o abracei e assoprei nele. Ele encostou a cabeça em meu ombro e fechou os olhos.

Volitei com o homem até o hospital.

Demetrius e Gardênia estavam saindo do hospital no exato momento em que eu chegava com o homem. Vendo-me, os dois me ajudaram a levá-lo até uma das enfermarias masculinas.

Quando saíamos do hospital, Gardênia me abraçou e falou que o meu coração era muito bondoso. Disse que eu estava na colônia certa e trabalhando na casa certa. Que continuasse sempre fazendo por todos o que o Mestre Jesus sempre faz.

Eu lhe disse que o meu coração estava muito longe de ser bondoso. Eu, na verdade, não tinha bondade nenhuma. Tenho apenas o desejo de ver meus irmãos felizes e estava me esforçando para fazer com que a felicidade chegasse até eles.

Demetrius me abraçou e comentou que eu a cada dia aprendia muito mais rápido. Vendo meu aprendizado, ele muito se alegrava. Em breve, eu poderia assumir as missões que os mentores das esferas altamente sublimadas tinham confiado a mim.

Nós três seguimos até o jardim central da colônia. Demetrius e Gardênia ficaram sentados em um banco, conversando. Eu caminhei pelo jardim e toquei algumas margaridas. Aquele jardim me trouxe boas recordações. Fui muito feliz nas diversas vezes em que estive nele.

Do jardim, fomos até a escola. Cumprimentei meus ex-professores e os funcionários. Todos me abraçaram com carinho. É muito gostoso saber que se é querida pelos amigos.

Eu e Demetrius nos despedimos de Gardênia e da escola, e saímos volitando para a nossa colônia. Chegando à Colônia São Tarcísio, fui direto para o meu quarto.

Lá, contemplando o jardim pela janela, recordei que nesse dia em que estava de folga eu nem parecia de fato ter estado, pois trabalhei como nos dias em que trabalho na Casa do Auxílio; e trabalhando, fui útil a algumas pessoas. Ser útil é algo que me faz muito bem.

No momento da prece vespertina, compareci à Casa da Prece. Todos os moradores da colônia lá estavam. Fizemos a prece coletiva e depois iniciamos nossas orações individuais.

Ao rezar, pedi ao bondoso Mestre Jesus Cristo que abençoasse e protegesse nossa colônia e as demais colônias espirituais, as cidades dos encarnados, os espíritos que estão no Umbral e os que vagam pelo plano físico; e abençoasse e iluminasse todos os encarnados e desencarnados que estivessem bem necessitados.

Ao observar os raiozinhos saindo em direção daqueles para quem orei, e com eles levando muitas bênçãos, em prece falei para Deus que Ele é imensamente misericordioso.

Concluída a prece vespertina, fui ao jardim. Murilo e Caius Lucius vieram até mim, e nós três ficamos conversando enquanto caminhávamos.

CAPÍTULO 12

A palestra

As aulas do curso sobre a prece e as virtudes a cada dia ficavam mais emocionantes. Os professores realmente conseguem prender a atenção de todos os alunos, e com suas sábias explicações despertam em nós o desejo de trabalhar para adquirir pelo menos uma das virtudes estudadas.

As aulas sobre as enfermidades da alma também são muito importantes. Elas nos ajudam a descobrir que os portadores dessas enfermidades merecem toda a nossa atenção e todo o nosso amor.

Faltando três meses para o término dos dois cursos, a palestra com o anjo Lugiel foi marcada. Eu aguardava essa palestra com ansiedade, pois aprendera a admirar o anjo Lugiel desde o dia em que lera o romance *Desapego.*

Uma semana antes da palestra, peguei o livro *Desapego* e o reli. Reler o romance me fez novamente derramar lágrimas. A história é muito linda, e sempre que a leio me vem esta reflexão: que viver desapegado é na verdade viver com o coração todo entregue a Deus e ao amor. Disse a mim mesma que se o anjo Lugiel naquela existência conseguiu viver desapegado, e ao conseguir nos mostrou como agir da mesma forma, eu, seguindo os exemplos de desapego que ele efetuou, posso tentar imitar esses exemplos, e quem sabe um dia chegar a ser portadora dessa sublime virtude.

No dia da palestra, após a prece matutina, eu e Roseilane ficamos no jardim aguardando Rodolfo. Ele chegou com Caius Lucius, e Demetrius, com Sulamita e Lucius. Todos nós volitamos até a colônia onde estudo.

Chegando à colônia, me surpreendi com a quantidade de pessoas que estavam sentadas aguardando o início da palestra. O interessante é que a palestra não seria proferida no pequeno auditório da colônia. Ela seria ao ar livre, próximo ao jardim dessa colônia. A professora Elisabeth, ao ser interrogada por mim, me falou que o auditório não tinha capacidade para acolher todos que se inscreveram para a palestra.

Eu e meus amigos nos sentamos. Percebi que as cadeiras tinham sido posicionadas em círculos. Como estavam posicionadas, todos que nelas haviam se sentado conseguiriam enxergar o local de onde o palestrante iria falar.

Avistei o governador da Colônia Bom Jardim, e indo até ele o abracei e o cumprimentei. Em seguida, retornei ao meu lugar e fiquei segurando papel e caneta. Pretendia anotar tudo o que o anjo dissesse.

Antes de o anjo se apresentar e iniciar a palestra, os três professores foram até o local de onde Lugiel falaria e agradeceram pela presença de todos.

A professora Elisabeth iniciou uma prece, e todos nós fechamos os olhos e ficamos concentrados. Concluída a prece, os três professores anunciaram a chegada do palestrante.

Lugiel chegou sorrindo para todos. Ocupou o lugar que lhe era reservado e em seguida olhou um por um dos que lá estavam para ouvi-lo.

Percebi que ele não tinha nenhuma anotação nas mãos e fiquei imaginando que ele deveria ter em mente tudo o que iria nos falar.

Lugiel, de pé, fez uma prece. Terminada a prece, ele ergueu o olhar para o Alto, depois suspirou e começou a falar sobre a paciência, o desapego, a humildade e a tolerância. Conforme falava, ele caminhava, e o seu olhar penetrante se fixava em nós.

— A paciência faz com que o homem compreenda que ao não se desesperar com nada vive mais feliz, e essa felicidade o deixa mais dócil no tratamento que dispensa aos demais irmãos. Todo aquele que é paciente também é humilde, e quem é humilde consegue viver desapegado de tudo. Vivendo desapegado, passa a ser tolerante, e a sua tolerância o faz praticar grandes gestos de amor. Pois é só amando que o homem consegue ser paciente, é só amando que o homem consegue ser humilde, é só amando que ele adquire o desapego e é só amando com todo o seu coração que ele tudo tolera e vive inteiramente em paz consigo e com os outros – falava o anjo. – A paciência, a humildade, o desapego e a tolerância são virtudes que caminham de mãos dadas e, ao fazerem parte da vida do homem, o lançam em direção a grandes desafios. Esses desafios, ao fazerem com que o homem coloque em prática essas quatro virtudes, lhe dão a certeza de que ele tudo pode, porque suas virtudes estão unidas à sua fé, e a sua fé lhe diz que, quando se está totalmente entregue a Deus, todo desafio é superado.

O anjo fez silêncio e com leveza caminhou do local em que estava para outro, ficando bem próximo de mim. Foi quando percebi que os fios ligados nele, indicando sua condição de encarnado, cresciam conforme cada passo.

— Querer ser paciente faz aquele que ainda não detém essa virtude refletir em suas ações. Faz com que ele, ao refletir, comece a se predispor a consegui-la, e ele só vai consegui-la se começar a sufocar tudo aquilo que o irrita. Só conseguirá sufocar se segundos antes de se irritar imediatamente pensar em Deus e fizer uma rápida prece. Com esse exercício da prece, ele vai aos pouquinhos se controlando e passará de controle em controle a ir adquirindo a paciência. Esse exercício pode ser difícil no começo, mas, conforme for executado, torna-se fácil, e com o tempo será realizado sem ele mesmo perceber. Conseguindo a paciência, ele começa a se tornar apto a conseguir outras virtudes, pois essas outras somente são adquiridas com muita paciência.

Lugiel fez uma mesura e, dando certa entonação à voz, olhou bem profundamente para nós e perguntou:

— Nós somos portadores da paciência?

Silenciou, deu uma volta e, sorrindo com os lábios fechados, falou:

— Não somos. Não sendo portadores da paciência, devemos começar a lutar para um dia possuirmos virtude tão edificante.

Nova pausa do palestrante. Pausa que me fazia pensar em tudo o que ele estava dizendo e que me dava tempo para anotar suas palavras.

— Ser humilde é reconhecer que Jesus Cristo, o Filho de Deus, é o modelo de humildade e seguir os lindíssimos exemplos que Ele nos deixou.

Seguindo esses exemplos, o homem conseguirá caminhar em direção a essa virtude e um dia haverá de alcançá-la – continuou a falar o anjo. – A humildade faz brotar o amor e leva aquele que a possui a praticar gestos que o enobrecem e que o tornam verdadeiramente cristão.

Lugiel ainda falou outras coisas sobre a humildade que realmente tocaram a nossa alma. Eu escutava tudo com muita atenção, e a cada nova frase que ouvia me emocionava mais e mais.

O palestrante mencionou nomes de alguns espíritos que, quando encarnados, se trabalharam e conseguiram adquirir virtude tão nobre. Além do bondoso Mestre Jesus Cristo, ele citou a Santíssima Virgem Maria, Francisco de Assis, Rita de Cássia, Teresa de Calcutá, Chico Xavier, Bezerra de Menezes e outros. Disse-nos que, se esses conseguiram ser humildes, todos nós, aprendendo com eles, também conseguiríamos.

Atenta a tudo o que ele falava, às vezes me esquecia de anotar o que de tão belo estava saindo dos seus lábios. Embora ele falasse muito pausadamente, eu não estava conseguindo anotar todas as suas palavras, porque muitas vezes, ao escutá-lo, eu me perdia em reflexões, e quando dava por mim, ele já estava falando coisas novas.

Deixando de caminhar, o anjo sentou-se e, contemplando-nos demoradamente, falou:

— Quem é desapegado não pensa em si, mas no outro; e ao pensar busca tudo fazer para contribuir para a felicidade desse outro. Ele procura nada possuir a não ser o que lhe garanta apenas a sua sobrevivência, porque vivendo desapegado de tudo compreendeu que, quanto menos se tem, mais se é feliz. – Ele levantou-se e voltou a caminhar. – Quem consegue desapegar-se das coisas supérfluas e de coisas que muito lhe significam encontra forças para renunciar a sentimentos inferiores que em alguns momentos querem fazer parte de sua vida. Renunciar a esses sentimentos e não permitir que eles atrapalhem sua caminhada é na verdade o maior de todos os desapegos. Sendo capaz de deles se desapegar, será capaz de vivenciar outros sentimentos que lhe deixarão plenamente feliz e em paz.

Lugiel comentou que Jesus Cristo foi o encarnado que mais viveu desapegado de tudo. Através do desapego que Ele praticou, demonstrou que o homem, para bem viver, só necessita possuir fé e paz de espírito; possuindo essas duas coisas, o resto lhe seria dado em acréscimo.

A seguir, o lindo palestrante citou exemplos de grandes desapegos, praticados por inúmeros encarnados e desencarnados, fáceis de serem imitados. Eu fiquei atenta, imaginando que ele fosse citar um dos exemplos que ele praticou e de que eu tivera conhecimento ao ler o livro *Desapego*, mas ele não citou. Só deu exemplos de pessoas que, segundo ele, quando encarnadas foram grandes almas, e por serem grandes almas conseguiram ser muito desapegadas. Embora eu soubesse ser ele uma grande alma, em nenhum momento Lugiel nos disse que era.

— Ao se alcançar a tolerância, o homem já conseguiu as três virtudes das quais já mencionei. Ser tolerante é na verdade ter paciência com o seu irmão e usar de humildade para com ele. Usando essa humildade, o homem se desapega dos sentimentos que, caso não fosse humilde e paciente, certamente teria por esse irmão que em alguns momentos o tira do sério. Tolerar o outro é estender-lhe a mão e mostrar que os dois podem caminhar juntos, independentemente das diferenças que um possui pelo outro, e durante a caminhada ambos serem muito felizes.

O palestrante falou um pouco mais sobre a tolerância e, conforme falava, nos mostrava que não se é tão difícil conseguir tal virtude. Ele falava tão bonito e com tamanha simplicidade que fez brotar em meu coração o desejo de lutar ainda mais para conseguir ser portadora dessa virtude.

Lugiel traçou um paralelo entre as quatro virtudes.

Todos nós que o ouvíamos a cada nova colocação ficávamos mais admirados ainda. Ele é um excelente palestrante. Ao falar, vai olhando para cada um, e sempre que olha sorri meigamente. A maneira como conduz a palestra é tão gostosa que todos permanecem atentos a cada movimento dele e a cada palavra que sai de seus lábios.

— Nós somos pacientes, humildes, desapegados e tolerantes? – fez a pergunta com o olhar fixo em nós.

O silêncio foi enorme. Todos certamente, no íntimo, procuravam respostas à pergunta que o anjo fez.

— Com certeza ainda não somos, mas, se ainda não somos, nada impede que um dia venhamos a ser. Para sermos, só necessitamos nos amar e amar o nosso próximo. Amando, encontraremos dentro de nós forças que nos ajudarão não só a sermos pacientes, humildes, desapegados e tolerantes como também a sermos portadores de outras grandes virtudes.

Lugiel ainda falou por mais ou menos vinte minutos e, ao concluir a palestra, percebi que em uma hora e meia ele, com suas belíssimas colocações, tinha resumido tudo o que eu durante semanas aprendera no curso.

Terminada a palestra, o anjo e os três professores fizeram uma prece. Durante essa prece pétalas de rosas muito perfumadas surgiram e caíram sobre todos nós. Cada pétala ao me tocar fazia ressoar em meu ouvido o nome de uma das quatro virtudes que tinham sido o tema da palestra. Fiquei encantada.

O palestrante começou a falar e cumprimentar os que desfrutaram sua belíssima palestra.

Ao chegar perto de Caius Lucius, o menino se atirou em seus braços e o abraçou com muita vontade. Lugiel sorriu, beijou-o na fronte e fez um carinho em sua cabecinha.

Achei aquela cena a coisa mais linda. O anjo com certeza, por alguma razão que eu desconhecia, tinha cativado o coração do nosso queridinho Caius Lucius.

Lugiel, com muito cuidado, colocou Caius Lucius de volta na cadeira.

Quando o anjo chegou próximo a Demetrius, abraçou o irmão com carinho.

Roseilane me cutucou com o cotovelo e cochichou:

— Os gêmeos estão juntos. Meu Deus, que homens lindos! – Suspirou e levou a mão direita ao coração. – Segure-me, Jaqueline! Segure-me, senão serei capaz de me jogar nos braços deles! – E se levantou.

Eu segurei-lhe o braço, e ela rapidamente disse:

— Não é para me segurar, não. Você não entendeu o espírito da brincadeira.

Eu abri a boca para responder, mas, antes de responder, Lugiel estendeu a mão e cumprimentou Roseilane. Deu uma piscadinha para ela e por pouco minha amiga não desmaiou. Tornou a se sentar e, com as faces coradas, começou a se abanar.

Lugiel estendeu a mão em minha direção, e eu a apertei com carinho. Ele sorriu e me olhou daquela forma que me parece estar se inteirando dos meus pensamentos.

— Está feliz na Colônia São Tarcísio, Jaqueline? – ele indagou.

— Muito feliz! Bastante feliz mesmo.

— Se está bastante feliz, leve sua felicidade para aqueles que ainda não aprenderam a ser tão felizes quanto você.

— É o que estou tentando fazer.

— Então está no caminho certo. Que Deus continue a iluminá-la e lhe conceda o Seu imenso amor.

— Assim seja! – respondi.

Depois que o palestrante cumprimentou todos, saiu volitando.

Os três professores agradeceram por nossa presença.

Após ter cumprimentado os professores, eu, Rodolfo e os outros que vieram conosco, retornamos para a nossa colônia.

Lá, perguntei o seguinte a Demetrius:

— A palestra que Lugiel proferiu foi na parte da manhã. Se na colônia em que a palestra foi ministrada é de manhã, na Terra também não é?

— Sem dúvida – respondeu Demetrius.

— Se lá também é de manhã, o corpo que abriga o espírito do anjo não deveria estar em franca atividade?

— Se o corpo que abriga o espírito Lugiel estivesse em franca atividade, ele não teria vindo até nós e ministrado a palestra. Seu corpo certamente estava repousando em uma cama, pois como é do seu conhecimento, Jaqueline, o espírito só deixa o corpo que lhe serve de abrigo quando está adormecido.

— Compreendi. É que pensei que, por ser de manhã, Lugiel, que nem imagino que nome tem em sua atual existência terrena, estivesse desempenhando alguma atividade. Pois trabalhador como ele, achei que já estivesse trabalhando.

— Pelo que sei, ele trabalhou até às quatro horas da madrugada. Fez suas preces e, quando se deitou para dar descanso ao corpo físico, já eram seis horas da manhã. Como agora são nove, ele deve estar neste instante despertando na cidade terrena em que vive encarnado.

— Nossa! Dormiu só três horas! Ele realmente é um grande trabalhador.

— Ele é. Nós ainda não. Por isso, vamos trabalhar para um dia sermos – falou Demetrius.

Nós entramos na Casa do Auxílio e começamos a trabalhar.

CAPÍTULO 13

Cursos

O trabalho ao lado de Demetrius e dos jovens e adolescentes na Casa do Auxílio foi me dando muita experiência. A cada auxílio levado eu sentia mais vontade de continuar ajudando desencarnados e encarnados. Estava ciente de que somente trabalhando pela felicidade dos outros eu seria feliz. Também sou ciente de que ainda preciso estudar bastante. Estudando e aprendendo, no futuro serei capaz de ajudar um maior número de pessoas.

No dia da última aula do curso sobre a prece e as virtudes, os professores fizeram uma sinopse de todas as matérias lecionadas. A sinopse foi uma maravilha. Em poucas horas eles nos relembraram tudo o que estudamos em dois anos.

No dia da formatura, Demetrius e Caius Lucius estavam presentes. A festa foi muito bonita.

Os professores Rafael, Elisabeth e Rogério chamaram cada aluno à frente e pediram para que falassem sobre uma das virtudes estudadas.

Eu falei sobre o desapego e, ao falar, me emocionei tanto que permiti que as lágrimas descessem por minhas faces.

Recebi um lindo certificado e, no momento em que o recebia das mãos da professora Elisabeth, ela bondosamente me disse:

— Jaqueline, o certificado apenas atesta que durante dois anos você fez o curso sobre a prece e as virtudes. Serão seus exemplos que revelarão que você realmente o cursou, e ao cursá-lo guardou em seu coração o que lhe foi ensinado.

Ela me abraçou e me desejou muita sorte.

Com o certificado em mãos, fiquei pensando no que a professora Elisabeth me disse e tomei a decisão de colocar em prática o que aprendi com ela e com os outros dois professores. Seria difícil, mas como tinha aprendido com Sulamita que devo me empenhar no que realmente é difícil para tornar o difícil fácil, decidi lutar com todas as forças para colocar em prática tudo aquilo que tão lindamente aprendi no curso.

Eu amei ter participado de curso tão nobre e edificante. Através dele eu tinha despertado e descoberto que buscar o crescimento interior é o que realmente conta. Buscando esse crescimento eu, sem perceber, estava na verdade buscando Deus e o seu Divino Filho.

Após uma semana da formatura, tive a última aula do curso sobre as enfermidades da alma. Também foi um curso que muito mexeu comigo. Nele aprendi como tratar meus irmãos portadores de tais enfermidades e como aceitá-los com essas enfermidades e ajudá-los a trabalhar para se verem livres delas.

Concluídos os dois cursos, passei a trabalhar na Casa do Auxílio catorze horas por dia. O trabalho é tão gostoso de ser feito que nem via as horas passarem.

Eu tinha dez horas de descanso, e durante essas dez horas aproveitava para fazer alguma coisa de que gostava.

Após uma semana que desfrutava esse tempo de descanso, fui convocada para comparecer na sala do diretor da Casa do Auxílio. Chegando à sala, além do diretor Lucius, encontrei Demetrius e Sulamita.

Logo que vi Demetrius, imaginei que algo me seria pedido.

Sentei-me em uma cadeira e fiquei olhando para os três.

— Jaqueline, você desde o dia em que chegou a esta colônia mostrou-se ser uma de nós – começou falando Lucius. – Mostrou tão bem que até mesmo nos seus dias de folga você prestou muitos auxílios, e com eles ajudou muitos irmãos. Eu, Demetrius e Sulamita, que acompanhamos seu trabalho durante todo o ano, estamos cientes de que você já está quase preparada para iniciar uma de suas futuras missões. Chegamos à conclusão de que você, a partir de hoje, trabalhará apenas seis horas, e durante as outras horas do dia fará novos cursos. Depois que concluí-los, suas horas de trabalho serão triplicadas, e durante o período em que estiver trabalhando dezoito horas terá a oportunidade de colocar em prática tudo o que aprender com os estudos. Lembre-se de que todo aprendizado só surte efeito quando aquele que o busca se interessa por ele.

Lucius parou de falar e ficou me olhando. Permaneci em silêncio.

— Você fará três cursos ao mesmo tempo – disse Demetrius. – O primeiro será sobre o Umbral e sobre como lidar com líderes de cidades do Umbral. Esse curso dura apenas seis meses. Você o cursará na mesma colônia em que fez os dois últimos. Outro curso será aquele que um dia me pediu para fazer. O nome do curso é "Lidando com jovens". Esse será ministrado na Colônia Bom Jardim e também durará seis meses. O outro curso é sobre como aprender a escrever e a ditar o que escreveu para os encarnados, e será cursado na Colônia A Casa do Escritor. A duração é de dois anos. Você será uma das poucas que fará esse curso sem estar residindo na colônia. Ele é muito importante para você. Através dele vai aperfeiçoar o dom da escrita que já tem. De acordo, ou gostaria de fazer outros cursos?

— Estou plenamente de acordo, Demetrius. Se decidiram que esses cursos me ajudarão é porque com certeza me ajudarão mesmo. Esforçar-me-ei ao máximo. Vou gostar de cursar todos os três, e depois de cursá-los gostaria de fazer outros que são do meu interesse. Será possível?

— Claro que sim, Jaqueline – falou Sulamita. – Ficamos inclusive felizes ao saber que deseja fazer cursos que lhe interessam. Sabemos que esses cursos que pretende fazer contribuirão para seu crescimento. O curso sobre o Umbral e sobre como lidar com líderes de cidades do Umbral tem quatro horas diárias de aulas. Enquanto o estiver cursando, além das aulas práticas que terá com os professores, você também receberá algumas aulas práticas comigo, com Caius Lucius e com Demetrius. O curso sobre como lidar com jovens tem quatro horas diárias. O outro, sobre como aprender a escrever, tem oito horas diárias. Você terá apenas duas horas de descanso.

— Duas horas são suficientes. Em duas horas poderei fazer muita coisa. Quando começam as aulas?

— Começam na próxima semana – respondeu Demetrius.

Eu os deixei na sala e fui trabalhar. Fora selecionada para auxiliar um encarnado presidente de uma casa espírita da cidade de Goiânia.

Enquanto o auxiliava, aproveitei o momento em que ele lia capítulos de dois livros da codificação espírita para ler também. Através da leitura, aumentei um pouco mais meus conhecimentos referentes à doutrina espírita.

No dia em que as aulas dos cursos iniciaram, primeiro fui ao curso na Colônia Bom Jardim. Fiquei feliz quando entre os alunos avistei Juliano. Ele me cumprimentou e falou que estava contente em novamente estudar junto comigo.

A professora Luciana se apresentou e nós fizemos o mesmo. Somos dez alunos.

Luciana iniciou a aula comentando que lidar com jovens não é muito difícil. Falou não ser difícil quando aquele que com eles lida também se torna jovem, pois os jovens possuem sua própria linguagem e suas próprias características. É necessário se empenhar para falar a linguagem deles e entender suas características.

A professora é bem jovem e, como todos que estão fazendo esse curso também são jovens, a aula ficou bem divertida.

No final da aula percebi que tinha aprendido algo e que o curso com certeza muito me ensinaria a lidar com os jovens. Jovens que eu muito me empenharia em auxiliar.

Deixando a Colônia Bom Jardim, volitei até a colônia onde já tinha feito os dois cursos. Lá chegando, fui à sala de aula. Fiquei contente ao saber que o professor do curso sobre o Umbral e sobre como lidar com os líderes das cidades do Umbral é o professor Rafael.

O professor iniciou a aula como os demais. Apresentou-se e pediu para nós nos apresentarmos. Assim fizemos. Nossa turma conta com vinte e cinco alunos.

Em uma tela começamos a ver o Umbral.

O professor foi tecendo comentários referentes ao Umbral e nos explicando alguns motivos que levaram determinados espíritos para lá.

Como já mencionei, o professor Rafael é muito brincalhão, e na aula ele muito nos faz sorrir.

Eu ia anotando tudo. As explicações prendiam minha atenção e eu estava muito disposta a tudo aprender referente a esse local de sofrimento.

Concluída essa aula, fui até a minha colônia e comecei a trabalhar.

Terminadas minhas horas de trabalho, descansei uma hora e, junto com Demetrius, nos dirigimos à Colônia A Casa do Escritor, onde fui muito bem acolhida.

A Colônia A Casa do Escritor é bem bonita[15].

Nós tivemos uma palestra em uma sala. A palestra foi dada para os alunos que iriam participar dos cursos oferecidos pela casa.

Quando a palestra chegou ao fim, os alunos foram separados e cada um seguiu para a sala do curso em que está matriculado.

Demetrius conversou com os dois professores do curso; depois, me abraçando, deixou-me na sala e regressou para a nossa colônia.

Assim que me sentei em uma carteira, um loirinho de aproximadamente dezessete anos me perguntou:

— Aquele rapaz que a deixou na porta da sala e conversou com os professores é seu namorado?

— Não – respondi.

— É seu irmão?

— Também não. Por quê? – indaguei ao loirinho.

— Porque deve gostar muito de você e cuidar bastante de você. Ele a trouxe até a colônia, participou da palestra, depois a conduziu até a sala de aula, conversou com os professores e a abraçou antes de ir embora. Só quem gosta de alguém é que faz isso, sua bobinha! – Sorriu. – Ainda bem que não é seu namorado.

— Por que diz isso?

— Porque, sendo você tão bonita, quem sabe durante o curso a gente não venha a se conhecer melhor e acabemos nos entendendo? – Ele piscou.

---

[15] Outros autores espirituais já mencionaram A Casa do Escritor em diversas obras publicadas (NAE).

— Pode tirar o cavalinho da chuva. Eu já sou comprometida – falei para ele e comecei a prestar atenção à aula.

Os dois professores, uma jovem e um senhor, iniciaram a aula falando sobre as diversas formas de escrever. Em dado momento nos deram um tema e pediram para escrevermos sobre ele. Após termos escrito, eles leram o que escrevemos e pediram para três dos dezesseis alunos ficarem na sala quando a aula terminasse.

Fui uma dos três que ficou.

Os professores nos disseram:

— Você, Jaqueline, você, Diogo, e você, Cláudia, escreveram muito bem. Por acaso possuem alguma coisa que escreveram desde que chegaram ao plano espiritual?

Nós três respondemos que sim.

Os professores nos pediram para levarmos o que tínhamos escrito na próxima aula.

Eu levei, conforme eles nos pediram. Diogo e Cláudia também.

Após uma semana, eles nos chamaram novamente e nos disseram:

— Vocês três escrevem muito bem. Lemos seus escritos e consideramos que foram muito bem elaborados. Decidimos que após duas semanas de aulas vocês, se desejarem, terão uma hora a mais de aula, após o período normal. Nela vamos lhes passar o que já passamos para os que fizeram o curso antes de vocês e que já terminaram o primeiro ano.

Nós três ficamos pensando.

— Esclarecemos que essa hora de aula será muito puxada, pois vamos tentar lhes passar em dois meses tudo o que passamos em um ano para os outros alunos – comentou a professora. – Terão de se dedicar ao máximo, visto que além das tarefas das aulas normais outras tarefas lhes serão pedidas. O que decidem?

Entreolhamo-nos e cada um ficou em silêncio. Lembrei-me de Demetrius e fiz uma rápida prece; depois disse:

— Particularmente fiquei muito interessada, mas antes de dar uma resposta preciso falar com aqueles que me dirigem. Posso dar a resposta amanhã?

— Claro que pode, Jaqueline. Não só você, mas os outros dois também – falou o professor.

Ao chegar à Colônia São Tarcísio, fiquei pensando sobre o que os dois professores me disseram. Eu queria sim aquela hora de aula, mas se optasse por ela passaria a ter apenas uma hora de descanso. Em uma hora eu teria de fazer todas as tarefas dos três cursos. Não ia ser nada fácil, mas não custava tentar. Recordei então do meu dia de folga na Casa do Auxílio e dos dois dias em que não tinha aula, e então concluí que eu iria dar conta, sim. Iria dar conta porque, sabendo como suprir todas as minhas necessidades utilizando os recursos da natureza e da atmosfera, eu não precisaria de muito tempo para descanso, nem para outras coisas.

Procurei Demetrius e lhe passei o que os professores me disseram. Ele indagou se eu estava mesmo disposta a ter apenas uma hora de descanso, respondi que sim e ele autorizou-me a cursar a aula extra.

Tanto o trabalho na Casa do Auxílio como as aulas dos cursos foram tomando todo meu tempo. Eu dificilmente conseguia encontrar uma horinha parar fazer algo de que muito gostasse. No dia da minha folga, estava envolvida com tarefas e mais tarefas dos cursos. Quando me sobrava um único tempinho eu visitava os desencarnados que me tinham pedido para sempre visitá-los ou passeava um pouco pelo jardim.

No curso lidando com jovens, a professora Luciana realmente estava me ajudando a bem entender os jovens. Através de suas aulas comecei a compreender os diversos tipos de rebeldias e delinqüências de jovens e adolescentes e a forma de bem lidar com elas. O curso realmente é muito bom.

Enquanto assistia às aulas, despertou em mim o interesse em fazer um curso que também me ensinasse a lidar com adultos, crianças e pessoas da terceira idade. Tudo o que eu queria era aprender para melhor servir.

O curso sobre o Umbral e sobre os líderes das cidades do Umbral também prende por demais a minha atenção. Nele aprendo com eficiência a me tornar uma verdadeira socorrista e como lidar com os que se autodenominam senhores do Umbral e dos espíritos que eles escravizam.

O professor Rafael me ensinou direitinho como ler a mente desses líderes e a de outros espíritos desencarnados que no Umbral vivem ou vagam pela Terra. Também me deu maiores lições sobre como ler a mente de encarnados e melhor auxiliá-los.

Nas aulas teóricas, eu estava assimilando todo o conteúdo que me auxiliava nas aulas práticas. Por causa delas, eu realmente estava me tornando apta a lidar com qualquer espírito que vive no Umbral.

Os líderes de cidades, vilas e até de impérios no Umbral utilizam-se de muitas estratégias para alcançar seus objetivos. Eles plasmam as mais horríveis formas físicas. Muitos deles, para serem obedecidos, se apresentam como o diabo dos católicos, com chifres, rabo e segurando um tridente na mão direita. Eles dão as mais horríveis gargalhadas, que fazem com que os que vivem sob seu domínio fiquem apavorados. Quando estivemos em suas cidades e eu ouvia essas gargalhadas chegava a ficar assustada, mas recordando o que o professor Rafael nos dizia e do que Demetrius sempre me falava sobre a minha vibração, rapidamente me acalmava.

Certa vez, no Umbral, precisei me vencer. Estivemos em um império. Assim denomina o líder, que faz questão de ser chamado de imperador. O tratamento que ele dispensa aos pobres-coitados que vivem como escravos nesse império é lastimável. Mesmo estando invisíveis nesse império, o tal imperador soube da nossa presença e foi até nós. Ele parecia estar nos vendo, pois se atirou em nossa direção armado até os dentes. Eu e os outros alunos nos assustamos. Ele estava cada vez mais próximo. Alguns alunos se encolheram. O professor Rafael ficou parado. Eu suspirei, fiz uma prece e, lembrando-me de que sou a Jaqueline da Colônia São Tarcísio, me aproximei do professor Rafael e levantei a mão direita em direção do tal imperador.

O imperador rugiu e estancou de repente. Ele se esforçava para sair do lugar, e dos seus olhos escapavam chispas de fogo que vinham em nossa direção.

O professor Rafael ergueu a mão direita, e eu levantei a outra mão. O imperador deu um forte grito e saiu correndo, assustado.

Nós retornamos para a sala de aula, e o professor Rafael nos comunicou que o tal imperador havia muitos séculos também estudara, e devido a seus estudos tornou-se um bom conhecedor do plano espiritual. Por isso foi capaz de sentir nossas vibrações quando estivemos em seu império e, devido ao medo que alguns alunos sentiram, ele conseguiu vislumbrar onde estávamos. Em seguida, o professor me disse que eu fui muito corajosa e que no futuro certamente iria ajudar muitos irmãos que infelizmente lideram cidades no Umbral.

Sentada na carteira, prestando atenção à aula, eu disse a mim mesma que não tinha sido corajosa coisa nenhuma. Eu só ficara ao lado do professor porque fiquei preocupada com ele, e não queria que aquele espírito tão perverso lhe causasse algum mal.

No curso que faço na Colônia A Casa do Escritor, eu estava aprendendo muito rápido. Com os dois professores eu já tinha aprendido a escrever com agilidade e conseguia transmitir no papel com maior rapidez um grande número de informações utilizando poucas palavras.

Após os dois meses da aula extra, eu, Diogo e Cláudia fomos transferidos para a turma mais adiantada. Os alunos nos receberam com carinho. Os professores são os mesmos. Os horários de aulas das duas turmas são diferentes.

Dia após dia eu ia aprendendo cada vez mais. Os três cursos abriam minha visão espiritual e aumentavam meus conhecimentos sobre o plano espiritual e físico.

Conforme Demetrius me alertou logo que cheguei à Colônia São Tarcísio, eu realmente estava conseguindo assimilar com grande facilidade as matérias. No entanto, isso não me dispensava de fazer as tarefas que me eram passadas. Eu fazia as tarefas certa de que elas estavam me ajudando; assim, dedicava-me a elas, e feliz ficava quando as via concluídas e quando, ao passá-las para os professores, eles me diziam que eu verdadeiramente tinha assimilado o que eles tinham dito em sala de aula.

Em diversas oportunidades estive em cidades do Umbral com Caius Lucius e Sulamita. Esta sempre me levava ao império daquele que tinha se atirado sobre mim e sobre o professor Rafael e demais alunos, e me ajudava a identificar os líderes que obedeciam ao imperador e que contribuíam com a maldade dele.

Caius Lucius me levava a vilas e cidades onde crianças eram aprisionadas e, após conversar com os líderes desses locais, ele auxiliava muitas crianças e adolescentes.

Estudar com os professores e ter aulas práticas com eles e com Caius Lucius e Sulamita estava contribuindo para que mais depressa eu me desapegasse de mim mesma e começasse a pensar apenas no meu próximo.

CAPÍTULO 14

Resgatando garotos

Quando faltava apenas um mês para eu concluir dois dos três cursos, em um dia que estava de folga tanto dos cursos como do trabalho, Caius Lucius me convidou para irmos até uma cidade no Umbral.

Meu amiguinho falou que garotos estavam sendo mantidos prisioneiros e que alguns dos prisioneiros tinham pedido ao bondoso Mestre Jesus Cristo que os ajudasse.

— Jakalina, sei qui é seu dia di folga. Mas cê num quer ir cumigo judar esses filinhos di Deus? – ele me perguntou com uma carinha de quem estava muito preocupado.

— Vou, sim. Ajudá-los vai ser uma grande alegria.

— Intão vamo. – Ele deu-me sua mãozinha. – Se pepala qui nois vai picisar di muita prece. – Caius Lucius começou a rezar.

Volitamos e, chegando ao Umbral, paramos em frente a um muro altíssimo. Havia um portão todo de ferro.

Caius Lucius fez menção de bater no portão, e antes de bater eu perguntei:

— Não seria melhor entrarmos sem sermos vistos e resgatarmos os garotos?

— Num selia não. Os qui lidelam essa cidade picisam saber qui Deus tá de olho nela. Eles também pisicam saber que somos nois qui tamo lesgatando os qui eles usam pala satisfazer seus desejos impulos.

Caius Lucius bateu no portão. Ninguém apareceu. Ele bateu de novo. Nada.

Caius Lucius fechou os olhos, cruzou as mãos e rezou. Depois bateu no portão com tanta força que o barulho de suas pancadinhas foi espantoso.

O portão rangeu com estrondo e apareceram cinco espíritos, um bispo e quatro padres. Pela fisionomia deles, percebi que estavam tremendamente zangados. Vinham armados com chicotes, foices e facões, e mantiveram certa distância de nós dois.

— O que você quer aqui, tampinha? – perguntou o bispo.

— Viemo buscar os qui tá aí dento sofendo abusos da sua parte e desses outros aí – falou Caius Lucius.

— E vocês acham que nós vamos deixar que os levem? – indagou o bispo, com ironia.

— Eu num acho coisa ninhuma. Eu tenho ceteza qui eles vão cumigo e cum minha amiga.

Os cinco gargalharam.

— Se tem certeza, então pode pegá-los. Só que vão ter de passar por cima de nós, primeiro – disse o bispo, que me pareceu ser o líder daquela cidade.

— Num seja por lisso. Saiam da frente qui eu tô passando. – Caius Lucius deu um passo na direção deles.

Eles recuaram um passo, e o bispo gritou:

— Não se atreva, seu pestinha! Caso contrário, nós vamos pegá-lo e fazer com você o que fazemos com todos os garotos que estão aqui dentro. Eu, inclusive, estou louco para desfrutar uma carne nova. Você é bem lindinho e vai conseguir saciar meus desejos carnais. – E o bispo olhou para Caius Lucius com grande cobiça.

Ouvindo-o falar tal coisa só então entendi para quê o bispo e aqueles padres mantinham garotos naquela cidade. Fiquei horrorizada.

Caius Lucius deu outro passo à frente. Eles tornaram a recuar e, concentrando-se, conseguiram fechar o portão. Eu e Caius Lucius ficamos do lado de fora.

Caius Lucius plasmou um desses tanques de guerra do Exército. Colocou-nos dentro dele e começou a dirigir. Fiquei pensando onde ele teria aprendido a dirigir, pois é apenas uma criança.

Caius Lucius, guiando o tanque com destreza, aumentou a velocidade e o lançou contra o portão. O portão foi arrancado com estrondo, e o bispo e os quatro padres pularam para não serem atingidos pelo portão, nem pelo tanque de guerra.

Saímos do tanque.

Caius Lucius morria de rir da cara de espanto do bispo e dos padres. Ele caminhou na direção deles, que recuaram mais uma vez. Caius Lucius disse:

— Saiam da nossa fente sinão vô ter qui atopelar vocês!

Eles deram as mãos e ficaram bem na frente do Caius Lucius. Fecharam os olhos e, nesse instante, apareceram padres de diversas partes daquela cidade. Vinham armados com tudo quanto é tipo de armas.

"Agora a coisa ficou preta", pensei. Imediatamente comecei a fazer preces.

— Quanto padi que divia si invergonhar do qui faz com esses galotos e cumeçar a si alepender e pidir perdão a Deus por seus imensos pecados...

— Deus! Deus! – falou o bispo, cuspindo no chão. – Nós aqui não servimos a Deus. Servimos a Lúcifer. Ele é o nosso mestre, e só a ele obedecemos. Esses garotos que aqui estão são nossos, e ninguém os roubará de nós.

— Num viemo roubar eles. Viemo lesgatá-los. E é o que nois vai fazer agola.

Caius Lucius fez uma prece e começou a brilhar. O seu brilho foi aumentando de intensidade. O bispo e os padres começaram a andar para trás. Eles gritavam para Caius Lucius não se aproximar. Meu amiguinho continuava brilhando e caminhando. Quando eles viram que ele estava bem próximo, pararam de recuar e decidiram enfrentar Caius Lucius.

Caius Lucius levantou a mãozinha direita, e raios saíram dela. Atingiram os padres e o bispo, que começaram a gritar e a sair correndo, escondendo-se pela cidade.

Notei que o bispo e os padres tinham construído um grande seminário, igrejas e algumas pequenas casas.

Eu e Caius Lucius começamos a procurar os garotos. Encontramos alguns amarrados e totalmente nus. Todos aparentavam ter entre doze e catorze anos. Alguns estavam com suas partes íntimas ensangüentadas. Aproximei-me deles e, como enfermeira, lhes ministrei os primeiros cuidados e plasmei roupas para que se vestissem.

Conforme íamos ajudando os garotos, encontrávamos alguns ajoelhados em prece. Ao nos verem, choravam, e alguns se lançavam em nossos braços pedindo ajuda. Indagados por Caius Lucius a respeito dos outros garotos, eles nos informaram onde estavam sendo mantidos como prisioneiros.

Entramos em uma das igrejas. Um menino nos apontou um calabouço. Os garotos disseram que iriam ficar nos esperando, não queriam entrar lá.

Caius Lucius pediu para eu entrar e ajudar quem estivesse lá dentro.

Quando entrei, fiquei horrorizada com a cena que presenciei. Um bispo já idoso mantinha relações sexuais com um garotinho loiro de olhos azuis que estava com as mãos e os pés amarrados.

— Meu Deus, tenha piedade desse menininho – falei.

O bispo, ouvindo-me, veio em minha direção com os punhos fechados. Eu olhei para ele e assoprei. O bispo idoso parou. Eu levantei minha mão direita e permiti que a luz que me envolve aparecesse com toda sua intensidade. O bispo deu um berro, xingou e, abrindo uma porta que eu não tinha visto, saiu por ela.

Aproximei-me do garotinho, desamarrei-o e plasmei roupas para ele. Ele as vestiu e começou a chorar. Eu o consolei e o levei até onde deixara Caius Lucius com os outros garotos.

Seguindo instruções dos meninos, entramos no seminário, nas igrejas e nas casas, e auxiliamos todos os garotos. Alguns, além de satisfazer os desejos impuros dos padres e dos dois bispos, ainda eram obrigados a realizar diversos serviços domésticos.

A cidade não é muito grande. Na verdade, parece mais uma vila do que uma cidade.

Após duas horas, eu e Caius conseguimos resgatar quase todos os garotos. Apenas um não quis a nossa ajuda.

Quando Caius Lucius estendeu a mãozinha para ele e o convidou a vir conosco, ele disse:

— Deixem-me aqui. Eu gosto daqui. Gosto do que os padres fazem comigo. Quero ser tão mau quanto eles. E quando tiver aprendido o que eles me prometeram ensinar, irei para a Terra e vou prejudicar um monte de garotos encarnados. Como espírito, induzirei vários a fazer o que eu, quando encarnado, fui obrigado a fazer. Vão embora e me deixem. Eu não pedi ajuda de vocês.

— Meu imãozinho! Deus tá lhe cuncedendo a graça di si milhorar. Vem cumigo. Cê é tão novo pala pensar desse jeito. Cum certeza, tem muita coisa boa no seu colação – disse-lhe Caius Lucius, com meiguice.

— Não sou novo coisa nenhuma. Tenho treze anos e não há nada de bom dentro do meu coração. Nele só tem muita maldade e muito ódio. Eu quero espalhar esse meu ódio para os garotos encarnados. Quero e vou conseguir.

— Se num quer ir cum nois, o poblema é seu, imãozinho. Pensa bem. Todos os outos galotos daqui tão indo cum nois. Cê vai ficar sozinho aqui. Só você pra esse monte de padi e dois bispos. Já pensou o que vai ser di você sozinho aqui cum eles?

— Vou ficar sozinho com eles? Vocês tão levando todos os outros? Se eu ficar sozinho com eles, não vou agüentar todos abusando de mim.

— Se num vai supotar as doidices desse bando de padi, intão deixa di ter tanto ódio no seu colação, leza e peça a Deus pra ti judar.

— Pedir a Deus para me ajudar? Tem tanto tempo que eu não rezo... Os padres daqui dizem que reza não vale nada. Que Deus não quer saber de nós porque fomos muito maus quando vivos. Acho que nem sei mais rezar. Você me ajuda a rezar?

— Judo, judo sim – falou Caius Lucius, que se aproximou do garoto, abraçou-o com carinho e lhe disse para ir repetindo as palavras que ele iria dizer.

Caius Lucius ajoelhou-se e fez uma lindíssima prece. Enquanto a fazia ele dava algumas pausas. O garoto e todos os outros também se ajoelharam e começaram a repetir a prece de Caius Lucius.

Na prece que Caius Lucius elevava a Deus, pedia perdão ao Pai e falava estar muito arrependido de tudo o que tinha feito como encarnado e desencarnado. Caius Lucius fez a prece do pai-nosso e todos a rezaram ao mesmo tempo. Concluída a oração, nós começamos a caminhar.

Na praça, todos os padres e os dois bispos nos aguardavam. Ao lado deles havia um espírito que se tinha caracterizado como o demônio, e outros que se tinham caracterizado de formas assustadoras.

Os garotos, logo que os viram, tremeram de medo e ficaram atrás de mim e de Caius Lucius.

O espírito que se apresentava todo negro, peludo, com chifres, rabo e garfo pontiagudo na mão, gritou:

— Eu sou o próprio demônio. Lúcifer em pessoa! Esta cidade me pertence. Esses garotos, que são propriedade desta cidade, também me pertencem. Entreguem-me todos, e nada acontecerá a vocês dois!

— Esses galotos petencem a Deus. Eles se alempendelam de tudo qui faziam nesta cidade e pedilam a Deus pala os ajudar. Eu e minha amiga aqui tamo pala levar eles pala vivelem felizes em uma colônia – falou Caius Lucius, encarando o espírito que se dizia ser Lúcifer.

— Ah, ah, ah! Você, pivete, e essa pobre-coitada querem levar meus garotos. Quero vê-los fazer isso. Quero ver mesmo!

Caius Lucius plasmou uma corda e disse:

— Num pense qui tenho medo di você só porque si diz ser o demônio. Eu gostei deses teus chifles. Vou laçar eles cum meu laço e dipois vou dar uma di peão boiadeilo e vô domar esse toulo pelos chifes. – E deu uma risadinha.

O espírito o olhou medonhamente.

Caius Lucius movimentou a corda, fez um laço nela e a jogou no espírito. Por incrível que pareça, a corda enlaçou os dois chifres daquele espírito. Ele balançou a cabeça, urrando. Caius Lucius segurou firme na corda e falou:

— Segula, peão! – começou a rir.

Eu ri muito. Os garotos também. Até numa hora dessas Caius Lucius brincava.

Aquele espírito espumou de raiva. Os outros tiraram a corda dos chifres dele. O que se autodenominava Lúcifer apontou o garfo na direção de Caius Lucius, gritando:

— Você me paga, moleque! Você me paga! – Deu dois passos à frente.

— Num si menta cumigo qui eu sô podeloso. – Caius Lucius estufou o peito e ergueu a cabeça.

Ele começou a cantar o refrão da canção que eu o ouvi cantando no show de talentos, cujo nome é *Eu tô pudendo!*. Cantava e dançava. À medida que dançava, a luz que caracteriza sua condição espiritual apareceu.

Aqueles espíritos, ao ouvirem e verem Caius Lucius cantar, dançar e a luz que o envolvia, se encheram de ódio.

Caius Lucius, depois que cantou o refrão, juntou as mãozinhas e fez uma prece. A luz que o envolve começou a brilhar com intensidade.

O espírito que desafiava Caius Lucius fez um círculo no ar e falou umas palavras estranhas. À volta desse espírito e dos outros surgiu uma faixa de fogo em forma de espiral, que parecia protegê-los.

O espírito que se autodenominava Lúcifer fez um novo círculo no ar e gritou outras palavras estranhas. Depois fez uma porção de gestos que me pareceram de um ritual satânico.

Caius Lucius mantinha-se bem sereno, contemplando-o com seus olhinhos plácidos e fazendo preces.

Quando o espírito que se denominava Lúcifer terminou o seu ritual satânico, gritos estridentes e horríveis começaram a surgir. De repente, pelo portão que tinha sido destroçado por Caius Lucius entraram levas de espíritos todos caracterizados como demônios. Eles se juntaram ao que tinha feito o ritual satânico e começaram a nos encarar com os olhos medonhos que liberavam chispas de fogo.

Os garotos se encolheram atrás de mim e de Caius Lucius. Tentavam se esconder atrás de nós dois. Abraçaram-se uns aos outros e começaram a rezar o pai-nosso e a ave-maria.

Aqueles espíritos nos olhavam como se fossem nos devorar ali mesmo. Eles começaram a cantar uma cantiga estranha e a avançar em nossa direção, dizendo que iriam nos destroçar e fazer com Caius Lucius tudo que os padres e os dois bispos faziam com aqueles garotos.

Ao ver aquele monte de espíritos caracterizados como demônios a nossa frente, vindo nos atacar, cheguei a acreditar que se o inferno existia, tinha se aberto e todos os demônios ali estavam sedentos de sangue. Confesso que mesmo sabendo da minha vibração espiritual fiquei temerosa. Pensei em me esconder também atrás de Caius Lucius, mas, olhando para ele, deduzi ser isso impossível. Ele era apenas uma criança de cinco anos; eu, com certeza, não iria conseguir me esconder atrás dele. Desse modo, fiz uma prece e pedi a Deus para dar forças a mim e a Caius Lucius.

O espírito demoníaco que se denominava Lúcifer vociferou:

— Ao ataque! Destruam o pivetinho e a guria!

Eles berraram todos ao mesmo tempo e avançaram.

Caius Lucius me disse:

— Reze, Jakalina.

Eu rezei e coloquei toda a minha confiança em Deus. Então vi algo de que nunca vou me esquecer.

Caius Lucius ergueu a mãozinha e disparou alguns raios clarinhos nos garotos. Os raios formaram um campo de luz que os protegia.

Caius Lucius juntou as duas mãos e, em seguida, abriu os braços e começou a brilhar. Brilhou tão fortemente que a impressão que tive foi de que ele se tinha transformado em uma estrela. A forte luz que ele emitia se espalhou e atingiu todos os que queriam nos atacar.

Os demônios, os padres e os dois bispos, ao serem tocados por aquela luz, gritaram desesperados. Percebi que eles tentavam fugir, mas não conseguiam sair dos seus lugares, e cada novo grito que emitiam demonstrava que as dores que estavam sentindo aumentavam intensamente.

Caius Lucius ia brilhando cada vez mais. Em dado momento, eu não consegui mais avistá-lo. Só via uma intensa luz.

Senti que ao meu lado haviam chegado algumas pessoas. Então, vi Demetrius, Lucius, Sulamita e todos os jovens e adolescentes da equipe de que faço parte na Casa do Auxílio.

Vendo a incrível luz que de Caius Lucius jorrava e que fazia os espíritos urrarem de dor, me dei conta do quanto esse espírito que se apresenta como uma criancinha de cinco anos é altamente evoluído.

Demetrius aproximou-se de Caius Lucius e segurou sua mão direita. Sulamita segurou-lhe a mãozinha esquerda. Demetrius e Sulamita deram as mãos aos outros, e todos nós ficamos de mãos dadas.

Caius Lucius fez uma oração, e nós sintonizamos nossas mentes na prece que ele fazia.

De repente, o anjo Lugiel e o anjo Rutiel surgiram bem a nossa frente. Demetrius e Sulamita soltaram as mãos de Caius Lucius, e foi a vez de os anjos segurarem-nas. Demetrius segurou na mão que ficou livre do anjo Lugiel, e Sulamita, na que tinha ficado livre do anjo Rutiel.

Lugiel e Rutiel começaram a brilhar e a emitir luzes iguaizinhas às que Caius Lucius emitia. Observando que as luzes dos três eram iguais, deduzi que Caius Lucius também já atingira a vibração dos anjos. Fiquei emocionada. Meu amiguinho era um anjo vivendo em nossa colônia.

Lugiel fez uma nova prece, e todos nós elevamos nosso pensamento a Deus.

Luzes começaram a sair dos corpos de todos nós. Elas se juntavam e se transformavam em uma imensa bola luminosa.

— Seja feita vontade di Deus – ouvi a voz de Caius Lucius saindo daquela imensa luz.

A bola de luz começou a girar e a crescer imensamente. Conforme girava, tocava todas as construções da cidade. Nossos corpos continuavam emitindo luzes e direcionando-as até a bola de luz.

A bola de luz parou sobre o seminário e explodiu. A explosão gerou uma claridade tão intensa que eu fechei os olhos. Quando tornei a abri-los, notei que nossos corpos não emitiam mais nenhuma luz.

Ao olhar para a cidade, fiquei admirada. Com a graça de Deus, as luzes emitidas por Caius Lucius, pelos dois anjos e por todos nós da

Colônia São Tarcísio tinham desmaterializado toda a cidade que aqueles espíritos haviam plasmado. No lugar dela, surgiu um campo todo gramado rodeado por plantinhas cheias de flores silvestres.

Ao avistar os espíritos, percebi que todos estavam atemorizados. Os que se tinham apresentado como demônios agora mostravam suas verdadeiras aparências físicas. Estavam vestidos de padres e bispos, iguais aos outros que viviam na cidade que tinha sido extinta.

Os anjos Lugiel e Rutiel nos olharam, assopraram sobre nós e, volitando, retornaram aos seus corpos físicos. Os dois permanecem encarnados.

Um dos padres ajoelhou-se, persignou-se e, apontando para Caius Lucius, disse:

— Esse é um verdadeiro mensageiro do céu. Por favor, anjo de Deus, me ajude. Estou cansado dessa vida. Reconheço que errei e quero começar a mudar minhas atitudes. Ajude-me, por favor!

Os outros olharam para ele com imenso desprezo. O que antes se dizia Lúcifer vociferou:

— Deixem esse traidor aí e vamos embora antes que o pivetinho brilhe de novo e nos cause maiores danos. E, junto com seus amigos que chegaram, nos force a mudar de atitudes e a servimos Àquele a que muito odiamos.

Eles saíram correndo pelo Umbral.

Caius Lucius aproximou-se do padre que estava ajoelhado e lhe estendeu a mãozinha, dizendo:

— Filhinho di Deus! Pala todo pecador existe perdão. Vamos cum nois. Cê vai leceber cuidados e cumeçar a trabalhar pala o bem.

O padre o abraçou e começou a chorar.

Demetrius, Sulamita, Lucius e outros da colônia observavam a cena, comovidos. Eu também fiquei muito emocionada ao ter me dado conta da coragem de Caius Lucius. Só mesmo um anjo para poder, sozinho, fazer tudo o que fez e enfrentar aquela leva de demônios com tanta coragem.

Caius Lucius, vendo os que da nossa colônia tinham chegado, disse:

— Graças a Deus que vielam judar esse monte de filhinhos di Deus. Vamos cada um pegar um deles e sair volitando pala as colônias qui vão acolher eles.

Caius Lucius assoprou sobre as crianças e sobre o padre. Todos bocejaram ao mesmo tempo e fecharam os olhos, adormecendo. Nós nos aproximamos deles e, conforme Caius Lucius nos pediu, saímos volitando com eles e deixando-os nas colônias.

Na Colônia São Tarcísio, sentada em um banco no jardim, ao lado de Demetrius, indaguei:

— Demetrius, garotos, quando desencarnam, não recebem ajuda espiritual imediatamente?

— Os que encarnados foram bons recebem, sim.

— Esses que foram resgatados por Caius Lucius e por nós não foram bons?

— Jaqueline, esses garotos, que com a misericórdia de Deus foram auxiliados quando encarnados, infelizmente não trilharam o caminho do bem. Encarnados, sofreram abusos sexuais de religiosos que indignamente se aproveitaram da inocência deles. Ao sofrer tais abusos, eles poderiam muito bem ter falado para seus pais ou para alguém de sua confiança, mas não o fizeram, ficaram em silêncio. Eles, inclusive, deixavam padres e bispos abusar deles em troca de presentes insignificantes. Com o tempo, muitos se acostumaram com os abusos sofridos e não se deram conta de que, ao mesmo tempo que serviam aos desejos impuros dos religiosos, também se prejudicavam.

— E por terem sido vítimas dos desejos imundos dos padres e bispos encarnados, eles, ao desencarnarem, não mereciam ter sido imediatamente recolhidos a uma colônia?

— Querida, todo encarnado, independentemente de sua idade ao desencarnar, é enviado para o local do plano espiritual com que melhor se afina. Esses garotos, como lhe disse, foram vítimas na primeira vez que sofreram os abusos. Nas outras vezes, eles continuaram aceitando os abusos por vontade própria. Como se sujeitaram a esse tipo de abusos, mantinham suas mentes e seus corações voltados para outras coisas não muito boas. Eles, embora sejam adolescentes, cometeram grandes erros, certos do que estavam praticando. Muitos até, com suas atitudes más, causaram grande sofrimento a seus genitores. Tais sofrimentos que causaram aos pais e a outros que com eles conviviam os lançaram, quando desencarnaram, na cidade em que vocês os encontraram.

— Demetrius, por que eles sofreram abusos sexuais?

— Certamente porque em existências passadas eles também devem ter abusado de garotos inocentes. Como é do seu conhecimento, Jaqueline, as ações praticadas no passado se refletem nas atuais existências. É a lei da ação e reação. Cada um recebe o que merece.

— Coitados! Fiquei com tanto dó deles! Sempre que me for possível irei visitá-los e ajudá-los a se divertir um pouco.

— Faça isso, Jaqueline.

— Farei com todo o amor. — Depois, pensando na cidade dos padres, inquiri: — Demetrius, por que Deus permite que uma cidade como a que foi desmaterializada pelos dois anjos e por todos nós exista no plano espiritual?

— Não é Deus que permite. Quem permite são os próprios espíritos que, presos às tendências negativas que cultivavam como encarnados, querem continuar usufruindo-as como desencarnados. Como eles possuem o livre-arbítrio, Deus não interfere em suas escolhas. Deixa que eles aprendam com elas. No entanto, o fato de Deus não interferir em suas escolhas não significa que Ele não interfira no sofrimento que esses espíritos causam aos seus filhos. Deus tem pleno conhecimento dessas cidades, e sempre que um dos que nelas está sofrendo clama por Ele e se arrepende dos seus atos, Deus envia espíritos que, semelhante a Caius Lucius, resgatam os filhos pródigos e os conduzem de novo aos Seus braços.

Meditei por alguns minutos sobre o que tinha ouvido do meu orientador. Depois, deixei-o meditando no jardim, entrei em casa e no quarto comecei a fazer as tarefas dos três cursos.

CAPÍTULO 15

Escrevendo

Conforme se aproximava o fim de dois cursos dos três que faço, as aulas passaram de teóricas a práticas.

Eu estava me acostumando com o Umbral e já conseguia sozinha entrar em cidades umbralinas, e, além de resgatar alguns irmãos, enfrentar determinados líderes dessas cidades. Alguns deles são muito ousados, mentem muito, xingam, dizem que vão fazer isso e aquilo comigo, mas na hora em que dou um passo na direção deles, saem correndo pela cidade ou volitam para outros lugares.

Eu também tinha aprendido a lidar com os jovens com mais eficiência. Passava grande parte das aulas práticas entre jovens encarnados, auxiliando-os e também aprendendo com eles.

Como o curso lidando com jovens e o curso sobre o Umbral e sobre como lidar com líderes de cidades do Umbral duravam só seis meses, esse tempo passou rápido.

As duas formaturas foram no mesmo dia. Demetrius compareceu às duas e mais uma vez me deu os parabéns por mais duas etapas de formação concluídas.

Eu estava muito feliz, pois de curso em curso ia retendo maiores conhecimentos e me tornando apta ao propósito que escolhera: ajudar todos os que precisassem do meu auxílio.

Concluídos os dois cursos, passei a ter mais horas livres, as quais aproveitei para ficar um pouco mais na Colônia A Casa do

Escritor e dedicar-me ainda mais à arte de aprender a escrever e ditar aos encarnados.

O curso foi ficando puxado. Os dois professores exigem muito. Eu, além de estudar as matérias do curso, estudava por conta própria as obras da codificação espírita. Queria como desencarnada instruir-me na doutrina, e por isso dediquei longas horas ao estudo da doutrina espírita. Pretendia fazer um curso sobre ela logo que surgisse a oportunidade.

No curso, eu realmente estou aprendendo a escrever. Inclusive passei a escrever tudo o que me acontece. Faço um resumo do que escrevo e apresento aos professores em forma de redação ou de conto.

Nas aulas, aprendo como escrever e sobre o quê. Os professores nos alertam de que certas coisas ainda não podem chegar ao conhecimento dos encarnados. Por isso, nós, antes de ditarmos qualquer coisa a um encarnado, devemos antes passar o que escrevemos aos responsáveis da colônia ou aos que nos orientam no plano espiritual.

Passei a andar com um bloquinho de papel e uma caneta. Conforme a Casa do Auxílio me selecionava para levar alguns auxílios, enquanto os prestava eu ia escrevendo informações referentes a esses auxílios. O legal de estar com o bloquinho é que, quando ia apresentar o relatório do auxílio a Demetrius, tudo já estava escrito. Só o que tinha a fazer era passar a limpo e entregá-lo.

Também fui escrevendo o que acontecia nas visitas que eu fazia aos garotos que tinham sido resgatados por Caius Lucius e por mim, e nas visitas aos diversos encarnados e desencarnados que tinham recebido ajuda da Casa do Auxílio através da minha ida até eles.

Escrevendo tudo o que estava me acontecendo, fui adquirindo experiência e, ao passar parte do que escrevia aos professores do curso, eles comentavam que eu praticamente já estava preparada para ditar aos encarnados, pois tinha aprendido a arte de escrever bem antes de o curso ser concluído. Eu lhes dizia que ainda tinha muito que aprender e que iria continuar me esforçando para reter cada vez mais os conhecimentos que eles tão bondosamente me passavam.

As aulas foram seguindo seu ritmo. Meu trabalho na Casa do Auxílio também. Como só estava trabalhando seis horas diárias, eu geralmente era enviada em auxílios que não demoravam muito para ser efetuados. É lógico que alguns requeriam bastante minha atenção, e eu muito me esforçava para ser útil e para contribuir com a felicidade de quem era merecedor do auxílio.

A responsabilidade de ir até um encarnado ou um desencarnado e auxiliá-lo é muito grande. Muitas vezes encontrei diversas dificuldades, mas nunca desanimei, e fiquei ao lado do necesssitado até conseguir auxiliá-lo.

Um dia, chegando à aula do curso, a professora nos falou sobre os médiuns que psicografam.

— Vocês estão se preparando para ditar obras literárias para alguns médiuns encarnados. Saibam que alguns de vocês terão dificuldades em encontrar médiuns que aceitem psicografar suas obras.

— Por quê, professora? – perguntou uma aluna.

— Porque alguns médiuns não querem psicografar com espíritos que não sejam conhecidos. Eles infelizmente querem que suas obras sejam ditadas por autores espirituais famosos. Vocês terão de ter muita paciência quando se apresentarem a um médium e o convidarem para trabalhar com vocês. Se um médium não aceitar, procurem outro e façam o mesmo convite. Com certeza, encontrarão um que ficará muito feliz ao psicografar suas obras.

A professora continuou falando sobre os médiuns psicógrafos. Eu fiquei pensando no que ela nos disse e imaginando se o médium de Brasília que eu conheço iria aceitar ou não psicografar meus livros.

O professor e a professora nos comunicaram que em aulas futuras nós iríamos visitar algumas casas espíritas e observar alguns médiuns psicografando.

Quando a aula daquele dia terminou, ao chegar à Colônia São Tarcísio, procurei Demetrius e lhe perguntei:

— Demetrius, hoje a professora nos falou sobre certas dificuldades que alguns de nós que estamos fazendo o curso encontraremos. Fiquei pensando no que ela disse.

— E que dificuldades foram essas que a deixaram tão pensativa?

— Ela nos disse que alguns de nós talvez não consigam encontrar com facilidade um médium que queira psicografar as nossas obras, porque nós somos desencarnados desconhecidos e muitos médiuns só querem psicografar obras de desencarnados famosos.

— Ela tem toda a razão.

— Bem, se eu faço parte desses desencarnados desconhecidos dos médiuns, certamente vou ter essas dificuldades. Talvez tenha até mais dificuldades do que determinados alunos da minha sala, pelo fato de eu não ter sido espírita quando encarnada, e sim católica.

— Você não é totalmente desconhecida pelos médiuns. O médium de Brasília a conhece. Quanto a não ter sido espírita quando encarnada, isso não quer dizer muita coisa. Grandes autores espirituais que hoje são bem conhecidos, e têm obras famosas, quando encarnados não foram espíritas.

— Será que o médium de Brasília vai aceitar psicografar o que tenho para ditar a ele?

— Só ele poderá lhe responder essa pergunta. Quando for até a casa dele pergunte e terá uma resposta.

— Demetrius, acho que não terei coragem de perguntar.

— Por que não?

— Porque não tenho a intimidade que você tem com ele. Quando vou à casa do médium de Brasília, ele apenas sorri para mim, e nós dois conversamos muito pouco.

— Conversam pouco por enquanto. Verá que no futuro muito irá conversar com ele, que lhe dará toda a atenção de que você necessitar.

— Vou pensar no assunto e talvez acabe criando coragem quando estiver perto dele, e pergunte se ele vai ou não vai aceitar psicografar meus livros.

— Jaqueline, por enquanto não precisa perguntar isso. Primeiro conclua o seu curso. No momento, torne-me mais íntima do médium para que ele também se torne íntimo seu.

— Tem razão! É o que irei fazer – concordei.

Despedi-me do meu orientador e me apresentei ao trabalho.

Fui selecionada para, junto com Roseilane, auxiliar uma moça encarnada que tinha dificuldades em escrever e estava cursando Jornalismo em uma universidade da cidade de Belo Horizonte.

Foi legal ir com Roseilane. Tinha um bom tempo que não íamos auxiliar alguém juntas.

Na casa da moça não encontramos o mentor ou mentora dela, mas sim um rapaz desencarnado que nos informou ser um amigo do passado que no momento velava pela moça. Ele nos disse que o mentor dela tinha saído fazia pouco.

A moça tinha três livros abertos a sua frente e, olhando para eles, rabiscava em umas folhas de papel. Sem conseguir transmitir o que queria, rasgava a folha e a atirava ao lixo. Eu a vi fazendo isso por cinco vezes. Então, aproximei-me dela e, sondando sua mente, descobri o que ela tanto queria passar para a folha de papel.

Ela não conseguia ordenar as idéias, colocá-las por prioridade e as ir escrevendo. A moça misturava as idéias e, quando tentava transmiti-las para o papel, não saía como desejava. Ela tentou escrever mais uma vez e percebi que o que escrevia não tinha o menor sentido. Rasgou a folha e a atirou ao lixo.

Roseilane, que também leu o que a garota escrevera, olhou para a ela, balançou a cabeça e disse:

— Coitadinha! Semelhante a mim, não tem o dom da escrita.

— Não tem mesmo – falou o rapaz desencarnado. – Antes de prestar vestibular para Jornalismo, os pais dela, alguns professores e alguns amigos lhe disseram que seria melhor ela prestar vestibular para outro curso. Mas ela disse para eles que iria mostrar ser capaz de cursar Jornalismo, e uma vez formada, escreveria matérias que deixaria todos admirados.

— Se ela disse isso, talvez consiga – falou Roseilane. – Só que vai ter de estudar muito.

— Aí é que está o problema. Ela não gosta de estudar muito, e tampouco de ler. Não gostando de ler, vai ser difícil para ela se tornar uma grande jornalista.

— Pode até ser difícil, mas impossível não será – mencionei.

Assoprei na moça e comecei a lhe sugerir pensamentos referentes a ordenar suas idéias. Ela assimilou com certa rapidez o que lhe passei mentalmente, mas, conforme pensava no que eu lhe sugeria, ela desanimava, acreditando ser muito trabalhoso escrever as idéias primeiro e depois começar a escrever sobre cada uma delas. Não desisti e continuei lhe sugerindo isso. Ela acabou fazendo como eu lhe sugeria, e após escrever um parágrafo contendo informações referentes apenas a uma idéia, sorriu e disse que a idéia que tivera sobre estudar daquela maneira tinha sido magnífica.

Eu fiquei com ela e fui ajudando-a a escrever e a encontrar um método de estudo que a auxiliasse a assimilar as matérias do curso, e que a fizesse se interessar por ele.

Roseilane se encarregou de incentivá-la a ler outros tipos de literatura que não apenas as direcionadas ao seu curso.

Deixando-a, ao chegar à Casa do Auxílio, na sala em que trabalhamos, fizemos anotações na pasta da moça.

Certo dia, ao irmos ao encontro dela, nós a encontramos com o seu mentor. Ele agradeceu pela ajuda que estamos dando a sua pupila.

O auxílio enviado até a moça fora solicitado por ele, que por ser um grande trabalhador do plano espiritual através dos seus méritos conseguiu o auxílio para sua protegida.

Para mim é bastante proveitoso estar auxiliando essa moça. Através das pouquíssimas aulas em que a acompanhei na universidade eu também aprendi muita coisa.

Após duas semanas de auxílio, ela começou a se interessar um pouco mais pelo curso e a dar uma melhorada em seus escritos.

Concluído o tipo de auxílio que eu e Roseilane fomos levar até ela, disse ao mentor da jovem e ao rapaz que a acompanhava que a nossa parte havia sido feita; dali em diante, ela precisaria continuar fazendo a parte dela.

O mentor e o rapaz nos agradeceram pela força que demos à moça. Na hora em que estava me despedindo, eu a beijei na fronte e assoprei sobre ela, fiz uma prece e pedi ao querido Deus para ajudá-la a se tornar uma boa jornalista.

Chegando à Casa do Auxílio, Roseilane me deu um beijo na testa, ao saber que o relatório para entregar a Demetrius já estava pronto e que só precisava passar a limpo. Ela disse que eu tinha sido muito espertinha ao escrever em meu bloco de anotações o auxílio levado à garota enquanto a estávamos auxiliando.

— Vendo sua dedicação a esse curso e como escreveu o relatório enquanto trabalhávamos, estou pensando em fazer esse curso que você faz. Talvez eu aprenda a escrever – falou Roseilane.

— Seria interessante se o fizesse, amiga. O curso é muito bom, e estou muito contente por cursá-lo.

Roseilane comentou que iria pensar e, deixando-me na sala passando a limpo o relatório, saiu.

Logo que terminei de passar a limpo o relatório, coloquei as anotações que tinha feito em meu bloquinho na pasta da moça e entreguei o relatório a Demetrius.

Deixando a Casa do Auxílio, fui para casa, peguei o material do curso, reli as anotações da última aula e, rememorando-as, parti para mais uma aula.

Na aula, começamos a estudar sobre como escrever o que outros espíritos nos relatavam.

Os professores nos falaram que é comum os espíritos, quando desencarnam, contarem suas histórias. Muitas delas são belíssimas e merecem ser conhecidas dos encarnados.

Prestei muita atenção às orientações dos dois professores e, conforme eles nos levavam a determinadas colônias e escutávamos relatos dos que nelas vivem, eu ia escrevendo tudo o que ouvia.

Para adquirir maior experiência, com a autorização de Demetrius e do médium Roberto Diógenes comecei também a escrever algumas histórias que ouvia dos espíritos, enquanto eles aguardavam o médium fazer o Evangelho no lar.

As aulas foram ficando cada dia mais interessantes, e a cada aula eu ia aprendendo a escrever melhor.

Como estava estudando as obras da codificação espírita, pedi a Demetrius para fazer um curso sobre a doutrina espírita. Meu orientador ficou pensativo e me relembrou que logo que concluísse o curso na Colônia A Casa do Escritor eu iria trabalhar dezoito horas por dia. Ele falou que iria verificar a possibilidade de eu fazer o curso que tanto desejo.

Passados três dias, Demetrius disse que tinha me matriculado no curso. Ele seria na colônia de estudo em que já tinha feito três cursos e iniciaria dentro de um mês. Agradeci a ele com um abraço e falei que ele é um excelente orientador e um grande amigo.

Demetrius, sorrindo, me disse que concorda que eu faça os cursos que eu peço porque eles realmente me ajudam e muito ajudam os outros.

Nas aulas desse curso, que já estou fazendo, começamos a estudar a maneira de nos aproximar dos médiuns e ditarmos para eles.

Os dois professores nos comunicaram que na aula seguinte iríamos visitar as casas espíritas e verificar o modo como alguns desencarnados ditavam e como os médiuns psicografavam.

Fiquei ansiosa esperando essa aula chegar.

CAPÍTULO 16

Casas espíritas

No dia em que iríamos visitar os médiuns psicógrafos, os dois professores nos deram duas horas de aulas teóricas. Concluídas essas aulas, eles nos passaram algumas instruções, e saímos todos volitados para a Terra.

Chegamos à capital paulista. Nossos professores nos dividiram em dois grupos. Eu fiquei no grupo do professor, e dirigimo-nos a uma casa espírita.

Fomos recebidos pelo mentor da casa. Ficamos hospedados na projeção espiritual que está acima da casa espírita.

Enquanto aguardávamos os trabalhos dos encarnados, o mentor nos mostrou o posto e nos apresentou aos escritores espirituais que iriam ditar capítulos de livros, poemas e mensagens.

Todos esses escritores são espíritos bem simples. Eles nos saudaram e nos desejaram muita sorte.

Um deles, que hoje é bem conhecido dos encarnados, ao saber qual o motivo da nossa visita nos disse:

— Quando eu fiz uma visita semelhante à de vocês, fui escolhido pelo professor para me aproximar de um médium. Logo que me aproximei do médium e fiz contato, ele perguntou o meu nome. Eu disse. Ele me mandou procurar outro médium, pois não queria de forma alguma psicografar comigo. Segundo ele, não iria perder seu tempo com um desconhecido. Ouvindo-o dizer aquilo, fiquei um pouco desanimado, mas logo depois estava em outra casa espírita. Fui rejeitado por quatro médiuns; no entanto, não desisti e consegui encontrar um médium que humildemente aceitou trabalhar comigo. Se acontecer o mesmo com vocês, não desanimem e continuem em busca de um médium, pois um dia o encontrarão, e ele com muita alegria aceitará psicografar seus trabalhos literários.

O mentor da casa nos avisou que os encarnados estavam chegando. Nós nos aproximamos do grupo mediúnico. Ouvimos um comentário que o dirigente do grupo fez após ter lido um trecho de *O Evangelho Segundo o Espiritismo* e, quando ele fez a prece de abertura dos trabalhos, nós nos concentramos e também rezamos, pedindo por aquele grupo e pelos desencarnados benfeitores da casa.

Cinco médiuns começaram a se concentrar.

O escritor espiritual que conversou conosco se ligou mediunicamente a um dos médiuns. Este, com os olhos fechados, começou mecanicamente a escrever em folhas de papel.

Dois outros médiuns também começaram a psicografar com os espíritos que trabalham com eles. Os outros dois, de olhos fechados e com lápis nas mãos, aguardavam que algum espírito lhes ditasse algo.

Perscrutando os pensamentos de um dos médiuns, o professor nos disse que ele se concentrava na entidade espiritual dr. Bezerra de Menezes, e insistentemente pedia para que esse espírito lhe ditasse uma mensagem.

O professor, ligando-se a esse médium, começou a lhe ditar uma mensagem. O médium foi escrevendo.

A mensagem ditada pelo professor é belíssima. O professor, por intermédio da psicografia do médium, assinou o seu nome no final da mensagem.

O médium leu a mensagem e, ao descobrir o nome do professor, a amassou e bem baixinho disse:

— Espírito atrevido! Não quero saber de você, não. Eu só quero psicografar mensagens do dr. Bezerra de Menezes. Vá embora daqui. Não quero saber de nenhum espírito desconhecido a me ditar mensagens. Se não for o dr. Bezerra de Menezes, não vou psicografar mensagens de nenhum outro espírito. Vá embora. Crie vergonha na cara e não me dite mais nada! Quero mensagens do dr. Bezerra de Menezes para que eu possa ficar conhecido e famoso entre os espíritas. Você me faça o favor de sumir de perto de mim!

Todos nós ficamos admirados com o que o médium disse.

O médium voltou a pedir mentalmente que o dr. Bezerra de Menezes se manifestasse e lhe ditasse qualquer coisa.

O professor pediu para que Diogo tentasse ditar algo para o médium.

Diogo aproximou-se do médium e ditou um poema, assinando seu nome.

O médium, ao ler o nome de Diogo, amassou a folha com violência e falou em voz alta:

— Hoje aqui só tem espírito atrevido. Vou falar, alto e bom som, para que me escutem. Desapareçam de perto de mim! Eu não quero nada com vocês. Eu, (o médium disse o seu nome), só vou psicografar se for com o ilustre dr. Bezerra de Menezes.

Ao ter falado em voz alta ele fez com que os outros médiuns se desconcentrassem. Rasgou o soneto que já tinha amassado e o atirou em um cesto de lixo. O dirigente encarnado do grupo o olhou e balançou a cabeça negativamente.

O escritor espiritual nos disse:

— Essas coisas acontecem. Confiem em Deus e não desanimem. Igual a esse médium encontrarão outros. Mas tenham confiança em Deus e continuem estudando com afinco. No futuro haverão de encontrar um médium que não colocará nenhum obstáculo pelo fato de vocês ainda serem desconhecidos.

Nós nos despedimos do escritor e do mentor da casa.

Eu fiz uma prece pelo médium que só quer mensagens do dr. Bezerra de Menezes, pedindo a Deus que o ajudasse a no futuro aceitar psicografar com um espírito desconhecido, pois o dr. Bezerra de Menezes com certeza já deve ditar suas mensagens através do médium que com ele tem grande afinidade.

Deixando aquela casa espírita, passamos em mais uma da capital paulista, uma da capital carioca, uma de uma cidade mineira e uma de uma cidade no Estado da Bahia. Apenas uma senhora de uma dessas casas acolheu com alegria a mensagem que uma amiga nossa lhe ditou. Essa senhora ficou tão alegre com a mensagem que a guardou cuidadosamente, e mentalmente conversou com a minha amiga, lhe dizendo estar muito grata por ela ter lhe transmitido tão linda mensagem.

Minha amiga ficou toda cheia e decidiu que no futuro iria procurar essa senhora e começar a ditar suas obras para ela.

Muitos dos médiuns que iniciavam o trabalho de psicografia, ou mesmo que já estão psicografando, realmente só desejam psicografar com espíritos conhecidos dos encarnados. Querem receber mensagens de Emmanuel, André Luiz, Joanna de Angelis e dr. Bezerra de Menezes. Eles anseiam por essas mensagens para se tornar famosos. Esquecem que não são eles que se tornam famosos, e sim os autores espirituais que nem mesmo estão preocupados com isso.

O professor nos reuniu no mesmo lugar da capital paulista onde chegamos. Encontramos o outro grupo que estava com a professora e partimos para a colônia de estudo.

Em sala de aula, os professores nos falaram sobre a experiência que tivemos e fizeram outros comentários referentes ao modo de escrevermos com os médiuns.

Na colônia em que moro, fiquei pensando sobre as diversas atitudes que vi os médiuns tomarem quando meus amigos se aproximam deles e eles não queriam nem saber de psicografar com eles.

Entrei na Casa da Prece e, durante alguns minutos, pedi a Deus para iluminar todos esses médiuns e os ajudar. Conversando com Deus através da prece, falei que compreendia alguns desses médiuns, pois eles, ao estarem encarnados, infelizmente ainda se mantêm presos ao desejo de se tornar famosos entre seus semelhantes, algo de que o verdadeiro espírita procura se manter afastado. No final da prece, pedi a Deus para ter piedade desses médiuns e os iluminar bastante.

Nós tivemos outras visitas a casas espíritas e às residências de alguns médiuns que psicografam. Pouquíssimos se dispuseram a trabalhar no futuro com autores espirituais desconhecidos. Dei graças a Deus por encontrar tais médiuns, pois eles me demonstraram estar trabalhando suas reformas íntimas e terem verdadeiro conhecimento da doutrina espírita.

Eu ainda não tinha sondado o médium brasiliense sobre ele aceitar psicografar comigo. Segui o conselho de Demetrius e deixei para me preocupar com isso só quando chegasse a hora em que tivesse de começar a ditar as obras.

No dia de ir à colônia iniciar o novo curso, a ela compareci muito empolgada. Estou muito interessada em estudar a doutrina. Quero estudá-la para poder verdadeiramente me inteirar da sua filosofia e, no futuro, saber como ajudar alguns médiuns no que se refere à doutrina, quando por eles for interrogada.

Eu tinha feito um curso sobre o plano espiritual quando ainda vivia na Colônia Bom Jardim. Nesse curso tive algumas aulas sobre o espiritismo e a doutrina. O curso me ajudou um pouco. No entanto, esse que hoje inicio é mais aprofundado e tem uma maior duração. Serão três anos de curso.

A professora Elisabeth é a mestra desse curso. Vendo-me entre os alunos, abraçou-me e disse estar muito contente em novamente ter-me como aluna.

Somos trinta alunos nsse curso.

A aula teve início. Recebemos um exemplar de *O Livro dos Espíritos*, e a professora Elisabeth começou a explicar o item I da introdução. Ela nos foi explicando de forma a prender minha atenção. Eu estava encantada com a explicação e de tudo que ouvia fazia anotações.

A primeira aula desse curso me deixou muito animada. Em casa, reli tudo o que anotara do que disse a professora, e também o item que nos foi explicado.

As aulas desse curso foram sendo ministradas, e a cada aula eu me interessava ainda mais pela doutrina espírita.

O curso na Colônia A Casa do Escritor estava chegando ao fim. Na última semana de aula, os professores nos pediram para escrevermos algo de nossas vidas e lhes entregar como avaliação.

Eu escrevi sobre a minha chegada ao plano espiritual, a minha acolhida pelos bondosos espíritos e o amor e a atenção que estou recebendo desde então. Fui elogiada pelo que escrevi, e os professores me disseram que eu estava apta a ditar livros para os encarnados. Fiquei satisfeita comigo mesma ao ter escutado eles dizerem isso, pois concluí que o meu esforço tinha valido a pena.

Na formatura, além de Demetrius, Sulamita compareceu e foi a oradora da solenidade. Ela nos falou sobre a responsabilidade que os autores espirituais devem possuir e nos alertou que, embora tivéssemos concluído o curso, todos nós devemos continuar estudando. Só assim, instruindo-nos cada vez mais, no futuro, quando estivéssemos ditando aos encarnados, teríamos a certeza de estar contribuindo para o crescimento deles e o nosso.

Após o discurso de Sulamita, recebemos certificados e exemplares de romances espíritas já conhecidos dos encarnados.

Tive duas semanas de folga, que aproveitei para visitar meus familiares encarnados em Goiânia, participar do Evangelho no lar na casa do médium de Brasília, visitar os garotos desencarnados que tinham sido resgatados da cidade dos padres, visitar outros desencarnados a quem eu tinha prestado algum auxílio — encarnados que também tinham recebido ajuda da Casa do Auxílio por meu intermédio —, passear pelo jardim, visitar meus amigos da Colônia Bom Jardim e me divertir com as divertidas gracinhas de Caius Lucius, que me faziam dar gostosas gargalhadas e me deixam de bem com a vida.

Após essas duas semanas, comecei a trabalhar dezoito horas por dia na Casa do Auxílio. Trabalhava dez horas. Ia para o curso sobre a doutrina espírita cujas aulas duram três horas. Voltava a trabalhar mais oito horas na Casa do Auxílio e depois descansava três horas.

Durante meu horário de trabalho, comecei a levar auxílio, sempre acompanhada por Demetrius, Sulamita ou Caius Lucius. Percebi que eles pareciam estar me preparando para alguma coisa.

Quando eu concluía algum auxílio a um encarnado e contava ainda com algumas horas que não tinham sido utilizadas no auxílio, utilizava-as para ficar nas cidades terrenas e ajudar outros encarnados, que, por seus pensamentos, eu descobria estarem necessitando de algum tipo de auxílio.

Demetrius, ao saber o que eu estava fazendo, aprovou minha atitude. Com a aprovação dele, iniciei o propósito de com a graça de Deus auxiliar todos os que eu pudesse.

Eu tinha aprendido que um trabalhador da Casa do Auxílio tem de estar sempre atento a todos e a tudo. Pois, como alguém apto a prestar auxílio a qualquer momento, deve fazê-lo sempre que surgirem ocasiões em que possa ser útil. Eu tinha guardado na memória as sábias palavras de Demetrius, quando um dia me disse que o verdadeiro trabalhador da messe do Cristo está sempre com as ferramentas do trabalho em mãos. As ferramentas que ele utiliza são o amor, a caridade e a completa dedicação aos necessitados.

Conforme as aulas sobre a doutrina espírita iam se intensificando, eu procurava me dedicar com maior ímpeto ao curso. Também me dedicava para colocar em prática o que aprendia com a professora Elisabeth.

Determinado dia, fui convocada à sala do diretor Lucius, que me informou que a Colônia São Tarcísio, através da Casa do Auxílio e dos seus trabalhadores, iria pelo período de um ano dar assistência a muitas casas espíritas. Da equipe em que atuo, eu tinha sido designada para levar esse auxílio.

Começou então minha peregrinação pelas casas espíritas brasileiras. Eu sempre prestava algum auxílio a elas, acompanhando Demetrius, Sulamita ou Caius Lucius.

Percebi que todas as construções espirituais que ficam acima das casas espíritas são organizadas, e os benfeitores que assistem essas casas trabalham muito unidos e sempre com sorrisos nos lábios. Foi com tristeza que notei que algumas casas espíritas não são muito organizadas, e alguns encarnados que delas fazem parte infelizmente ainda não trabalham unidos.

Do lado espiritual, assisti a diversos desentendimentos entre os médiuns, e sempre procurava ajudar nesses momentos. Ficava sempre pensativa ao perceber que determinados médiuns, por mais conhecimentos que possuíssem referentes à reforma íntima, não se empenhavam nela. Mais pensativa ficava ao perceber que esses que tanto conhecimentos tinham eram os que falavam para os outros iniciarem a reforma íntima, e continuavam retardando a sua. Ao encontrar esses tipos de médiuns, sempre lhes dou um passe e faço preces por eles.

Certa ocasião, estava em uma casa espírita de determinado Estado brasileiro. A ela chegando com Demetrius, fomos muito bem acolhidos pelos trabalhadores espirituais. Lá estávamos para auxiliar o mentor da casa em relação a um desentendimento entre os diretores dos diversos departamentos.

O mentor nos informou que alguns diretores se ocupavam de criar pequenas filiais da casa. Eles compravam terrenos em algumas partes da cidade e abriam uma pequena extensão da casa. Alguns deles eram nomeados presidentes dessas casas, no entanto, quem verdadeiramente fazia o trabalho que a eles competia eram outros, que, embora não fossem presidentes nem diretores de nada, humildemente trabalham com amor. Os diretores não viam com bons olhos o trabalho que esses outros faziam, pois, ao comparecerem às filiais das casas, seus nomes raramente eram mencionados. As pessoas que buscam o atendimento da casa sempre falavam dos que nela os recebiam com amor e lhes davam atenção.

Os diretores não estavam conformados, queriam que todos soubessem que eles é que eram os responsáveis por aquelas filiais e desejavam que seus nomes fossem conhecidos por todos que as freqüentam. Eles sugeriram ao presidente para convidar os que trabalham nas filiais da casa e pedir-lhes para procurarem outras casas espíritas, ou então começarem a divulgar seus nomes pelas casas. O presidente da instituição não concordava com isso; para ele era muito melhor a casa contar com trabalhadores que realmente vestiam a camisa da doutrina do que deixar as filiais fechadas com os nomes desses diretores pregados na parede. Os diretores não concordavam com o ponto de vista do presidente, e pretendiam eles mesmos mandar os bons trabalhadores se retirarem.

O mentor daquela casa nos deu outras informações.

Eu e Demetrius a tudo ouvíamos, atentos. Fomos convidados pelo mentor a conhecer a casa espírita e as outras filiais. Depois da visita, Demetrius fez uma prece.

Em seguida, fomos para a sala na qual os diretores da casa iriam se reunir. Antes de a reunião começar, nós espalhamos no local bons fluidos e ficamos aguardando. Enquanto isso, Demetrius permanecia em prece. Eu fiz o mesmo.

Os diretores encarnados entraram. Rezaram e começaram uma reunião muito tensa. Não concordavam com a opinião do presidente. Segundo eles, era necessário que seus nomes fossem conhecidos, sim, pois eram eles que contribuíam com as despesas financeiras das filiais. Portanto, tinham o direito de ver seus nomes proclamados.

— Meu Deus! Que pensamento eles têm! – falei a Demetrius.

Eu e Demetrius começamos a nos aproximar dos diretores e lhes sugerimos que pensassem no que a doutrina apontava referente à humildade e ao tratamento com os irmãos. Através de seus pensamentos, lhes fazíamos perceber que a verdadeira caridade também está em aceitar o ponto de vista do outro e não querer que apenas o seu ponto de vista esteja correto.

Nós os ajudamos, e a reunião que estava tensa foi ficando mais amena.

Eu e Demetrius acompanhamos os diretores dos departamentos dessa casa espírita durante um mês e, com o esforço deles, dos seus mentores espirituais e a ajuda de Deus, conseguimos prestar-lhes auxílio. Eles acabaram percebendo que seus nomes não são mais importantes do que a caridade praticada aos irmãos.

Muito aprendi nesse auxílio. Através dele, comecei a conhecer um pouquinho os espíritas e, conhecendo-os, cresceu ainda mais em mim o desejo de ajudá-los.

As visitas às outras casas espíritas e o auxílio levado a elas continuaram. Junto com Sulamita e Caius Lucius em visita a essas casas espíritas, eu também muito aprendia.

Cada visita a uma nova casa espírita é uma oportunidade de aprendizado. Encontrei médiuns de corações muito bons. Médiuns que, com seus exemplos, demonstram serem verdadeiros espíritas e com muita humildade conseguem colocar em prática o que a teoria da codificação lhes pede, não ficando presos apenas à teoria e citando-a aos outros sem colocarem-na em prática.

Infelizmente, também encontrei alguns médiuns que sabem os livros codificados de ponta a ponta. São até mesmo capazes de falar em que livro da codificação determinado capítulo se encontra e o que diz tal capítulo. Mas, embora tenham as obras codificadas em suas memórias, eles as vivem apenas para as letras, não conseguem colocar em prática o que as obras apontam referente aos comportamentos do verdadeiro espírita. Para eles, ter conhecimento delas é importante, mas, quanto a colocar em prática o que sabem, infelizmente eles não consideram assim tão importante, e acabam se melindrando quando vêem outros praticando. Descobrindo esse tipo de médiuns, eu, que havia sido católica em minha última encarnação, decidi, após o trabalho de auxílio às casas espíritas, pedir para continuar a auxiliá-los mesmo quando estivesse em outros tipos de auxílio.

Eu sempre me divirto muito quando visito uma casa espírita em companhia de Caius Lucius. Ele chega fazendo a maior festa, cantando e dançando, sempre caracterizado de uma forma diferente. Uma ora se apresenta como roqueiro, outra, como bailarino, como cantor de música sertaneja, como anjo com harpa na mão e auréola na cabeça e sem asas. Todos os trabalhadores espirituais da casa acorrem à porta para vê-lo chegando. Caius Lucius brinca com cada um deles, abraça-os e sempre diz algo que os faz sorrir. Os mentores das casas espíritas adoram as visitas dele e sempre pedem para que ele as visite de novo.

Caius Lucius, ao entrar nas casas espíritas, passa em todos os departamentos e aplica passes em todos os encarnados que encontra. Ele ama ficar na sala da evangelização e, quando determinada criança não se comporta direitinho, ele se aproxima, assopra sobre ela e fica conversando com ela através do pensamento da criança. Percebi que quando ele faz isso, a criança se acalma e começa a prestar atenção ao que a evangelizadora está dizendo.

O que me chamava a atenção nessas visitas era que alguns mentores das casas entregavam a Caius Lucius, quando ele estava indo embora, nomes e endereços de crianças ou até mesmo de jovens e adultos para que ele fizesse uma visita a suas residências e os ajudasse.

Caius Lucius lia esses nomes e me dizia:

— Jakalina, vamo visitar esses fiínhos di Deus e judá-los bastante. Si tiver algum imãozinho disincarnado necissitado de ajuda, nóis juda ele. Vamo simbora, porque quem tá sufrendo tem pressa di si vê livre do sufrimento.

Eu acho lindo ele dizer isso. Tão pequenino e tão preocupado em auxiliar muita gente...

Nós vamos até as casas dos encarnados cujos nomes e endereços foram entregues a Caius Lucius e, na medida do possível, os ajudamos.

Sulamita é outra que, ao chegar às casas espíritas, tem todas as portas abertas para ela. Ao se sentar com os mentores das casas e se inteirar do andamento dos trabalhos, Sulamita se reúne com os trabalhadores espirituais da casa e conversa com todos eles. Esses lhe pedem orientações e deixam aos cuidados dela diversos pedidos de encarnados; muitos desses pedidos são para ela auxiliar em questões de ordens judiciais. Sulamita recebe os pedidos com carinho e lhes diz que, após consultar os espíritos superiores e receber deles as determinações de Deus, colaborará conforme a santíssima vontade de Deus e o merecimento de cada um dos encarnados.

Notei que Sulamita dá uma atenção especial a cada pedido. Ela tem um jeitinho todo especial para ajudar alguns encarnados que estão desempregados a encontrar emprego. Vai até o encarnado, sonda qual a profissão dele e em seguida parte para diversas empresas e lojas. Sulamita, ao chegar, conversa com os espíritos encarregados pelo bom andamento das empresas e lojas e verifica a possibilidade de eles cooperarem com o irmão que está desempregado. Depois, vai até o trabalhador da casa espírita que lhe entregou o pedido e fala para ele ajudar o encarnado a ir até a empresa ou loja em questão.

É lógico que nem todos que são orientados a ir às empresas e lojas conseguem o emprego, mas eu percebi que muitos, ao serem orientados pelo trabalhador espiritual que intercedeu por eles, ao se dirigirem às empresas e lojas e confiarem que encontrarão uma vaga conseguem colocação.

Espero que os leitores que lêem esta obra não confundam Sulamita com nenhum santo da Igreja Católica e comecem a enchê-la de pedidos para conseguir empregos e outras coisas. Sulamita é apenas um espírito que bondosamente tem auxiliado os encarnados através dos pedidos que seus espíritos protetores lhe fazem. Lembrem-se de que pedir não é errado. Todo pedido feito a um espírito da alçada de Sulamita é analisado pelo plano espiritual, e aquele que o fez recebe uma resposta. Pode ser que a resposta não seja a que ele queria, mas uma resposta ao seu pedido sempre lhe será endereçada.

Certa vez Sulamita me disse que para o encarnado ou desencarnado receber uma resposta positiva a determinado pedido é necessário que ele se empenhe para que a sua resposta seja realmente positiva. É necessário que ele não fique de braços cruzados esperando que os espíritos tudo façam por ele. Os espíritos conseguem ajudar muito mais rápido quando quem pede também começa a se ajudar. Se ela disse tal coisa, vocês, encarnados que almejam pedir alguma coisa tanto a Sulamita quanto a qualquer espírito, devem começar a se ajudar, pois a ajuda vinda da Casa do Auxílio ou de qualquer outra parte do plano espiritual chegará até vocês sem que a percebam.

Demetrius também é outro que, ao chegar às casas espíritas, pára e escuta a todos. Ele sempre fica conversando durante um longo tempo com os mentores das casas. Os mentores o escutam e acatam seus conselhos e orientações. Demetrius, ao escutar os trabalhadores espirituais da casa, costuma acompanhá-los até o irmão encarnado ou desencarnado que o trabalhador pediu para Demetrius auxiliar. Chegando até o encarnado, Demetrius faz o que está ao seu alcance para ajudar a ele e toda a sua família. Ele com carinho auxilia a família inteira, porque segundo ele, esta estando feliz todos os que fazem parte dela permanecem felizes. Quando se aproxima de um desencarnado, Demetrius tudo faz para mostrar o quanto esse desencarnado é querido e o quanto é amado por ele e pelo trabalhador que intercedeu a seu favor.

Demetrius nutre um carinho todo especial pelos livros espíritas. Ele inclusive auxilia muitas editoras. Vive passando orientações vindas dos espíritos das esferas altamente sublimadas aos benfeitores de algumas dessas empresas, orientações que os benfeitores passam aos encarnados responsáveis por elas. Demetrius se preocupa tanto com as editoras que, logo que um pedido de auxílio chega à Casa do Auxílio ou até ele vindo de uma editora, parte imediatamente até ela e tudo faz para ajudar.

O meu orientador também tem um carinho todo especial para com os dirigentes encarnados das casas espíritas. Ele sempre os auxilia porque diz que um dirigente é responsável pelo bom andamento da casa e, sendo responsável, deve ser o primeiro a dar o bom exemplo. Como dar bons exemplos não é nada fácil, ele fica próximo a eles, ajudando-os a tentar, na medida do possível, praticar bons exemplos.

Demetrius também se preocupa com cada encarnado que faz parte da casa espírita e, velando pela felicidade desses encarnados, está sempre conversando com seus mentores e lhes passando diversas dicas sobre como contribuir com o crescimento dos seus pupilos. Vendo toda a dedicação que Demetrius dá aos desencarnados e encarnados, concluí que ele deve ter aprendido muita coisa boa com o anjo Lugiel ao ter estado reencarnado ao lado desse anjo por três vezes.

Em uma das visitas que fiz com Demetrius, ao observar que muitas casas possuem o mesmo espírito como mentor espiritual, indaguei-lhe:

— Demetrius, muitas são as casas espíritas brasileiras que possuem o mesmo mentor espiritual. Algumas realizam os trabalhos no mesmo dia e mesmo horário. Como o mesmo mentor faz para estar presente a todas, sendo que são várias as casas onde os trabalhos coincidem?

— Jaqueline, um espírito já bem conhecido pelos encarnados, como é o caso de Emmanuel, André Luiz, dr. Bezerra de Menezes e outros, trabalha com uma boa equipe espiritual. Um dos componentes da equipe deles permanece nessas casas como uma espécie de segundo mentor, que cuida da casa em nome do mentor. E ao perceber que em determinado dia a presença do mentor é essencial na casa, ele o convoca para nela comparecer. O mentor também costuma comparecer em dias que não foi convocado e conversa com todos os trabalhadores espirituais da casa, passando-lhes orientações. Ele costuma conversar com os encarnados dirigentes através de um dos médiuns de psicofonia da casa. Embora seja um, o mentor, através dos espíritos que trabalham em sua equipe, está sempre presente ao mesmo tempo nas casas espíritas que o elegeram como protetor.

Após ouvir a explicação de Demetrius fiquei pensando e imaginando o quanto os mentores espirituais das casas espíritas se desdobram em trabalho.

Através das visitas e do trabalho nas casas espíritas, da dedicação de Demetrius, Sulamita, Caius Lucius e de tantas outras entidades que colaboram com o crescimento dos que seguem a doutrina espírita, bem como através do curso que faço sobre a doutrina espírita, descobri que os encarnados que seguem essa doutrina e que trabalham suas reformas íntimas são muito abençoados. Pois, por terem conhecimentos referentes ao plano espiritual, trabalhar com os espíritos que só querem seu crescimento e estar sempre praticando a caridade, eles tudo possuem para viver felizes e para um dia serem felizes no plano espiritual.

CAPÍTULO 17

Namorando

Um dia em que estava de folga comecei a andar pelo jardim. Esse dia coincidia com a folga de muitos trabalhadores da Casa do Auxílio.

Sentada num banco, vi diversos casais entrando na Casa dos Encontros e sentados na varanda conversando romanticamente. Desejei estar entre eles com Rodolfo e ao seu lado estar muito feliz. Mas eu e ele raramente nos encontrávamos. Não conseguíamos encontrar um momento só para nós. Sempre que estávamos juntos era a trabalho ou a estudo.

Levantei-me do banco e comecei a caminhar pelo jardim, pensando em meu Rodolfo. Ele fisicamente é muito simpático. Os olhos azuis contrastando com seus cabelos negros e compridos o deixam muito charmoso. Ele é muito gato. Eu realmente o amo.

Olhei em direção à Casa dos Encontros mais uma vez e cabisbaixa decidi ir embora.

Antes disso, porém, Demetrius veio em minha direção e sorriu. Convidou-me para dar uma volta e eu novamente comecei a caminhar pelo jardim.

— Por qual motivo caminhava cabisbaixa, minha amiga? – indagou Demetrius.

— Eu estava pensando no amor e o quanto esse sentimento nos deixa alegres e nos transforma por completo.

— O amor é um lindo sentimento. Ele se torna mais lindo quando aqueles que se amam permitem que ele os contamine por completo e que, ao se lançarem um nos braços do outro, ambos se emocionem por desfrutar momentos encantadores – disse Demetrius.

Fiquei pensando no que me disse. Com os olhos marejados de lágrimas, desejei ter esses momentos encantadores ao lado do espírito que me completava. Embora desejasse, sabia que seria muito difícil ter esses momentos. Nossos caminhos, por mais que estejam interligados, nos fazem trilhar estradas diferentes. Senti um aperto no coração. Tive a impressão de que muito demoraria a ter encontros amorosos com Rodolfo.

Vendo que meus olhos estavam marejados de lágrimas, Demetrius sentou-se em um banco e convidou-me a sentar também. Em seguida, ele falou:

— Jaqueline, não permita que seu coração a faça sofrer por alguém que já lhe pertence. Você ama Rodolfo, ele a ama, e é isso o que importa. O fato de ainda não terem momentos para namorar e para estar sempre unidos na verdade não os distancia, mas os une cada vez mais. Porque o fato de estarem vivendo próximos um do outro e não se encontrando faz com que o amor que sentem cresça bastante e gere em seus corações a certeza de que é verdadeiro.

— Mas por qual razão todos os outros que aqui vivem têm momentos em que estão sempre juntos daqueles que são suas almas gêmeas, e eu e Rodolfo não? – perguntei para ver se com sua resposta ele me ajudava.

— Você e Rodolfo ainda não possuem esses momentos porque, quando eles surgem, vocês dois preferem utilizá-los para serem caridosos com os seus irmãos. Com certeza, doando-se tanto aos irmãos em momentos que poderiam estar juntinhos, vocês demonstram através de suas atitudes que seu amor é tão lindo e tão grandioso que não querem vivenciá-lo apenas entre os dois. Assim, levam-no a outros que ainda não amam, e esses, ao receberem parte do amor dos dois, começam a amar também. Desse modo, você e Rodolfo continuam se amando e sendo felizes, porque parte do amor que os une está unindo outros e fazendo-os felizes também. – Demetrius olhou-me e sorriu.

Fiquei encantada com a explicação dele. Isso jamais me tinha passado pela mente. Mesmo tendo ouvido algo tão bonito, porém, continuei ansiando por ter pelo menos um momentinho junto com o meu amado.

Demetrius levantou-se e disse:

— Irei agora até onde Rodolfo se encontra e o substituirei no auxílio de que ele estiver encarregado. Pedirei a ele para vir aqui se encontrar com você, e então poderá ter um instantinho ao lado dele. Aproveite bem esse momento e seja muito feliz.

Antes que eu pudesse dizer algo, Demetrius saiu volitando.

Fiquei pensando no que ele estava fazendo por mim e cheguei à conclusão de que o meu orientador só deseja o meu bem e quer me ver muito feliz.

Passados cinco minutos da partida de Demetrius, vi Rodolfo todo sorridente vindo em minha direção.

Ele ao chegar segurou minha mão direita e a beijou; depois me beijou a face e ficou ao meu lado. Ele me olhava e eu o olhava sem dizermos absolutamente nada. Nossos olhares revelavam o sentimento que naquele instante tomava conta do nosso coração.

Rodolfo convidou-me para irmos à Casa dos Encontros. De mãos dadas, seguimos. Eu caminhava toda satisfeita, meu coração parecia que iria sair do meu peito de tão acelerado que estava.

Chegando à Casa dos Encontros cumprimentamos os casais que encontramos. Sentamo-nos bem coladinhos e começamos a conversar sobre assuntos da colônia e do nosso trabalho.

Eu estava um pouco tensa. Era a primeira vez que me encontrava ao lado do espírito que muito me é caro. Eu ficava olhando Rodolfo com aquele olhar de peixe morto, desejosa de que ele parasse de falar assuntos que já eram do meu conhecimento e começasse a falar assuntos que me fizessem corar.

Rodolfo, observando que eu apenas o escutava e nada dizia, segurou as minhas duas mãos e, aproximando seu rosto do meu, disse:

— Jaqueline, eu a amo com todo o meu coração. Você é muito especial para mim. Muito especial mesmo. Eu a amo, minha querida!

— Eu também o amo, Rodolfo! Creio que o amo até mais do que imagino.

Rodolfo abraçou-me e senti seu nariz roçando no meu. Fechei os olhos e ele me beijou.

O nosso beijo foi puro e sem malícia. E naquele instante percebi que havia muito o amava, e que Deus e muitos espíritos nos abençoavam.

Quando senti que Rodolfo afastara os lábios dos meus, abri os olhos e fiquei toda sem jeito. Eu não sabia o que lhe dizer, apenas queria que voltasse a me beijar. O beijo que me tinha dado me causara um enorme bem.

Rodolfo sorriu, e eu fiquei encabulada.

O amado do meu coração começou a falar o que eu tanto aguardava, e, ouvindo-o dizer coisas românticas, eu ficava toda vermelha. Não estava acostumada a namorar. Agora que o fazia, não sabia o que dizer.

Fiquei ouvindo o meu amado durante alguns minutos. Estava encantada com o que ele me dizia, com a forma como me olhava, com o jeito como segurava minhas mãos, com seu sorriso. Eu estava encantada com tudo. Encantada e completamente feliz.

Olhei para outros casais que estavam na sala e percebi que algumas mulheres e alguns rapazes demonstravam estar sentindo o mesmo que eu.

De repente uma música suave se fez ouvir. Rodolfo levantou-se e convidou-me para dançar. Os outros casais fizeram o mesmo.

Comecei a dançar. Dançando, agradeci a Deus por fazer com que nós, espíritos, compreendêssemos o amor em sua real essência e, semelhante aos encarnados, também o desfrutássemos aqui no plano espiritual.

Quando a música chegou ao fim, nós começamos a conversar com os outros casais. Todos, através da conversa, demonstravam estar muito felizes. Nós saímos da Casa dos Encontros e fomos caminhar pelo jardim.

Cada casal seguia por uma parte do jardim. Eu e Rodolfo caminhávamos de mãos dadas e vez ou outra eu dava uma risadinha ao escutar um galanteio dele.

Sentamo-nos em um dos bancos. Rodolfo beijou minha fronte e olhando-me dentro dos olhos disse:

— Jaqueline, vamos juntos fazer uma prece e agradecer a Deus por nos ter proporcionado a graça de compartilhar momentos tão agradáveis.

Nós dois fizemos a prece. Eu, com todo o meu coração, agradeci a Deus por tudo e pedi-Lhe que abençoasse Demetrius, que devido ao seu desprendimento fora o responsável pelo nosso encontro amoroso.

Concluída a prece, Rodolfo levantou-se e começou a olhar para o céu. Fiquei de pé e o abracei pelas costas. Ele sorriu e levantou-me no ar. Que alegria senti! Quando ele me colocou no chão, olhou-me de uma forma que pareceu que queria me dizer algo muito importante. Ele sentou-se no banco e nada disse.

Nesse instante, meu coração alertou-me. Com certeza, o que ele queria me dizer iria mexer comigo. Sentei-me e fiquei em prece, já me preparando para o que iria ouvir.

Rodolfo segurou minhas duas mãos e, com o dedo indicador da mão direita, fez um carinho nelas.

— Querida Jaqueline, os responsáveis pela nossa colônia me selecionaram para ser recruta em um império no Umbral. Um espírito portador de muitos conhecimentos há séculos agrupou algumas cidades e vilas do Umbral e as domina com punho de aço. Ele se autodenomina imperador, e assim é conhecido no Umbral. Através dos seus generais, que o obedecem cegamente, esse espírito tem causado muito mal a encarnados e desencarnados. A nossa Casa do Auxílio foi escolhida para começar a auxiliar os espíritos que vivem escravizados nesse império. O meu trabalho nas cidades dominadas pelo imperador consiste em me juntar ao exército dele e começar a ajudar os irmãozinhos que muito sofrem. Estando em contato com eles, farei com que se recordem de Deus e do grande amor que o nosso bondoso Pai tem por eles.

Rodolfo fez uma pausa e em seguida continuou:

– Enquanto lhes falar de Deus, eu os ajudarei, e assim que eles se mostrarem arrependidos eu e outros que estarão fazendo o mesmo trabalho que faço os recrutaremos para o serviço de Deus e os levaremos para uma colônia onde começarão a ser tratados como filhos de Deus, e não mais como escravos. É um trabalho que me deixará bem distante de você, pois não poderei ficar me ausentando do império para vir encontrá-la na colônia, e você não poderá ir até lá me ver, porque, se for, o imperador, que tem muitos conhecimentos, certamente sentirá sua vibração. Embora sinta sua vibração, ele não poderá vê-la, e por não vê-la e não tendo como escravizá-la, castigará muitos por acreditar que um deles está tentando se rebelar, e assim rezou e pediu ajuda para Deus.

— E você não será descoberto devido a sua vibração? – indaguei, muito preocupada com ele.

— Não serei. Logo que eu e Roseilane fomos selecionados para esse trabalho, nos preparamos, e devido aos estudos que tivemos e a tudo que aprendemos o imperador e os seus generais não terão como desconfiar que eu, ela e outros de outras colônias, que também foram preparados, lá estaremos para recrutar aqueles que ele maltrata. Nós também teremos nosso trabalho monitorado pela nossa Casa do Auxílio e, caso aconteça algo muito grave, imediatamente receberemos ajuda, ou então retornaremos à nossa verdadeira vibração e, volitando, deixaremos o império e regressamos à nossa colônia.

— Quanto tempo você ficará nesse império?

— Ficarei até o dia em que o império deixar de existir.

— Então irá demorar muito, Rodolfo. Vamos ficar muito distantes e muito tempo sem nos ver. Logo agora que começamos mesmo a namorar, teremos de nos separar. Que coisa! – Levantei-me e, virando as costas para Rodolfo, deixei que uma lágrima descesse por minha face.

Pouco tempo atrás eu estava em seus braços, toda contente por finalmente estar vivenciando o nosso romance e tecendo planos para voltarmos a namorar na Casa dos Encontros, ou em outra parte da colônia, e de repente, em questão de minutos, descubro que meus planos teriam de ser adiados por um período indeterminado.

Deixei que outra lágrima rolasse por meu rosto e, olhando para o céu, pedi a Deus que me desse força para suportar a separação sem demonstrar a ninguém que ela me causava dor.

Rodolfo levantou-se e, tocando em meu ombro, me fez virar e olhar para ele.

— Jaqueline, não vamos ficar muito distantes. Quem ama nunca fica distante da pessoa amada, porque a carrega sempre em seu coração. E, ao sentir saudade de quem se ama, busca-a dentro do coração, e encontrando-a começa a relembrar os momentos felizes ao lado dela. Ao relembrar, a sente muito perto de si e assim não ficam tão distantes.

Eu o abracei com carinho e o beijei na fronte.

— Quando você e Roseilane partirão? – perguntei.

— Dentro de uma semana.

— Já? Pensei que fossem demorar um pouco.

— Eles partirão dentro de uma semana porque os outros recrutas de outras colônias também partirão dentro desse prazo. Os recrutas se encontrarão em um posto de socorro que fica nas proximidades do império, e ao se conhecerem e receberem outras instruções começarão a recrutar para Deus os seus filhos pródigos – falou Demetrius, que havia chegado sem que eu o tivesse visto.

— Conversei com Lucius e Sulamita, e decidimos que você e Rodolfo terão licenças de uma semana nos trabalhos da Casa do Auxílio, Jaqueline. Aproveitem essa semana para ficar juntos e namorar um pouco mais. Espero que tenham gostado dessa nossa decisão – disse Demetrius, sorrindo.

Eu e Rodolfo o abraçamos ao mesmo tempo. Demetrius é verdadeiramente um grande amigo.

— Suas licenças começam a partir de agora. Aproveitem bastante. Juízo os dois! – Sorrindo, deixou-nos no jardim.

Namoramos um pouco mais e depois retornamos para nossas casas.

Durante a semana, Rodolfo me levava e me buscava todos os dias na colônia onde estudo. Passeávamos pelo jardim, namorávamos comportados na Casa dos Encontros. Visitávamos nossos amigos nas colônias onde eles moravam e volitávamos até a Terra, para ficar namorando nas praias de algumas cidades litorâneas do Brasil.

Foi uma semana encantadora. Nela, vivi momentos que me fizeram feliz, muito feliz mesmo.

No dia em que Rodolfo e Roseilane partiram, eu os levei até o posto de socorro, onde eles encontraram os outros trabalhadores. Ao me despedir do meu amado, o beijei nos lábios e lhe desejei muita sorte. Abracei minha amiga Roseilane e falei para ela que tudo iria dar certo e que ela, Rodolfo e os outros recrutas fariam um lindo trabalho.

Voltando à minha colônia, caminhei pelo jardim e, feliz, comecei a recordar os lindos momentos que passei em companhia do meu amado.

CAPÍTULO 18

No convento

Os dias foram passando e a saudade que sentia de Rodolfo tornou-se amena, pois sempre que ela batia recordava-me de suas belas palavras e o buscava em meu coração. Sentia que nele meu amado vive, e me causa grande alegria ao saber o quanto ele também me ama.

O trabalho de auxílio continua a todo vapor. Nossa colônia a todo instante recebe pedidos de ajuda das colônias filiadas e dos encarnados filiados a ela.

Certo dia analisava algumas pastas na sala onde trabalho na Casa do Auxílio, quando Sulamita entrou e me disse que eu havia sido escolhida para com ela levar um auxílio a um convento localizado em uma grande capital brasileira.

Partimos e, ao chegar, sentimos vibrações pesadíssimas. O local tinha sido infestado por irmãos desencarnados com maus propósitos.

Fomos até a capela do convento. Vimos uma noviça rezando. Sulamita disse-me que ela, com suas preces em favor do convento e das religiosas, fora a responsável por nós duas estarmos lá.

Ao lado da noviça encontramos uma religiosa desencarnada. Ela nos abraçou e falou que estava sendo difícil conseguir ajuda para sua pupila, pois irmãs do plano inferior tinham dominado algumas religiosas, e estas, por vibrarem na faixa delas, estavam infernizando a vida da pobre noviça.

Nesse momento, uma religiosa encarnada de cara fechada entrou na capela e gritou com a noviça:

— Está fazendo o que aí parada? Tem muito serviço para você fazer. O refeitório está todo sujo, a grama precisa ser aparada, os banheiros precisam ser limpos, a horta tem de ser regada. Vamos! Levante-se e vá ao trabalho. Aqui não é lugar para vagabundas. Se quiser ficar sem fazer nada volte para a casa dos seus pais. Agora não é hora de rezar. Reze apenas nos horários em que todas nós rezamos. Ao trabalho sua imprestável!

A noviça levantou-se e, pegando materiais de limpeza, foi até o banheiro. Enquanto o limpava, a religiosa, da porta, ficava lhe chamando a atenção, dizendo que determinada parte não estava limpa. A noviça começou a fazer preces, e a irmã, percebendo que os movimentos dos lábios da noviça indicavam que ela estava rezando, falou:

— Pare de rezar tanto e concentre-se no trabalho. Já lhe disse para rezar quando estiver na capela junto com as outras religiosas.

A irmã pegou a sujeira dos cestos que a noviça já tinha recolhido, esparramou tudo no chão, mandou-a recolher e depois limpar o banheiro muito bem limpo. Resmungando, a irmã se retirou dali.

A noviça recolheu o lixo e, ajoelhando-se, começou a chorar e a fazer preces.

Escutando sua prece, fiquei emocionada ao descobrir que ela pedia a Deus para lhe dar muita paciência e para ajudá-la a não ter nenhum sentimento negativo pela irmã que não lhe dava sossego.

Interrogada por Sulamita, a freira desencarnada, que é a mentora da noviça, nos disse que a irmã começou a perseguir a noviça desde que ficara responsável pela formação dela[16]. A noviça estava dando bons exemplos, e essa religiosa se incomodava ao ver que a jovem, através dos seus exemplos, mostrava a ela e às demais freiras do convento como verdadeiramente uma religiosa deve se comportar.

Segundo a mentora da noviça, a religiosa infelizmente possuía algumas tendências que são contra a natureza humana. Determinado dia,

---

[16]Uma jovem, ao ingressar em um convento, passa por várias etapas de formação até conseguir fazer os votos religiosos e se tornar uma freira. Essas etapas costumam durar alguns anos (NAE).

quando a noviça estava dormindo, ela entrou nos aposentos da noviça e tentou se aproveitar da inocência da moça. A noviça gritou, e seus gritos despertaram outras religiosas. A que queria lhe fazer mal correu e trancou-se em seu quarto. Desde esse dia, a religiosa criou ódio mortal pela noviça ao saber que esta tinha relatado à madre o ocorrido.

A mentora da noviça nos disse que a religiosa, ao ser interrogada pela madre, descaradamente mentira, dizendo que a noviça certamente tinha sonhado ou inventado tal calúnia para prejudicá-la. Como era a palavra da noviça contra a da religiosa, a madre acreditou na da freira.

Eu e Sulamita ouvíamos tudo atentamente. Depois, fomos até a madre, e Sulamita, sondando seus pensamentos, descobriu que a madre sabia das atitudes da religiosa e não a puniu porque a religiosa tinha conhecimento de alguns erros cometidos por ela no passado.

Fomos até um dos quartos do convento. A mentora da noviça nos dissera que as desencarnadas que estavam perturbando a religiosa e todo o convento tinham feito do quarto o local onde elas se reuniam e tramavam.

Ao entrar no quarto, avistamos um grupo de freiras desencarnadas. Elas estavam todas sujas, com seus hábitos rasgados, e davam gargalhadas ao recordar o que já tinham feito para prejudicar as religiosas do convento. Uma, que me pareceu ser a líder do grupo, bateu na parede e pediu silêncio, dizendo:

— Agora só precisamos tirar a noviça do caminho. Ela nos tem atrapalhado com suas malditas preces e com seus exemplos de santidade. Vamos fazer com que a religiosa que a odeia e que está sendo manipulada por nós acabe com a vida dela.

— Como? – perguntou outra.

— Simplesmente induzindo a religiosa a envenenar a noviça. Ela pode fazer isso aos poucos, adicionando o veneno na comida e na água da noviça. Assim, ninguém irá suspeitar de nada.

— Não é perigoso?

— Não é perigoso coisa nenhuma. As religiosas, quando morrem, são enterradas no convento mesmo. Logo que a noviça morrer, enterrarão seu corpo, e seu espírito virá para o lado de cá. Quando ele chegar, nós a pegaremos e faremos com que pague por tudo o que nos fez no passado.

— Mas ela não me fez nada no passado – disse uma do grupo.

— Não fez a você, mas a mim fez, e eu estou louca para colocar minhas mãos nela!

— Você está, mas eu não – falou a que tinha perguntado se não era perigoso.

A líder aproximou-se dela e lhe disse:

— Você vai fazer o que eu mandar, caso contrário nós vamos sair daqui e infernizar a vida dos seus familiares encarnados. É isso o que quer?

— Não precisa fazer isso, Doralice. Eu vou ajudar você, sim.

Elas gargalharam e deixaram o quarto.

Sulamita me convidou, junto com a mentora da noviça, para nos reunirmos na capela do convento. Para lá fomos. Fizemos uma prece, e Sulamita nos disse como deveríamos agir.

Eu iria ficar com a noviça, ajudando-a e inspirando-a a continuar sendo forte e a dar bons exemplos. A mentora dela iria às colônias procurar familiares desencarnados das freiras que faziam parte do grupo e verificar com eles a possibilidade de visitar essas freiras e ajudá-las. Sulamita iria aproximar-se da madre, da religiosa que perseguia a noviça e da líder das freiras desencarnadas. Sulamita nos passou algumas dicas sobre como agir e nos deu vários detalhes sobre como efetuarmos o auxílio com rapidez.

Em posse das dicas e dos detalhes, começamos a trabalhar.

A noviça, inspirada por mim, passou a rezar ainda mais, e toda vez que a religiosa a humilhava eu inspirava a jovem a sorrir para ela. Eu também a induzia a fazer determinadas coisas de que a religiosa gostava. Esta, ao perceber que a noviça, mesmo sendo perseguida por ela, só queria o seu bem, começou a pensar nas atitudes da noviça para com ela e após uma reflexão passou a não perseguir tanto a moça.

Doralice, que ligada a ela queria prejudicar a noviça, ficou furiosa. E começou a incentivar as outras desencarnadas para não dar trégua à religiosa e fazê-la voltar a odiar a noviça com toda a força.

Elas, que por algum motivo morriam de medo de Doralice, se ligaram à religiosa, mas esta, por estar sendo assessorada por Sulamita, não mais deu tanta atenção ao que as desencarnadas mentalmente lhe passavam.

Ao chegar o horário em que tinha de ir ao curso, fui, e durante o intervalo das aulas fiquei pensando na noviça e fiz preces por ela e por todas do convento.

Ao regressar ao convento, encontrei as religiosas em horário de recreio. Elas ouviam músicas e dançavam. Depois de dançarem se sentaram e ficaram conversando entre si.

A noviça conversava alegremente com a madre e lhe dizia estar muito feliz no convento. Falou que tudo o que queria era dedicar-se à vida religiosa e ser uma fiel esposa de Cristo.

A religiosa responsável pela noviça de longe permanecia atenta, e insuflada por Doralice começou a imaginar que a moça falava mal dela para a madre. Observando a madre colocar a mão na cabeça da noviça e fazer um carinho semelhante ao que as mães fazem com as filhas, imaginou que a noviça estava conseguindo conquistar a confiança da madre e acreditou não ser boa coisa ela conseguir essa confiança. Precisava fazer algo para atrapalhar aquela amizade que parecia estar nascendo.

Deixando o local do recreio, ela entrou no quarto e ficou tramando uma porção de coisas. Doralice a incentivava a pensar muita maldade e a praticar tal maldade contra a pobre noviça.

Sulamita aproximou-se das duas e assoprou sobre elas. Doralice arrepiou-se e encolheu-se. Sulamita colocou a mão na cabeça da religiosa e a fez pensar que uma religiosa precisa seguir os ensinamentos do Cristo e ajudar as outras religiosas, e não prejudicá-las. Sulamita foi conversando com a freira através do pensamento. E, influenciada por ela, a religiosa abriu a Bíblia e começou a rezar um salmo.

Alguém bateu na porta. A religiosa a abriu e deparou com a noviça sorrindo para ela.

— A senhora deixou o recreio antes do lanche. Como está muito calor, vim lhe trazer este suco de maracujá. Sei que a senhora gosta muito desse suco. – E estendeu-lhe uma bandeja com um copo.

A religiosa recebeu a bandeja e agradeceu. Fechou a porta do quarto e ficou pensando na atitude da noviça.

Sulamita a ajudou a refletir que a noviça muito lhe queria bem e que não merecia de forma alguma ser prejudicada por ela.

A religiosa, ao tomar o suco, ficou pensando no que Sulamita lhe inspirava e pela primeira vez fez uma prece em favor da noviça.

Nós a deixamos no quarto e fomos verificar o que as outras freiras desencarnadas andavam aprontando. Ao descobrir que elas estavam atormentando demais, Sulamita pediu à mentora da noviça para trazer os desencarnados parentes das freiras do grupo de Doralice. Eles vieram e ficaram na capela.

Sulamita plasmou um hábito igual ao que as religiosas do convento usam e começou a aparecer individualmente para cada uma delas. Conversava com elas e as fazia perceber que elas, embora estivessem desencarnadas, ainda eram religiosas, e toda religiosa deve praticar o bem para com o seu semelhante, e nunca o mal. Sulamita também lhes falou coisas que as fizeram refletir, e elas, ao ouvirem-na, começaram a chorar. Sulamita, abraçada a elas, as conduzia até a capela. Ajoelhava-se ao lado delas e fazia preces. As freiras, vendo a bondade de Sulamita, começaram a rezar e a pedir perdão a Deus por seus pecados.

Assim que se arrependiam, Sulamita piscava para o parente de determinada freira, e este, com os braços abertos, se aproximava da freira. Sulamita deixava a freira com o parente, que a conduzia até uma colônia.

Todas as freiras foram retiradas do convento, ficando apenas Doralice. Ela sentiu que alguma coisa não estava certa, pois procurava as freiras e não as encontrava. Então, voltou sua atenção exclusivamente para a religiosa que perseguia a noviça e tentou incentivá-la a envenenar a noviça.

Por sua vez, Sulamita inspirava a religiosa a ler livros piedosos e a afastar da mente os pensamentos homicidas que Doralice lhe instigava.

A religiosa estava deixando de seguir as instruções que Doralice lhe passava e começou a dar mais ouvidos às de Sulamita.

Sulamita, vendo que ela estava mais acessível ao bem, incentivou-a a conversar seriamente com a madre sobre sua tendência homossexual e a pedir ajuda de um profissional competente.

Estimulada por Sulamita, a religiosa decidiu certo dia conversar com a madre. Doralice tudo fez para impedi-la, mas Sulamita, que tinha decidido que o auxílio deveria ser concluído naquele dia, apareceu a Doralice e conversou com ela.

— Querida irmã Doralice, você está prejudicando demais essas filhas de Deus. Está na hora de deixá-las em paz e seguir seu caminho. Arrependa-se do que está fazendo e venha comigo. Lembre-se de que, embora esteja voltada ao mal, você um dia fez um juramento de servir a Deus e dedicar-se a Ele. Seu juramento continua válido e, se jurou dedicar-se a Deus e a servi-Lo com todo o coração, está na hora de colocar em prática o seu juramento e começar a servi-lo através dos seus irmãos. Servindo esses irmãos, estará na verdade servindo a Deus, pois Deus permanece dentro de cada um dos seus filhos.

Doralice encarou Sulamita, fechou a cara e disse:

— Servi a Deus durante alguns anos de encarnada aqui mesmo neste convento. Durante esses anos eu nada ganhei. Cansada de tanto servi-Lo e só ser maltratada, passei a maltratar também e comecei a sentir prazer nas maldades que praticava. Ao desencarnar e não ter ido para o inferno, descobri que os malditos espíritas estavam com a razão ao dizer que o outro lado da vida não é como os religiosos da Igreja Católica pintam. Eu sofri alguns anos em uma região horrorosa, mas depois obtive certos conhecimentos e decidi me vingar daquela que muito me prejudicou quando estive encarnada neste convento. Eu tudo fiz para descobrir onde ela estava, e ao saber que tinha reencarnado e estava novamente no convento, para aqui vim colocar a minha vingança em andamento. Não foi nada difícil encontrar minha antiga rival revestida agora no corpo dessa maldita noviça. Eu não estou nem um pouco preocupada com o fato de um dia ter feito juramento para Deus. Muitos o fazem e cometem atrocidades piores do que as que eu cometi e cometo. Por isso, digo que daqui não sairei enquanto não me vingar totalmente, e nada nem ninguém me farão desistir dessa vingança.

— A vingança não a levará a lugar algum. O que agora tem a fazer é arrepender-se dos seus erros e deixar esse convento e essas religiosas em paz. Você não poderá mais fazer nada para atormentá-las. Aqui estou para ajudá-las e para ajudá-la também, Doralice.

— Ajudar-me? A mim?! Deve estar maluca... Que eu saiba, não pedi ajuda nenhuma. Fique sabendo que não estou nem um pouco disposta a parar de atormentar as freiras. Por que pararia?

— Porque as preces que saíram do coração da noviça chegaram até o conhecimento do grandioso Deus, e Ele, compadecendo-se de sua filha, nos enviou em resposta às preces da moça. Foi determinado que a ajudássemos e que ajudássemos todas que estivessem no convento. Se Ele nos enviou é porque você também precisa de auxílio. Venha conosco e deixe essas religiosas em paz – esclareceu Sulamita.

— Não irei coisa nenhuma. Daqui não saio! – Doralice bateu os pés no chão. – Ninguém me tira deste convento. Quero ver quem me tirará.

Sulamita permitiu que parte da sua vibração surgisse. A luz que caracteriza sua condição espiritual surgiu bem fraca. Doralice se encolheu toda e começou a colocar os braços no rosto.

— Apague essa maldita luz, sua infeliz! Não vê que ela está me prejudicando?! – gritou Doralice.

Sulamita permitiu que a luz aumentasse de intensidade. Doralice encolheu-se ainda mais e gritou, alucinada:

— Tire essa luz de cima de mim! Já entendi tudo. Vou deixar essas infelizes e seguirei meu rumo. Só não irei com você. Irei para outro lugar. Para um lugar em que não preciso topar com você. Maldita! Infeliz!

Sulamita abaixou sua vibração e, estendendo a mão para Doralice, convidou-a para seguir com ela. Doralice disse que não iria coisa nenhuma. Não queria saber de ser boa. Tinha seu livre-arbítrio e por isso seguia para lugares onde sabia que seria bem recebida. Sulamita lhe disse que ela poderia partir, mas que não deveria retornar mais àquele convento. Doralice cuspiu no chão e garantiu que nunca mais colocaria os pés no maldito convento. E, atravessando a parede, saiu em direção à rua.

— Infelizmente nossa irmã ainda não se encontra disposta a mudar de caminho. Em nossos momentos de preces da colônia, vamos pedir em sua intenção, Jaqueline.

— Vamos sim, Sulamita – disse-lhe.

Fomos até a sala onde a religiosa estava conversando com a madre. Sulamita aproximou-se da religiosa e mentalmente sugeriu-lhe para pedir que a madre lhe providenciasse ajuda de um profissional, a fim de começar a trabalhar sua má tendência e conseguir pelo menos controlá-la e não mais prejudicar ninguém.

A madre, inspirada por mim, a abraçou e falou que havia muito tinha pensado em tal coisa. Mas agora que a religiosa estava disposta a fazer um tratamento saberia que este surtiria efeito.

Ficamos no convento por mais duas semanas. Fizemos uma limpeza nele e, com nossas vibrações e energias, dissipamos as vibrações negativas que Doralice e as outras freiras desencarnadas tinham deixado no local.

Sulamita descobriu um bom psicólogo e colocou a madre em contato com ele. O tratamento da freira teve início e nós, após aplicarmos passes em todas as religiosas do convento, decidimos partir. O auxílio estava concluído.

Antes de deixar o convento, abracei a noviça e sussurrei em seu ouvido para continuar sendo uma boa pessoa e rezar sempre com todo o seu coração. Ela, ao sentir meu abraço, emocionou-se e sentiu-se bem.

Na colônia, quando passava a limpo o relatório que deveria entregar a Demetrius, indaguei a Sulamita o seguinte:

— Sulamita, as freiras católicas possuem conhecimento do que é certo e do que é errado. Como é que elas, tendo esse conhecimento, tramam maldades e as efetuam contra suas próprias companheiras?

— Jaqueline, não são somente as freiras católicas que possuem conhecimento do que é certo e do que é errado. Os espíritas, os evangélicos e outros que seguem outras denominações religiosas também possuem esse conhecimento. Apesar disso, eles, por estarem encarnados, muitas vezes preferem seguir o que é errado, e ao seguir o que é errado cometem maldades contra o seu irmão que segue o mesmo credo religioso ou que segue outro credo. O que eles esquecem é que, ao cometerem essas maldades, elas um dia retornarão até eles e farão com que provem do que fizeram seus irmãos um dia provarem. Se bom número dos encarnados que pensa em praticar maldade contra seu próximo rezasse um pouco mais, certamente não cometeria a maldade pensada e passaria a ter pensamentos benéficos. Esses pensamentos os ajudariam bastante e os fariam iniciar a reforma íntima. Pois o que falta aos encarnados é a determinação para se empenhar em suas reformas íntimas.

— Você tem razão! Poucos são os encarnados que rezam com o coração e que trabalham suas reformas íntimas.

— Por enquanto são poucos, mas chegará o dia em que serão muitos. Acredito que os seguidores da doutrina espírita logo, logo iniciarão suas reformas, pois sabem que é através da reforma íntima que conseguirão ser felizes no plano físico e aqui no plano espiritual.

— Em minhas preces vou pedir a Deus para ajudá-los a iniciar suas reformas. Pedirei também para os outros que não são espíritas. Sei que não será fácil, porque a reforma íntima exigirá que muitos encarnados deixem para trás tendências negativas que eles muito gostam de usufruir.

— Fácil não será. Será um pouco difícil, mas o que é difícil não é impossível. Sabe por que não é impossível, Jaqueline?

Antes que eu respondesse, Sulamita o fez:

— Porque quem verdadeiramente deseja fazer a reforma íntima a faz, não fica adiando. Aquele que quer se melhorar começa a se melhorar agora, e não deixa para amanhã o que hoje pode fazer em seu benefício.

Fiquei pensando no que ela disse e, enquanto pensava, terminava de passar a limpo o relatório. Logo que o concluí, entreguei-o a Sulamita. Ela o leu e aprovou o que estava escrito. Entregamos o relatório a Demetrius.

Assim que Demetrius o leu, abraçou-me por eu ter efetuado mais um auxílio com sucesso e me disse que eu tinha acabado de ser escolhida para levar auxílio a um lar de idosos na cidade de Brasília. Falou que eu deveria partir imediatamente.

Após ter recebido as instruções sobre o tipo de auxílio que o lar de idosos estava necessitando, juntei-me a uma senhora de idade que faz parte da equipe dos adultos e partimos em direção a Brasília.

Enquanto volitava a caminho do lar de idosos, pensava no quanto a nossa colônia está voltada ao auxílio de inúmeros encarnados. Estes nem sequer imaginam que suas fervorosas preces chegam até os trabalhadores das colônias filiadas à nossa, e que a nossa colônia, ao receber pedido de ajuda das colônias que receberam suas preces, imediatamente envia um auxílio até eles.

CAPÍTULO 19

Grupos jovens

Conforme os dias corriam, eu me aprofundava cada vez mais nas aulas do curso da doutrina espírita. As aulas me fazem refletir que essa doutrina realmente é muito abençoada. Ela consegue dar respostas às inúmeras perguntas dos encarnados e até mesmo às dos desencarnados. Respostas que não deixam margem a nenhuma dúvida e que contribuem para o desenvolvimento de quem as recebeu.

Além dos estudos realizados no curso, eu dedico algumas horas das poucas que tenho livres para aprofundar-me ainda mais nesses estudos. Estudar a doutrina espírita é algo que requer muita paciência e muita dedicação.

No curso, aprendi que os livros codificados não devem ser lidos como se lêem outros livros. Eles precisam ser lidos de forma que o seu conteúdo fique impregnado na mente e comece a formular indagações. Essas indagações farão aqueles que as têm buscarem respostas dentro dos próprios livros que estão estudando.

O estudo é sempre gratificante quando nele empenhamos toda a nossa vontade em aprender. Eu me empenhava o máximo que podia. Empenhava-me porque acho muito lindo quando o médium de Brasília e outros médiuns, ao ministrarem palestras e ao fazerem o Evangelho no lar, falam muito bonito de determinadas partes dos livros codificados. Estudando a doutrina e começando a colocá-la em prática, eu pretendia no futuro auxiliar esses médiuns em suas palestras e Evangelho no lar.

O curso foi seguindo o seu ritmo, e dia após dia eu ia me encantando mais e mais com tudo o que aprendia com a professora Elisabeth e com o que estudava à parte.

Certa vez, ao chegar do curso e me apresentar ao trabalho na Casa do Auxílio, fui informada pelo meu orientador que iria começar a auxiliar alguns grupos de jovens de três denominações religiosas. Demetrius me falou que dessa vez iria sozinha. Disse-me que, ao chegar à Terra e estar com os jovens encarnados, eu tudo deveria fazer para ajudá-los no que eles estivessem necessitando.

Demetrius me passou os nomes dos grupos que receberiam o auxílio da nossa colônia e, após as preces da minha equipe, eu parti.

Volitava feliz em estar levando ajuda aos jovens. Afinal, eu tinha me comprometido a ajudá-los. Essa seria a oportunidade para colocar em prática tudo o que aprendera no curso lidando com jovens e nos auxílios já prestados em companhia de outros espíritos.

Cheguei a uma igreja evangélica situada em uma grande cidade mineira. Os jovens estavam reunidos. Um desencarnado que acompanhava o grupo me acolheu calorosamente. Disse chamar-se Felisberto. Através dele fiquei sabendo que os jovens pretendiam fazer uma festinha para arrecadar verbas, e com elas participar de um retiro juvenil promovido por várias igrejas evangélicas. Eles estavam encontrando obstáculos porque, para promoverem a festinha, necessitavam comprar algumas coisas e não possuíam dinheiro para isso. Recorreram à tesouraria da igreja, mas os responsáveis pela igreja não queriam ceder o dinheiro. Segundo eles, os jovens não têm responsabilidade e muito menos capacidade para promover uma festinha que fosse um sucesso. Temiam dar o dinheiro e depois não recebê-lo de volta, ficando a igreja no prejuízo.

Felisberto me contou que tudo fizera para que o pastor e outros responsáveis pela igreja pelo menos dessem um voto de confiança ao grupo, mas eles não o ouviram. Infelizmente estavam muito apegados ao dinheiro e, embora soubessem que o retiro iria ajudar os jovens, preferiam que eles não participassem do evento.

Acompanhando Felisberto, procurei o pastor e o tesoureiro da igreja. Eles estavam reunidos em uma sala. Contavam o dinheiro que havia sido arrecadado pelo dízimo que mensalmente os fiéis dão à igreja.

— Este mês os fiéis doaram um pouco mais – disse o tesoureiro.

— Graças a Deus que eles conseguiram captar minhas palavras no último sermão e, deixando de ser tão mãos fechadas, contribuíram generosamente em favor da igreja – falou o pastor.

— Com o dinheiro arrecadado, vamos ficar com um excelente saldo positivo. Creio que dessa vez vai dar para o pastor comprar aquilo que tanto almeja.

— Se Deus quiser, dará sim – falou o pastor, todo contente.

Ao ouvi-los dizer aquilo, perguntei a Felisberto onde o dirigente do grupo jovem estava. Ele me disse que por sorte o rapaz estava nas dependências da igreja. Fomos até ele, eu inspirei o rapaz a ir até a sala onde o pastor e o tesoureiro estavam.

Logo que o rapaz bateu na porta, o pastor e o tesoureiro trataram de guardar o dinheiro dentro de uma gaveta.

O rapaz sentou-se e, inspirado por mim, começou a falar na possibilidade de eles ajudarem o grupo a comprar as coisas necessárias para a festinha. Disse-lhes que o dinheiro que eles dariam seria um empréstimo. Com certeza, a festinha seria um sucesso e eles conseguiriam devolver o valor emprestado. O grupo só precisava de um voto de confiança.

O pastor disse que a igreja andava mal de situação e que poucos estavam contribuindo com o dízimo. Portanto, infelizmente, não poderiam ajudá-los. Falou ao rapaz que eles já tinham discutido sobre o empréstimo e que o assunto já fora dado por encerrado. O rapaz tinha de compreender que o empréstimo não seria possível. O pastor ainda comentou que não concordava com festinhas. Festas eram coisas mundanas, e coisas mundanas não deveriam acontecer dentro da igreja, senão contaminariam os fiéis, e estes pecariam bastante.

Fiquei admirada vendo o pastor dizer aquilo. Onde já se viu dizer que uma festinha benéfica iria contaminar alguém! Que mentalidade!

Aproximei-me do rapaz e assoprei sobre ele. Apliquei-lhe um passe e, conversando mentalmente com ele, fiz repetir as minhas seguintes palavras:

— Pastor, se festas fossem coisas mundanas, Jesus Cristo não teria participado delas e se divertido. Festas só se tornam mundanas quando aqueles que assim pensam a elas comparecem e, com seus pensamentos negativos e impuros, acabam atraindo situações desagradáveis para a festa.

O pastor olhou para o rapaz e, levantando-se da cadeira, disse:

— Meu jovem, o pastor aqui sou eu! Não queira me dizer o que Jesus Cristo fez ou deixou de fazer. Eu sei muito bem o que Ele fez. Se lhe digo que festas são coisas mundanas, elas são sim, e não quero nenhuma festinha dentro da minha igreja!

— Eu pensei que a igreja fosse de Deus e de todos os fiéis que dela fazem parte, não do senhor. Pelo menos é o que o senhor nos diz quando está no púlpito pregando e pedindo dinheiro – disse o jovem, sem saber que repetia minhas palavras. – Se o senhor realmente sabe o que Jesus Cristo fez, saberia que Ele sempre esteve de mãos abertas para ajudar aqueles que O servem e que sempre deu um voto de confiança aos seus discípulos. Por que o senhor não faz o mesmo e não nos dá um voto de confiança, concedendo-nos esse pequeno empréstimo?

O pastor, que não esperava ouvir tal coisa do rapaz, olhou para o tesoureiro. Esse nada disse. O pastor ficou pensativo.

Eu me aproximei do pastor e sussurrei em seu ouvido para ajudar os jovens. Ele rapidamente pensou em conceder o empréstimo, mas como temia perder o dinheiro expulsou o pensamento e disse:

— Sinto muito, meu rapaz. Eu não acredito que jovens tenham capacidade para idealizar uma festa que venha a ser um sucesso. Creio que jovens não têm responsabilidade como os adultos. Essa festa será um grande fracasso, e assim a igreja nunca mais verá o dinheiro do empréstimo que fizer a vocês.

— O senhor não acredita em nossa capacidade e não quer nos fornecer um empréstimo. Tudo bem – disse o rapaz. – Auxiliados por Deus, nós vamos conseguir promover uma festinha. Vamos mostrar ao senhor que os jovens são tão responsáveis quanto os adultos. Muitos jovens inclusive têm muito mais responsabilidade do que certos adultos. A festinha será um sucesso, e nós, além de conseguirmos arrecadar a verba financeira para participar do retiro, iremos conseguir mais dinheiro e entregaremos esse dinheiro para a igreja, a fim de que ela pare de andar em má situação financeira, como o senhor diz que anda. E eu não acredito no que diz.

O rapaz deixou a sala.

Eu assoprei sobre o pastor, apliquei-lhe um passe e fiz o mesmo no tesoureiro. Em prece, pedi ao querido Deus para cuidar dos dois.

Sai à procura do rapaz e o encontrei sentado no batente da porta de entrada da igreja. Estava pensativo. Sondei seus pensamentos. Ele muito queria que o grupo participasse do retiro. Era uma pena que a maior parte dos membros do grupo não tivesse condições financeiras para arcar com as despesas. Ele queria tanto ajudar os que não tinha condições, mas não sabia como fazê-lo.

O rapaz deixou o batente da porta e dirigiu-se à sua residência. Entrou no quarto, apanhou o violão e começou a tocar e a cantar. Depois, ligou para alguns componentes do grupo avisando sobre o ensaio dos hinos que seriam cantados no dia do próximo culto.

Perguntei a Felisberto se o grupo de jovens era quem dirigia a banda da igreja. Ele disse que sim. Aproximei-me do rapaz e o inspirei a conversar com os colegas da equipe e, em vez de promoverem uma festinha, promoverem um show evangélico.

Pensando no que eu lhe passava, o rapaz achou a idéia interessante e ficou bem animado. Inspirado por mim, ligou para os colegas do grupo e marcou uma reunião na casa de um deles.

Eu tive de trabalhar muito com os jovens durante a reunião. Alguns achavam a idéia interessante, mas outros não concordavam com ela, e apontavam muitos obstáculos. Mas como obstáculos podem muito bem ser removidos do caminho, eu e Felisberto, através do dirigente do grupo, que se mostrou ser um excelente intérprete dos nossos pensamentos, fizemos com que os jovens acatassem a sugestão.

Ficou acertado que eles iriam às igrejas evangélicas do bairro e de outros bairros falar do show e pedir às bandas para participar. Cobrariam uma pequena taxa de inscrição e no dia do show cobrariam uma quantia bem irrisória pelo ingresso dos que iriam assistir ao show.

Um dos jovens sugeriu que o show fosse realizado no colégio em que eles estudam. Poderiam conversar com a diretora e pedir a ela para que cedesse o auditório. Todos concordaram com isso.

No outro dia bem cedo, eu acompanhei três jovens do grupo até o colégio. Enquanto eles conversavam com a diretora a respeito do show e do motivo de o fazerem, eu aproximei-me dela e lhe sugeri que concordasse. Concordando ela estaria ajudando vários jovens. A diretora pensou no que lhe disse e falou aos jovens que concordava. Apenas pediu para que eles tomassem conta do colégio no dia do show e o entregassem da forma como o encontraram.

Durante três semanas fiquei com aqueles jovens. Ajudei-os a divulgar o show e, a toda igreja que chegava acompanhando o rapaz, eu pedia aos desencarnados responsáveis pelos outros grupos jovens para colaborar, explicando o motivo de os jovens estarem promovendo o show. Eles concordavam em ajudar e logo o show ficou bem divulgado entre os evangélicos da cidade.

Ficou acertado que as bandas que possuíssem melhores aparelhos eletrônicos os levariam para o dia do show.

Com o dinheiro obtido com as inscrições das bandas, o rapaz que eu estava auxiliando comprou três Bíblias evangélicas para serem distribuídas entre as três bandas que melhor tocassem no show, e três troféus.

Ele convidou o pastor da sua igreja para fazer uma prece no dia do show, e o pastor ficou boquiaberto ao saber que muitas bandas já tinham se inscrito. Ele continuava acreditando que os jovens não eram capazes de fazer algo e terem êxito.

O show foi um sucesso. O público que compareceu para prestigiar foi muito maior do que o dirigente do grupo jovem esperava. Com o dinheiro arrecadado, o dirigente do grupo conseguiu pagar as despesas do retiro e ainda ficou com um bom saldo.

Parte do saldo ele guardou para futuras despesas do grupo, e outra parte, entregou ao pastor. O pastor, ao receber o dinheiro, ficou todo contente e pediu desculpas aos jovens por antes não ter acreditado na capacidade deles, comentando que no futuro o grupo jovem poderia contar com a igreja para qualquer atividade que pretendessem realizar.

Como o meu auxílio com aquele grupo tinha sido concluído, fiz o relatório em meu bloquinho de anotações e depois parti até um grupo de jovens de uma igreja católica da cidade de Salvador, capital da Bahia.

O presidente do grupo estava com dificuldades para conseguir mantê-lo. Muitos membros do grupo o estavam abandonando.

Junto com Mirelle, uma jovem desencarnada que assessora o grupo, eu comecei a intuir o presidente a mudar sua forma de tratar os jovens. Tinha descoberto que a maneira arrogante dele contribuía para que os membros estivessem abandonando o grupo. Nas reuniões era sempre ele que falava e que estava com a razão. Sempre queria fazer as leituras na hora da missa. Praticamente não dava espaço para os outros, pois queria que o grupo girasse em torno dele.

Um dia em que os quatro membros do grupo estavam reunidos, eu fiz uma prece, e me ligando a uma jovem lhe fiz dizer ao presidente que ele precisava melhorar um pouco; do contrário, o grupo iria ficar apenas com ele, ou, semelhante a muitos grupos de jovens, acabaria deixando de existir. O presidente não gostou do que ouviu e falou que se ela não quisesse mais participar do grupo, que o grupo não iria deixar de existir só porque ela não fazia mais parte dele.

A jovem saiu da sala e disse que só voltaria a participar do grupo quando ele mudasse suas atitudes ou quando outra pessoa fosse presidente. Os demais, ao escutarem o presidente, deixaram-no sozinho, comentando que não mais participariam das reuniões.

Eu comecei a conversar com o presidente. Através dos seus pensamentos, fazia-o refletir que sua atitude não estava correta. Que um presidente de grupo jovem precisa trabalhar em função do grupo, e não o contrário.

Dia após dia fui conversando com ele através de seu pensamento. Em seus momentos de sono, desligava seu espírito do corpo físico, conversava com ele e lhe passava orientações. Ao ouvir-me, comentava que iria melhorar, mas, ao retornar ao corpo e relembrar pequena parte do que tínhamos conversado, achava que a mudança seria complicada.

Decidida a ajudá-lo e a ajudar o grupo, eu sussurrava a ele que nenhuma mudança é complicada, bastava ele querer fazê-la que iria conseguir.

Coloquei-o em contato com outros grupos de jovens de outras paróquias da redondeza. Observando como os presidentes desses grupos agiam, ele começou a raciocinar um pouco mais sobre o seu modo de ser arrogante.

Inspirado por mim, ele ligou para os jovens que tinham deixado o grupo, convidando-os a participarem de uma nova reunião, dizendo que nessa reunião seria realizada uma votação para a escolha de um novo presidente.

Poucos jovens compareceram no dia da reunião. O presidente falou que muito pensara e chegara à conclusão de que certas atitudes dele não estavam corretas.

Os jovens elegeram outro presidente, que começou a dar nova vida ao grupo. Eu sempre fazia com que o ex-presidente observasse com muita atenção a forma como o novo presidente conduzia o grupo. Percebendo como ele tratava os jovens e delegava atividades para todos, eu sussurrava no ouvido do ex-presidente que ele um dia poderia fazer o mesmo. Ele, acatando minhas sugestões, começou a mudar suas atitudes e a dar valor aos outros jovens, reconhecendo que eles eram tão importantes quanto ele.

Quando ele chegou a essa conclusão, eu fiquei satisfeita. Poderia agora deixar aquele grupo e partir para auxiliar o próximo. O grupo continuava existindo, e o ex-presidente dera alguns passos em seu próprio benefício e em benefício do grupo.

Fiz o relatório em meu bloquinho de anotações.

De Salvador parti para uma cidade no Estado do Rio Grande do Sul. Chegando diante de uma casa espírita, fiquei admirando o prédio por fora. Fiz uma prece pedindo a Deus por aquela casa e por todos os seus trabalhadores.

Um jovem desencarnado de aproximadamente quinze anos aproximou-se. Abraçou-me e falou que eu era muito bem-vinda à casa.

Thiago, o jovem, me apresentou a casa no plano espiritual construída acima da casa espírita, onde ele e outros trabalhadores que assessoram a casa espírita gaúcha vivem. Depois, conduziu-me até uma sala da casa espírita dos encarnados onde o mentor e outros responsáveis por aquela casa estavam reunidos.

Fui informada de que a casa em questão conta com um bom número de jovens que fazem parte da mocidade espírita. Essa mocidade é muito dedicada aos estudos da doutrina, no entanto, os jovens não se interessam em fazer trabalhos voluntários.

O mentor da casa e Thiago, o mentor da mocidade, pediram-me para ajudar os jovens a se interessar por trabalhos voluntários e para auxiliá-los em outros assuntos, os quais, segundo os dois, logo eu descobriria.

Acompanhei Thiago até a casa da presidente da mocidade. A jovem estava lendo uma revista que falava de fofocas de novelas. Seu mentor estava ao seu lado.

Apliquei um passe na jovem e lhe fiz olhar para os livros da codificação espírita que estavam em uma estante. A jovem os olhou e, inspirada por mim, levantou-se e apanhou *O Evangelho Segundo o Espiritismo*. Eu a fiz abrir no capítulo XV, nos itens que falam sobre o mandamento maior e sobre a necessidade da caridade.

A jovem os leu e, pelo seu pensamento, eu lhe disse que a caridade praticada para os outros é a que verdadeiramente conta. Disse-lhe que devemos sempre estender a mão para alguém que precise de socorro. Assim, quando um dia necessitarmos de auxílio, alguém também estenderá a mão para nós e nos socorrerá.

Fui conversando com a jovem e lhe informando sobre as diversas formas como ela e a mocidade poderiam ser caridosos para com outras pessoas. A jovem foi assimilando minhas idéias e, após raciocinar um pouco, disse:

— Creio que a mocidade deve fazer algo pelos outros. Na próxima reunião, conversarei com o grupo a esse respeito.

Ela colocou *O Evangelho Segundo o Espiritismo* ao lado dos outros livros da codificação e voltou à leitura da revista.

Pedi ao mentor da jovem para comparecer à casa espírita em determinado horário para uma reunião. Ele disse-me que no horário estaria presente.

Da casa da jovem pedi a Thiago para levar-me até as casas de todos os membros da mocidade. Apliquei passes em todos eles e fiz preces.

Conversei com eles e os intuí a fazer o mesmo que a presidente da mocidade fizera. Seguindo minhas sugestões, eles pegavam o mesmo livro da codificação, abriam-no no mesmo capítulo e itens em que a presidente tinha aberto, e os liam. Eu lhes falava a mesma coisa que falara para a presidente, e em alguns consegui, junto com Thiago, despertar o desejo de levar um lenitivo a alguns irmãos que dele estivessem necessitados.

Pedi aos mentores que encontrei na casa desses jovens para comparecer à casa espírita para uma reunião. Eles confirmaram suas presenças.

Após ter visitado todos os jovens, retornei à casa espírita. Lá chegando, eu e Thiago fomos até a sala onde a mocidade se reúne e começamos a preparar a sala para a reunião com os mentores dos jovens.

No horário marcado, todos os mentores estavam presentes. Fiz uma prece e a reunião teve início.

Cada mentor falou um pouco do seu pupilo e após ouvir a todos pedi a colaboração deles para que juntos pudéssemos orientá-los a alguma obra social, na qual eles bondosamente pudessem prestar algum trabalho voluntário.

Após a reunião, acompanhei dois mentores até algumas obras sociais, e depois de conhecê-las decidimos orientar os jovens até uma delas. Combinamos de nos reunir no dia da próxima reunião da mocidade e começar a trabalhar para que os jovens, inspirados por nós, realmente conseguissem doar algumas horas em trabalhos voluntários.

No dia em que a mocidade se reuniu, eu me liguei à presidente do grupo e, após a prece, eu a fiz abrir *O Evangelho Segundo o Espiritismo* no mesmo capítulo e itens em que ela e os jovens tinham aberto por ocasião da minha visita com Thiago em suas residências.

A jovem assim o fez. Depois que ela leu, mentalmente fui lhe passando o que deveria dizer aos jovens. E a fiz dizer exatamente o que tinha dito a eles através dos seus pensamentos.

Após escutarem a presidente, os jovens começaram a dizer que durante a semana também tinham aberto o *Evangelho* naquele mesmo capítulo e itens e pensado algo parecido com o que ela lhes acabara de dizer.

Inspirados por mim, por Thiago e por seus mentores, os jovens começaram a debater a idéia de passar a fazer algum trabalho voluntário.

— Eu acredito que, se todos nós abrimos o *Evangelho* na mesma página e tivemos praticamente os mesmos pensamentos, é porque a espiritualidade nos está alertando para que o nosso grupo, além de comparecer às reuniões e estudar a doutrina, comece a colocar o que estudamos em prática, e assim praticarmos a caridade com os nossos irmãos. Essa caridade pode ser praticada através de algum trabalho voluntário – falou um jovem.

— Eu não penso isso – disse uma jovem. – Acredito que foi pura coincidência termos aberto o *Evangelho* na mesma página. Já sou muito atarefada, e essa história de trabalho voluntário não me agrada nem um pouco. Para mim, nosso estudo já é uma caridade que fazemos para nós mesmos. Esse negócio de trabalho voluntário só vai complicar o grupo. Estou fora. Quero apenas participar das reuniões e do estudo.

— Barbaridade, guria! – disse o jovem que falara antes dela. – Como podes pensar tal coisa? O trabalho voluntário não vai prejudicar a mocidade de forma alguma, pelo contrário: muito irá nos ajudar.

— Ajudar não sei em quê – falou a jovem. – Esse trabalho só vai nos dar dor de cabeça. Ficar aqui estudando e vindo às reuniões já está bom demais.

Alguns jovens começaram a concordar com a garota, e outros, com o jovem. Uma pequena discussão teve início. Eu rapidamente fiz uma prece e pedi aos mentores para aplicar passes em seus pupilos e começarem a conversar com eles.

Os jovens, recebendo as energias do passe e as sugestões dos mentores, começaram a se acalmar.

Ao ser interrogado por mim, Thiago me indicou uma jovem que faz parte dos trabalhos mediúnicos da casa. Eu me aproximei da jovem. Ela suspirou e, ligando-me a ela, comecei a falar através da sua voz:

— Deus, em sua infinita bondade, jamais deixou de olhar por todos nós, e ao olhar sempre enviou encarnados e desencarnados que, sem nenhum interesse, praticaram caridades para conosco ou para alguém de nossas famílias.

Os jovens, ao ouvirem a jovem falar com outro tom de voz, prestaram atenção, pois sabiam que não era ela que falava.

Eu continuei:

— Vir à reunião da mocidade e estudar os livros da codificação espírita é realmente uma caridade que fazem a vocês mesmos. É importante serem caridosos com vocês. Mas, meus queridos amigos, é muito mais importante ser caridosos para com os outros. Pois a caridade que praticamos em benefício do nosso semelhante o deixa feliz, e ao deixá-lo feliz, ele começa a despertar em seu íntimo o desejo de ser caridoso e de fazer outros felizes.

Eu parei um instante de falar para dar tempo aos jovens de interiorizar o que lhes dizia. Depois, repeti as formas de ser caridoso apontadas por Demetrius no livro *Lições para uma Vida Feliz*.

Quando terminei de dizer o que desejava, a jovem suspirou, e os outros ficaram muito pensativos.

Sugeri à presidente que convidasse o grupo a conhecer a obra social que eu e os dois mentores tínhamos visitado. Ela falou com os jovens, e a maioria decidiu visitar a obra após a reunião.

A jovem que não concordava com o trabalho voluntário olhou com raiva para a que tinha sido minha intérprete. Aproximei-me dela e, sondando seus pensamentos, descobri que ela invejava a psicofonia da jovem.

Disse a mim mesma que precisava ajudar aquela jovem imediatamente. Ter inveja da mediunidade de um companheiro da casa só prejudica a casa espírita, a pessoa invejosa e aquele que é invejado.

Conversei com o mentor dessa jovem e marquei uma visita a ela.

Encerrada a reunião, a presidente da mocidade, inspirada por mim, foi até o encontro do presidente da casa espírita e informou o que a mocidade estava pretendendo. O presidente acolheu com alegria a iniciativa dos jovens e os incentivou a realmente fazerem algum trabalho voluntário na obra social que eles iriam visitar.

A mocidade dirigiu-se até uma creche. Lá chegando, conversaram com a diretora e pediram para conhecer a creche e os trabalhos desenvolvidos ali.

E eles começaram a se encantar com as crianças. Aos poucos, foram inventando brincadeiras e se divertindo com elas. Algumas moças do grupo ajudaram com a higiene das crianças; os rapazes ajudaram dois outros de uma outra mocidade, que já faziam trabalhos voluntários naquela creche, a aparar a grama.

No final da visita, as crianças disseram que eles as deixaram muito felizes por terem brincado com elas e ajudado em algumas atividades. As crianças os abraçaram, e os jovens ficaram emocionados.

Regressaram à casa espírita e comentaram sobre a visita. Estavam empolgados por terem feito tão pouco e terem, com esse pouco, causado felicidade às crianças.

Assim, decidiram que durante a semana voltariam à creche e cada um veria com a diretora a possibilidade de prestar algum trabalho voluntário na instituição.

Apenas a jovem que não concordava com trabalhos voluntários e que tinha inveja da mediunidade da outra falou que não retornaria à creche. Ela não iria perder seu valioso tempo com um bando de crianças. Tinha muito mais o que fazer.

Fiz uma prece por ela.

Durante a semana, eu e Thiago acompanhamos os jovens e seus mentores até a creche. Cada um se dispôs a prestar quatro horas semanais em trabalhos voluntários àquela creche.

A diretora ficou muito feliz com a atitude deles. Aquele trabalho voluntário seria muito útil, pois a creche estava mesmo necessitando de auxílio. A creche não dispunha de muitos recursos financeiros, e por isso não tinha como pagar vários funcionários. A maior parte do trabalho era desempenhada por voluntários e, como esses em qualquer obra social são poucos, ela ficou aliviada ao encontrar nos jovens futuros companheiros de trabalho.

Assessorada por Thiago e pelos mentores dos jovens da mocidade, eu tinha realizado o auxílio que me fora solicitado pelos mentores da casa espírita.

Comecei a me aproximar da jovem que tinha inveja da mediunidade da outra. Fui conversando com ela e lhe dizia que, se a jovem possuía mediunidade, ela com certeza também possuía. Como ela muito gosta de estudar, eu a ajudei a concentrar seus estudos em *O Livro dos Médiuns*. Depois, eu a coloquei em contato com o dirigente do grupo mediúnico da casa.

Orientados por mim, eles fizeram uma boa amizade. O dirigente esclarecia as dúvidas da jovem e com o tempo a convidou para participar do grupo mediúnico.

A jovem ficou eufórica com o pedido e compareceu no dia da reunião. E, como todos se abraçaram, ela tudo fez para não ter de abraçar a jovem que invejava, pois não queria de forma alguma fazê-lo.

Após a jovem ter comparecido a quatro reuniões do grupo mediúnico, o dirigente, orientado pelo mentor espiritual do grupo, informou-lhe que ela poderia começar a dar passes nos médiuns no momento em que eles estivessem cedendo seus corpos aos desencarnados necessitados. Com o passe, ela iria contribuir para que os irmãozinhos que se apresentavam meio violentos começassem a serenar um pouco. Também contribuiria para que os médiuns, após a psicofonia, não sentissem nenhum resquício das enfermidades de que muito desses irmãozinhos são portadores.

A jovem sentiu-se orgulhosa. Deduziu que, como passista, a sua mediunidade era muito mais importante do que a dos outros. Pois ela, com os seus passes, iria ajudar desencarnados e encarnados.

Infelizmente nossa amiga assim pensava, e só com o tempo ela iria compreender que para Deus toda mediunidade é importante, visto que todas elas, ao serem trabalhadas com amor e sem nenhum interesse, contribuem para a felicidade de muitos.

Orientei o dirigente do grupo mediúnico a solicitar que a jovem começasse a fazer um curso sobre o passe. Ele assim o fez, e a jovem matriculou-se no curso. Estudando sobre o passe ela acabaria por descobrir o seu real valor e se tornaria uma excelente passista.

Tendo ajudado essa jovem, apresentei-me ao mentor espiritual da casa espírita e disse-lhe que o meu trabalho de auxílio com a mocidade tinha sido realizado.

O mentor pediu-me para auxiliar um jovem da mocidade que estava sendo vítima de um grupo de espíritos de uma organização do Umbral.

Thiago conduziu-me até o lar do rapaz.

A mentora do jovem ficou feliz ao nos ver chegando. Thiago deixou-me com ela e retornou aos seus afazeres.

A mentora me falou que o seu pupilo estava muito voltado para os prazeres da carne. O jovem de dezessete anos, embora participasse da mocidade e estudasse os livros da codificação, infelizmente estava se deixando conduzir por um desencarnado que a todo instante projetava em sua mente cenas de orgia sexual.

Entrei no quarto do jovem. Notei que havia um desencarnado colado a ele. Ao observar que o jovem via uma dessas revistas pornográficas, virei o rosto. Não tinha intenção de saber o conteúdo da revista.

Coloquei minha mão na cabeça do jovem e perscrutando seus pensamentos descobri que ele desejava fazer com as jovens da mocidade espírita o que ele via na revista.

Eu fiz uma prece e comecei a irradiar vibrações de amor sobre ele e sobre o desencarnado. Sugeri ao jovem que guardasse a revista. Ele atendeu-me e a guardou embaixo do colchão.

O desencarnado ficou revoltado. Ele estava gostando do que via na revista. Sondando seus pensamentos, descobri que ele sentia certo prazer ao observar aquelas fotos. Ele imediatamente sugeriu ao jovem que apanhasse a revista de novo.

O jovem ficou pensativo e, quando notei que fez um gesto para retomar a revista, assoprei nele, coloquei minha mão em sua cabeça e rezei de novo. Então o desencarnado se afastou dele.

O jovem puxou o braço e disse a si mesmo que não mais iria ficar vendo aquela revista. Eu aproveitei e conversei um pouco com ele, que ouviu parte do que eu dizia, mas, ao raciocinar sobre o que eu mentalmente lhe passava, ele relutava em seguir minhas orientações.

O rapaz deixou o quarto e foi até a cozinha. Fez um lanche e retornou ao quarto.

O desencarnado uniu-se novamente a ele e o inspirou a ligar o seu computador e verificar na internet páginas indecentes.

O jovem atendeu ao apelo do desencarnado, pois estava viciado naquele tipo de coisa. E o vício infelizmente sempre leva o seu portador a usufruir aquilo que acarreta a sua destruição.

Eu e sua mentora saímos do quarto logo que ele ligou o computador. Ficamos na sala. Conversamos um pouco e após essa conversa parti para a colônia onde estudo.

Após a aula, fui até a colônia em que moro e conversei um pouco com Demetrius a respeito do jovem e dos auxílios já prestados.

Pedi ao meu orientador para me dar algumas dicas sobre como auxiliar aquele moço, pois durante todo o tempo em que trabalho na Casa do Auxílio eu nunca tinha auxiliado alguém que tivesse o mesmo vício do jovem.

Demetrius me passou algumas sugestões e disse estar contente por saber do trabalho de auxílio que estou desempenhando com os grupos jovens.

Na hora da prece vespertina da nossa colônia, pedi por aquele jovem e por outros jovens que possuíssem o mesmo vício dele. Pedi com todo o coração que Deus o abençoasse e que o ajudasse a se livrar daquele vício.

Ao verificar os raiozinhos contendo energias saírem da Casa da Prece, fiquei contente ao saber que um deles iria tocar no jovem e lhe transmitir um pouco de paz.

Fui até o meu quarto, escrevi um pouco e depois comecei a cantar, encostada na janela.

Deixando o quarto, caminhei um pouco pelo jardim e regressei até a casa do jovem.

Encontrei-o meio indeciso. O desencarnado o inspirava a sair e a procurar aventura pela rua. Ele estava um pouco receoso em fazer isso. Na certa, ao ser atingido pelo raiozinho de energia vindo da nossa colônia e ser inundado pelas vibrações amorosas de todos nós que nela vivemos, deve ter começado a raciocinar que certas atitudes não lhe estavam fazendo bem.

De tanto o desencarnado insuflar em sua mente o desejo de encontrar prazer fácil, ele saiu de casa e começou a caminhar por locais onde certas encarnadas ficam à espera de homens que paguem pelos seus serviços fáceis.

Enquanto ele conversava com uma moça e acertava alguns detalhes, eu notei que na rua em que estávamos havia uma casa espírita. Nela entrei e intuí um trabalhador encarnado da casa a apanhar alguns folhetos e distribuir para aquelas moças.

O encarnado seguiu minha orientação e por sorte eu avistei o jovem que já caminhava com a moça. Sugeri ao trabalhador da casa a apressar o passo. Ele assim o fez e entregou um folheto para o jovem e outro para a moça. Ele olhou bem para o jovem, e eu o fiz dizer ao rapaz que Deus e os espíritos tudo vêem. Ninguém jamais faz alguma coisa totalmente escondido. Tem sempre alguém olhando para ele e sabendo o que anda fazendo.

O trabalhador da casa espírita se foi.

O rapaz começou a ler o folheto e, ao concluir a leitura, disse à moça que desistira da idéia. Ele iria voltar para seu lar e dormir.

O desencarnado esbravejou e atirou-se no jovem com ímpeto, sugerindo a idéia de que a noitada com a moça seria muito mais lucrativa do que umas poucas horas de sono.

O jovem olhou para a moça, que já estava no local em que costumava ficar naquela rua. Ele deu um passo em direção a ela. Eu o induzi a olhar para o folheto e recordar o que o trabalhador da casa espírita lhe dissera; depois lhe comuniquei que o melhor que tinha a fazer era ir embora, fazer uma prece e dormir.

Ele fez o que lhe sugeri. Assim que adormeceu, o desencarnado provocou o desligamento do seu espírito de seu corpo físico. O espírito do rapaz se desprendeu do corpo, e o desencarnado o segurou firmemente. Xingou-o e disse ser ele um tremendo imbecil.

Ao ouvir o desencarnado dizendo que o levaria até o Umbral, eu segurei o braço direito do rapaz e falei:

— Ele não irá com você; hoje ele irá comigo.

Assoprei nos dois. O desencarnado, que não me viu, mas me ouviu e sentiu a minha vibração quando nele assoprei, recuou dois passos e disse:

— Seja você quem for, não poderá levá-lo. Eu não o deixarei. Ele serve aos meus interesses e aos interesses da organização de que faço parte. Deixe-o comigo e volte para o local de onde você veio.

Eu fiz uma prece e permiti que o desencarnado me visse. Ao verme, ele se assustou.

— Só poderia ser um dos que trabalham para o tal Jesus Cristo. Pode levá-lo hoje com você. Amanhã e durante os outros dias eu o levarei! – Gargalhou e saiu volitando, apressado.

A mentora do jovem me ajudou a conduzi-lo até um jardim de uma colônia espiritual. Conversei com o espírito do jovem, que me ouvia de cabeça baixa.

Foi até bom que ele me ouvisse de cabeça baixa, pois tinha certeza de que, enquanto conversava com ele, minhas bochechas ficavam vermelhas, visto ser aquela conversa para mim um tanto constrangedora. A conversa era sobre seu vício, e o vício dele era algo que não me fazia sentir muito bem.

Depois de falar para o jovem o que ouvi de Demetrius, eu o reconduzi até o corpo físico.

Fiquei com sua mentora velando seu sono até que despertasse.

Ao despertar, ele recordou-se de parte do sonho e comentou:

— Sonhei com uma garota muito bonita me dando alguns conselhos. Não recordo muito bem quais foram, mas sinto que ela me aconselhava a valorizar um pouco mais o meu corpo e a parar de prejudicá-lo como estou fazendo, devido a estar tão voltado para o sexo. Talvez ela esteja com a razão ou talvez não esteja. Vou tentar ficar uma semana sem ver as revistas e as páginas na internet. Depois dessa semana, verei o que acontece, e aí tomarei uma resolução.

Durante a semana eu o inspirei a ler um romance espírita e a doar mais algumas horas de trabalho voluntário para a creche. Ao ter sondado sua mente, descobri que o rapaz tinha vontade de aprender a tocar violão, e o ajudei a se matricular em um curso.

A semana passou e uma nova teve inicío. Ele, empolgado pelas aulas de violão que iria iniciar, não pensou mais nas revistas, e muito menos em fazer com as jovens da mocidade espírita o mesmo que via as mulheres fazendo nas fotos.

O desencarnado muito tentou inspirá-lo a voltar a olhar aquelas revistas, mas sempre que ele o inspirava eu assoprava no jovem e, colocando minha mão em sua cabeça, fazia uma prece. Desse modo, inspirava-o a pensar no que ele ouvira na reunião da mocidade, ou o fazia recordar-se do rostinho de alguma criança da creche que tinha ficado encantada quando ele brincara com ela.

Por um mês acompanhei aquele jovem. Ele começou a dedicar-se tanto às aulas de violão que aos poucos foi deixando seu vício para trás. Nesse período, teve algumas recaídas e acabou vendo as revistas novamente. No entanto, após ouvir uma palestra na casa espírita que ele freqüentava, ao chegar a sua casa rasgou as revistas e deu fim nelas.

O desencarnado, não mais encontrando campo de atuação ao lado do jovem, o abandonou. E assim que deixou o rapaz disse que iria à procura de outro encarnado que estivesse na mesma faixa de vibração dele.

Eu disse à mentora do jovem para continuar auxiliando-o e, se por acaso ele caísse novamente no vício, ela o ajudasse a se levantar e o induzisse a direcionar suas energias para outra coisa. Ela me abraçou e agradeceu por tudo o que em nome de Deus eu fizera pelo seu pupilo.

Ao apresentar-me na casa espírita, pedi a Thiago para colaborar com a mentora do jovem e sempre inspirá-lo a fazer coisas que o mantivessem longe do seu vício. Thiago abraçou-me com carinho e agradeceu por tudo que eu fiz pela mocidade que está aos seus cuidados.

Apresentei-me ao mentor da casa e falei que o auxílio tinha sido dado. Informei como o jovem andava e ele, emocionado, disse que eu realmente sou uma excelente trabalhadora da Casa do Auxílio. Eu afirmei que não sou excelente trabalhadora coisa nenhuma, sou apenas uma simples enfermeira.

Despedi-me de todos os trabalhadores espirituais daquela casa espírita, mas ainda fiquei uma semana no Estado do Rio Grande do Sul. Visitei algumas casas espíritas e ajudei naquilo que elas estavam necessitando.

Concluídos os auxílios, eu sempre fazia os relatórios no meu bloquinho de anotações.

Do Rio Grande do Sul, parti para o Estado do Acre, e de Estado em Estado fui auxiliando os grupos de jovens da lista que recebera de Demetrius.

Durante dez meses auxiliei os grupos jovens, e durante esse tempo eu sempre retornava aos grupos por onde já tinha passado e verificava como eles estavam caminhando.

Foi muito agradável permanecer esse período com os grupos jovens. Com as bênçãos de Deus, eu os ajudei e também fui muito ajudada por eles.

Concluído o auxílio aos grupos jovens, retornei à minha colônia certa do dever cumprido.

Apresentei os relatórios a Demetrius, que, após lê-los, deu-me uma semana de folga.

Eu vibrei. Estava mesmo precisando descansar um pouco.

CAPÍTULO 20

Recrutas

Aproveitei os dois primeiros dias dos sete que teria de folga para sanar diversas dúvidas referentes ao curso da doutrina espírita que estou fazendo.

A professora Elisabeth, muito atenciosa, esclareceu minhas dúvidas e emprestou-me alguns livros que muito iriam me ajudar nos estudos.

Chegando à minha casa, após ter lido páginas de um dos livros, comecei a caminhar pelo jardim. Parei em frente à Casa dos Encontros. Recordei o encontro que nela tive com Rodolfo e senti saudade do meu amado.

Entrei na casa e andei por todos os lugares onde eu e Rodolfo tínhamos estado.

Ao descobrir que ali não havia ninguém, encostei-me em uma das janelas e fiquei olhando a casa.

Pássaros pousaram na janela em que me encostei e cantaram. Seus cantos me fizeram recordar meu amado. Olhando-os com ternura, lembrei-me da pergunta que a personagem bíblica Sulamita, a amada de Salomão, fez aos guardas quando estava à procura do seu amado, e em alta voz fiz a mesma pergunta aos pássaros:

— Viste acaso aquele que meu coração ama?[17]

Eles me olharam com seus lindos olhinhos e voltaram a cantar. Depois, voaram e pousaram no jardim.

Eu deixei a casa e os segui.

---

[17]Cântico dos cânticos 3,3 (NAE).

Ao chegar até onde eles tinham pousado, repeti a pergunta:

— Viste acaso aquele que meu coração ama?

Eles cantaram de novo e voaram para outro local da colônia.

Eu comecei a tocar algumas flores e, sentindo muita saudade do amado do meu coração, fiz a elas a mesma pergunta que tinha feito aos pássaros.

Nesse dia, eu verdadeiramente permiti que meus sentimentos falassem mais alto e, muito romântica, caminhava pelo jardim, deixando-me relembrar os poucos momentos de encanto que tive ao lado de Rodolfo.

E seguia fazendo às flores a mesma pergunta. Em alguns momentos, levava as duas mãos ao coração e suspirava profundamente ao recordar o beijo que recebi na Casa dos Encontros.

Caminhei até a fonte e toquei a água. Olhei para o céu e em prece agradeci a Deus por permitir que no plano espiritual nós, espíritos, pudéssemos amar aquele que nos completa, por ele sermos amados e, semelhante aos encarnados, termos momentos de namoro. Momentos esses nos quais permitíamos que o amor que nos contagiava nos trouxesse muita felicidade, que se expande e chega até todos os habitantes da colônia, deixando-os também felizes.

Voltei a tocar a água da fonte com o dedo indicador da mão esquerda e fiquei ali brincando. Levei a mão direita ao coração, e suspirei, perguntando à fonte:

— Viste acaso aquele que meu coração ama?

— A fonte não o viu. Mas eu vi, e posso levá-la até ele – falou Demetrius, que, por estar tão entretida, eu não vira chegar.

Fiquei toda sem jeito. Minhas bochechas devem ter ficado vermelhas. Que vergonha senti! Jamais esperava que alguém fosse ouvir o que tão romanticamente eu perguntava aos pássaros, às flores e à fonte. Virei o rosto para que Demetrius não percebesse que tinha ficado envergonhada.

— Jaqueline, não precisa ficar constrangida. Você ama Rodolfo, ele a ama. É normal que esteja sentindo saudade dele e que queira encontrá-lo.

— Querer eu quero. Mas sei que no momento não é possível.

— Não é possível por quê? – inquiriu Demetrius.

— Porque quando estive na Casa dos Encontros com Rodolfo, ele me disse que, se eu for até onde ele se encontra, o imperador, por ser um espírito que tem muitos conhecimentos, sentiria minha presença na cidade e, por sentir e não conseguir me avistar, poderia infligir diversos castigos aos pobres irmãos que lá vivem escravizados. Esses espíritos voltados ao mal não deveriam ter tantos conhecimentos, Demetrius.

— Se eles têm tantos conhecimentos, nós, que trabalhamos para o bem, temos muito mais. Vou levá-la até o império, e lá poderá ver Rodolfo e matar saudade. Tenho certeza de que ele ficará muito feliz com a sua visita.

— Demetrius, faria isso por nós dois?

— Vocês dois são excelentes trabalhadores da Casa do Auxílio. O trabalho que ambos realizaram e realizam lhes proporcionou alguns méritos. Assoprarei sobre você e a levarei até o império. Lá chegando, não se distancie muito de mim, no máximo três metros de distância.

Demetrius fez uma prece pedindo a Deus que nos protegesse e assoprou sobre mim. Luzes em forma de espiral circularam meu perispírito, formando um campo de força a minha volta. Demetrius assoprou em volta dele e o campo de força formado pelas luzes aumentou de tamanho e o protegeu também.

Começamos a volitar. Chegamos ao Umbral. Demetrius segurou minha mão. Volitamos alguns minutos pelo Umbral e paramos em frente de uma imensa fortaleza.

Demetrius fez uma prece e nós atravessamos a parede.

Vi uma cidade muito antiga. Soldados romanos com caras fechadas andavam com chicotes nas mãos e, ao encontrarem as pessoas, sem motivo algum lhes davam chicotadas. Quando algum dos que apanhava olhava para eles com raiva, eles os chutavam, batiam e arrastavam, dizendo que os conduziriam à prisão.

Dois soldados se aproximaram do local onde eu e Demetrius nos encontrávamos. Uma senhora de idade passou na frente deles, e um dos soldados lhe deu uma chicotada. A senhora lhe lançou um olhar feroz, e o soldado começou a bater nela. Eu dei um passo em direção da senhora. Demetrius segurou meu braço e pediu-me para esperar.

Uma jovem de cabelos ruivos, toda maltrapilha, aproximou-se do soldado e pediu para deixar a senhora idosa em paz. O soldado soltou uma gargalhada e perguntou o que ganharia em troca se não levasse a velha para a prisão e lá aplicasse o corretivo que ela merecia.

A jovem, encarando o soldado, respondeu que ele ganharia a sua gratidão. O soldado disse-lhe que não queria a sua gratidão, queria outra coisa e, com o dedo, apontou para os seios da jovem.

A jovem o encarou de tal maneira que o soldado sentiu-se constrangido com o olhar dela.

Vendo a moça encarando o soldado, descobri ser ela a minha amiga Roseilane, e admirei-me ao vê-la toda maltrapilha.

O outro soldado que assistia à cena tocou no ombro do que tinha batido na senhora idosa e disse:

— Deixe essa pobre mulher em paz. Ela deve ser parente dessa jovem. De nada adiantaria levá-la para a prisão. Devido a sua idade, só nos daria problemas. Você já lhe deu um corretivo, e até o momento nem mesmo sei por que o fez. Se o general souber que você lhe aplicou um corretivo só pelo fato de ela ter atravessado o nosso caminho não irá ficar muito contente com você. Vamos, amigo!

Ao ouvir a voz do soldado, reconheci o meu amado. Olhei para ele, e Rodolfo, como que sentindo o meu olhar, virou-se em minha direção.

Ele tirou o capacete da cabeça.

— Meu Deus! Como meu Rodolfo está lindo de soldado romano!

Demetrius sorriu e assoprou em direção a Rodolfo. Ele nos viu, e percebi pelo seu rosto estar ele muito emocionado ao me ver.

Rodolfo falou alguma coisa com o outro soldado, que resmungou algo e saiu andando sozinho.

Demetrius assoprou em direção a Roseilane. Minha amiga olhou em nossa direção e, nos vendo, deu um belo sorriso.

Rodolfo caminhou até nós. Demetrius fez uma prece, e o campo de força formado pelas luzes envolveu Rodolfo.

Eu o abracei com carinho. Rodolfo abraçou-me apaixonadamente e beijou-me a fronte. Depois, segurou minha mão e ficamos um olhando para o outro sem dizer nada.

Eu queria lhe falar da intensidade da minha saudade e o quanto o amava, mas como Demetrius estava ali ao nosso lado eu, envergonhada, apenas olhava para o meu amado, e este olhava para mim. Senti pelo seu olhar que ele também queria me falar da sua saudade.

Roseilane, após levar a senhora idosa para dentro, veio até nós. Demetrius assoprou sobre ela e as luzes a envolveram também.

Minha amiga ruiva, vendo-me de mãos dadas com Rodolfo, piscou para mim. Roseilane abraçou Demetrius e depois me abraçou.

Fomos caminhando até chegarmos a uma praça. Essa praça é horrível. Os bancos são feios e estão rachados. Não existe nenhuma planta nela. Há uma espécie de chafariz todo enferrujado, do qual sai uma água barrenta. Notei algumas pessoas com baldes pegando água do chafariz e levando para suas casas.

Eu e Rodolfo nos sentamos em um banco. Demetrius e Roseilane sentaram-se em outro, bem próximo a nós. Percebendo que Roseilane e Demetrius estavam conversando, eu, olhando dentro dos olhos de Rodolfo, falei:

— Como sinto sua falta!

— Eu também muito sinto a sua – falou Rodolfo.

Ele me abraçou e me apertou carinhosamente. Eu sorri.

— Como está o seu trabalho e o trabalho de Roseilane?

— Muito bem. Logo que cheguei me apresentei a um general e lhe disse ter conhecimento em artes militares. Ele pediu-me uma demonstração e, após eu lhe ter dado a demonstração, aceitou-me nas fileiras do exército do imperador. Como soldado, eu e outros três recrutas, que também são soldados, conseguimos auxiliar muitos dos que aqui estão. Nós quatro, quando estamos fazendo ronda em companhia de outros soldados que possuem o coração endurecido, conseguimos fazer com que eles não punam tão severamente os que já não mais suportam suas atrocidades, nem as atrocidades do imperador. Libertamos muitos das prisões quando estamos de vigia. Ao libertá-los, nós os levamos até suas casas e lhes damos alguns remédios para que possam cuidar dos seus ferimentos. Entregamos alimentos e pedimos para que não mais se revoltem, mas que em vez disso comecem a pensar que são responsáveis pelo tratamento que recebem. Nós os alertamos para que comecem a pensar no Pai Celeste, e o Pai Celeste os auxiliará. Eles nos olham meio constrangidos e, ao perceberem que somos diferentes dos outros soldados, nos pedem para falar sobre o Pai Celeste. Nós falamos e explicamos que se eles se arrependerem dos seus erros certamente receberão ajuda. Pegamos seus nomes e endereços e entregamos para Roseilane e para outros que se passam por mendigos, e assim não levantam nenhuma suspeita. Roseilane e os outros vão até os que eu e os outros soldados ajudamos e falam novas coisas sobre o Pai Celeste. Nós os visitamos depois e eles pedem mais informações sobre o Pai Celeste. Pedem-nos para fazer uma prece com eles. Logo que rezam e se arrependem de seus erros, nós os conduzimos para fora das cidades que compõem o império e os deixamos em um posto de socorro que fica nas redondezas do império.

— É um trabalho bonito. Muito bonito mesmo.

— Nós, recrutas aqui, temos um abrigo. Esse abrigo foi construído pelo anjo Lugiel e por mais dois anjos. Quer conhecê-los?

— Quero, Rodolfo! Mas não posso me afastar muito de Demetrius. Se eu for, ele também terá de ir.

— Vamos convidá-lo.

Levantamo-nos do banco e convidamos Demetrius para nos acompanhar até o abrigo dos recrutas. Demetrius aceitou o convite.

Roseilane nos abraçou e disse que precisava continuar seu trabalho. Tinha de auxiliar a senhora idosa em que o soldado batera. Ela não estava nada bem.

Demetrius fez uma prece em sua intenção e assoprou sobre ela. O campo de força que a envolvia desapareceu, e Roseilane, caminhando mancando, entrou na casa onde a senhora idosa estava.

Nós três fomos caminhando e, conforme caminhávamos, eu vi muitos absurdos na cidade. Os moradores andavam todos carrancudos e xingavam uns aos outros sem mais nem menos. Muitos entravam nas casas dos outros e furtavam pedaços de pão apodrecidos. Os soldados interferiam e levavam quem furtou e quem foi furtado para a prisão. Alegavam que ninguém podia ter pão em suas casas sem ordem expressa dos generais ou do próprio imperador. Tudo ali era muito injusto. As pessoas viviam como escravos do tal imperador.

Avistei pessoas de semblantes serenos, e deduzi serem elas outros recrutas. Rodolfo confirmou minha suspeita.

Os recrutas estavam sempre interferindo nas brigas que aconteciam, ajudando os contendores antes que os soldados chegassem e fazendo todo o possível para conter os ânimos dos briguentos. Eles também ajudavam idosos quando esses buscavam água no chafariz e conduziam os baldes cheios de águas até suas casas. Assim que viam alguém com algum machucado, olhavam para todos os lados e, ao descobrirem que não estavam sendo observados, conversavam com a pessoa e em questão de segundos cuidavam do ferimento. Faziam um curativo, passavam-lhe um remédio e sussurravam algo em seu ouvido.

Rodolfo, ao ser interrogado por mim sobre o que eles sussurravam, falou que geralmente diziam que os remédios tinham sido mandados pelo Pai Celeste; e se tinham sido mandados por Ele era porque o Pai Celeste os amava e estava preocupado com eles. Agora era hora de também se preocuparem com o Pai Celeste e começarem a pensar em si.

Vi os recrutas fazendo diversas obras de caridade e estranhei que agissem assim e não fossem indagados pelos generais ou pelos soldados do imperador.

Rodolfo falou que eles eram indagados, sim, mas sempre conseguiam, através de suas palavras, fazer com que os indagadores sentissem uma pontinha de piedade, pois antes de falar com eles sondavam suas mentes e diziam que alguém poderia, em algum lugar, estar fazendo o mesmo por um parente deles. Daí eles falavam o nome do parente. Eles, ao ouvirem tal coisa, acabavam fingindo que não tinham presenciado os recrutas ajudando alguém da cidade. E assim, o trabalho dos recrutas ia seguindo sem muitos incidentes.

Chegamos a uma casa. Percebi que a casa estava toda cercada por um campo de força formado por luzes semelhantes às que formavam o campo de força que nos protegia. Segundo Demetrius, o campo de força impedia que a casa fosse vista ou sentida pelo imperador e seus comparsas.

Aquele era o abrigo dos recrutas. Paramos na porta. Rodolfo fez uma prece e tocou na porta, que se abriu, e nós três entramos.

Fiquei admirada ao perceber que dentro do abrigo funcionava uma pequena enfermaria. Três pessoas estavam em leitos e dois enfermeiros cuidavam delas. Fiquei sabendo que elas, assim que se recuperassem um pouco, seriam levadas para um posto de socorro. Elas geralmente ficavam no abrigo por apenas algumas horas. Durante essas horas seus ferimentos recebiam cuidados, e elas recebiam muito amor e carinho.

Além da enfermaria, o abrigo contava com uma sala de prece e uma pequena despensa contendo alimentos e remédios. Soube que os alimentos eram doados para os que estavam passando muita necessidade na cidade.

Perguntei a Demetrius como aquele abrigo poderia existir dentro do império sem que o imperador tomasse conhecimento dele.

— O abrigo foi plasmado pelos anjos Gabriel, Rafael e Lugiel. Os três, revestidos da autoridade dada pelo bondoso Mestre Jesus, vieram até esta cidade e construíram o abrigo. Eles receberam a incumbência de começar a trabalhar para que o império um dia chegue ao fim. Os três anjos são exímios trabalhadores do plano espiritual e muito mais portadores de conhecimentos do que qualquer outro espírito que não possuam suas vibrações. Utilizando parte dos seus conhecimentos, plasmaram este abrigo e informaram sua localização somente para aqueles que, seguindo suas instruções, aqui viessem colocar em prática a lei do amor, do perdão e da caridade. Como o imperador e nenhum outro espírito que se mantém afastado de Deus praticam essas leis, eles jamais conseguiriam saber da existência deste abrigo, mesmo estando ele bem diante de seus narizes.

— Sendo os três anjos tão portadores de conhecimentos e tão grandes trabalhadores, não poderiam eles mesmos auxiliar todos os que aqui vivem sem que para isso precisassem dos recrutas trabalhando no império, Demetrius?

— Jaqueline, os anjos realmente são muito trabalhadores, e por isso estão incumbidos de trabalhar não só neste império, mas em muitos outros espalhados pelo Umbral. Como muitos são os impérios no Umbral voltados ao mal, os anjos necessitam de uma equipe que colabore com o trabalho deles. Os recrutas aqui estão iniciando um trabalho que será concluído daqui a algum tempo. A presença deles nas cidades que compõem este império vai limpando o ambiente das vibrações pesadas de que estejam impregnados e deixando vibrações benéficas que no futuro auxiliarão o trabalho dos três anjos e da equipe que estiver trabalhando com os anjos. Cada irmão que os recrutas ajudam, e que se deixa ajudar, será um irmão a menos que lutará em favor do imperador quando aqueles que lutam em favor de Deus aqui vierem para levar o imperador e os seus generais de volta ao caminho de Deus. É por isso que o trabalho dos recrutas é muito importante, pois eles, dia após dia ajudando diversos irmãos, vão aos poucos diminuindo o número dos espíritos que por medo ou por outro motivo servem ao imperador.

Fiquei pensando no que Demetrius disse e concluí que se existem muitos impérios maléficos no Umbral era porque ainda existem muitos irmãos de coração endurecido, que não trilham o caminho de Deus. Fiz uma prece por esses irmãos e pedi a Deus para continuar enviando os anjos para ajudá-los a reencontrá-lo.

Roseilane e uma senhora entraram conduzindo um rapazinho todo machucado para a enfermaria do abrigo. Vendo-o todo ferido, fui até a maca em que o colocaram e ajudei os dois enfermeiros a cuidarem dele.

Após o rapazinho ter recebido os primeiros cuidados, conversei um pouco com ele. O jovem ouviu-me, atento. Ele contou o que andava fazendo de mal e enquanto contava percebi que lágrimas rolavam por suas faces. Afaguei seus cabelos e, segurando suas mãos, convidei-o para fazer uma prece comigo. O rapazinho disse que não sabia rezar. Eu falei para ele repetir o que eu ia dizendo. Assim ele fez. Após a prece, o moço serenou um pouco. Apliquei-lhe um passe, e ele dormiu tranqüilo.

Rodolfo chamou Demetrius para uma conversa. Eu fiquei conversando com Roseilane.

Minha amiga foi contando sobre o seu trabalho e sobre as brincadeiras que vez ou outra aprontava com alguns dos habitantes da cidade.

Enquanto ouvia Roseilane observei alguns recrutas entrando no abrigo e saindo com remédios e alimentos. Eles sempre me cumprimentavam e sorriam.

Demetrius aproximou-se e disse que eu poderia conversar um pouco com Rodolfo. Ele iria conversar com Roseilane.

Eu e Rodolfo fomos até a sala da prece. Assim entramos, fizemos uma oração e ficamos conversando bem baixinho, de mãos dadas eu e Rodolfo.

Conversamos sobre nossos sentimentos e sobre nossos trabalhos. Depois de muito falar e nos abraçar com carinho, voltamos para a enfermaria.

Demetrius pediu para que todos dessem as mãos e formassem um círculo. De mãos dadas, Demetrius fez uma linda prece.

Eu abracei com carinho minha amiga Roseilane e os dois enfermeiros, e com muito amor abracei Rodolfo.

Despedimo-nos deles e, deixando o abrigo, eu e Demetrius regressamos para nossa colônia.

Nela chegando, agradeci a Demetrius por me ter concedido a oportunidade de matar a saudade do meu amado.

Demetrius sorriu e disse que ver-me feliz muito o alegrava.

Entrei no quarto, sentei-me na cadeira e comecei a recordar a visita feita ao meu amado. Após me emocionar com a recordação, peguei o material do curso e parti para mais uma aula sobre a doutrina espírita.

CAPÍTULO 21

O anjo e o santo

Ao chegar à colônia em que estudo, a professora Elisabeth começou a nos explicar sobre como nós, espíritos, podemos auxiliar os encarnados a colocar em prática a doutrina espírita. Ela nos deu dicas preciosas e nos disse que, sendo a doutrina dos espíritos, nós, espíritos, tudo teremos de fazer para que a doutrina verdadeiramente alcance o coração dos homens, e ao alcançá-lo os ajude a desejarem iniciar suas reformas íntimas.

A mestra falou da doutrina tão magnificamente bem que realmente despertou em todos nós o desejo de trabalharmos em prol dessa doutrina tão abençoada por Deus e pelos espíritos.

Concluída a aula, regressei à colônia. Apresentei-me ao trabalho e fui informada de que levaria um auxílio para duas jovens que estão em uma região de muita dor localizada no Umbral.

Parti acompanhada por uma jovem da minha equipe.

Chegando ao Umbral, uma senhora que aparentava quarenta anos nos aguardava. Ela sorriu ao nos ver e nos abraçou.

— Vocês devem ser as mensageiras celestes enviadas pela Colônia São Tarcísio para auxiliar as duas desventuradas jovens que, há cerca de três anos, cometeram abortos e sofrem bastante em um vale de muita dor – disse-nos.

A senhora foi nos conduzindo pelo Umbral. Ela nos disse ser a mãe de uma das pobres jovens. Falou que a filha e uma amiga desta, após terem engravidado e saberem que os rapazes que as engravidaram não iriam assumir os filhos, decidiram juntas cometer a monstruosidade do aborto. As duas foram até uma dessas muitas clínicas clandestinas de aborto existentes na capital paulista e se submeteram aos cuidados de pessoas inescrupulosas que não estavam nem um pouco preocupadas com as jovens, e sim com o dinheiro que delas receberiam. As duas, após alguns minutos nas mãos dessas pessoas de má índole, não suportaram a hemorragia causada pelo aborto e acabaram desencarnando. Logo que seus espíritos deixaram seus corpos físicos, foram lançados naquele local de sofrimento e, desde então, a senhora não cessara de elevar preces a Deus e pedir por sua filha, por sua amiga e pelas outras que lá sofriam.

Paramos próximo a um vale. As vibrações do local eram pesadíssimas. O local estava muito escuro. Ouvi lamentos e choros. Convidei minha companheira de equipe e a mãe da jovem a fazer uma prece.

A prece foi feita e, quando a concluímos, percebi que os lamentos e choros haviam cessado, e o local que antes estava escuro agora possuía pequena claridade.

Avistei várias jovens e algumas senhoras com semblantes desfigurados. Algumas seguravam as barrigas, outras olhavam para as mãos sujas de sangue e outras andavam de um lado para o outro, desesperadas.

A senhora nos apontou sua filha e uma jovem que estava ao seu lado. As duas, sentadas no chão, pareciam pensativas.

Eu pensei em Deus e no amor que o bondoso Mestre Jesus Cristo teria por aquelas pobres irmãs se as estivesse vendo naquele momento, e me lancei no vale. Parei ao lado das duas jovens e, sussurrando em seus ouvidos, disse-lhes para lembrarem-se de Deus e pedirem perdão por suas faltas.

As duas olharam uma para a outra e falaram que estavam com vontade de rezar. Ajoelharam-se, e cada uma começou a pedir clemência a Deus e a dizer que estavam muito arrependidas pelo que tinham feito.

A prece delas aos poucos foi se tornando bem sincera. Ambas começaram a deixar que seus corações falassem por elas e, através das lágrimas que jorravam dos seus olhos, permitiram que o pranto expressasse o arrependimento que verdadeiramente estavam sentindo.

Eu assoprei sobre elas e também sobre as outras. Tornei-me visível para as duas e estendi minhas mãos em sua direção.

As duas se levantaram e seguraram minhas mãos. Minha companheira de equipe veio até onde eu estava e, com delicadeza, abraçou uma das jovens.

Uma moça começou a chorar e a pedir a Deus que tivesse compaixão dela. Eu a olhei e também pedi a Deus para ajudá-la.

Junto com minha amiga de equipe, levamos as duas jovens até o local onde a mãe de uma delas estava.

A filha, vendo a mãe, lançou-se em seus braços e chorou.

Eu as deixei e voltei para perto da moça que tinha pedido compaixão para Deus. Ela estava ajoelhada e, batendo no peito, dizia estar profundamente arrependida do ato insano que um dia praticara. Ela invocou a Santíssima Virgem Maria, pedindo à Mãe de Jesus que intercedesse por ela, pois já estava cansada de sofrer, e chorando começou a rezar a ave-maria.

Assoprei nela e, sorrindo, lhe estendi minha mão direita. A moça agarrou-se aos meus pés e pedia perdão por tudo.

Com cuidado, fiz com que se erguesse e, abraçando-a, a conduzi até onde tinha levado as outras duas. Minha amiga de equipe, ao vê-la, a abraçou e disse-lhe palavras carinhosas.

Eu fui ao vale e fiquei observando as outras que nele estavam. Talvez uma outra também se arrependesse e pedisse ajuda. Após alguns minutos, como nenhuma delas mostrou estar arrependida nem clamou por Deus, voltei até o local onde deixara as outras.

Ao ser informada pela senhora que nos tinha levado até o vale da colônia que acolheria a sua filha e amiga, partimos levando até lá as três necessitadas de amparo.

No hospital da colônia, pedi abrigo para mais uma filha de Deus e, após tê-las deixado na enfermaria, eu e minha amiga retornamos para a Casa do Auxílio.

Logo que o relatório daquele auxílio ficou pronto e foi entregue a Demetrius, eu decidi ir até o Recanto de Energias recompor minhas energias. As vibrações pesadas daquele vale de sofrimento tinham sugado uma boa quantidade de minha forças.

Ao chegar, ouvi uma melodiosa música. Olhando em direção a uma das árvores que ficava próxima à beira do lago, avistei o anjo Lugiel sentado na grama, tocando violão e cantando.

Ao lado do anjo, também sentado, um garoto de uns treze anos, emocionado, ouvia o anjo cantar.

Após ter recebido as bolhinhas de vapor que me deixaram totalmente em paz e repuseram minhas energias, acomodei-me embaixo de uma árvore e fiquei ouvindo o cantar do anjo.

O anjo, ao terminar a canção, levantou-se, assoprou no violão, e esse se desmaterializou. O garoto também se levantou e ambos vieram caminhando até mim.

Conforme eles se aproximavam, notei que o rosto do garoto não me era totalmente desconhecido. Ele se parecia com alguém que eu conhecia. Busquei na memória informação de onde já o tinha visto e, por mais que tentasse encontrar a informação, não a encontrei.

— Que alegria vê-la, Jaqueline – falou o anjo, estendendo-me a mão.

Eu a apertei, e ele abraçou-me com efusão. Foi quando me senti tão em paz que tive a certeza de estar sendo abençoada por Deus. O abraço do anjo Lugiel é semelhante ao abraço de poucos encarnados que, ao nos abraçar, fazem com que sintamos, com seu gesto, que realmente nos estimam muito e desejam nossa felicidade.

— Apresento-lhe o querido Tarcísio, o governador desta colônia. – Lugiel indicou o garoto de treze anos.

Ouvindo o nome Tarcísio, descobri por qual razão o rosto do garoto me parecera familiar. O rosto dele é um pouco parecido com de um santinho de São Tarcísio que eu tinha, quando encarnada.

O santo sorriu bondosamente e me abraçou. Seu abraço me transmitiu o mesmo que o abraço do anjo.

Olhando para o santo, notei que ele era bem diferente do que eu imaginava. Sempre acreditei que no dia em que o visse na colônia ele fosse aparecer todo resplandecente e com uma linda auréola na cabeça. Mas ele estava a minha frente tão simples quanto eu e os demais moradores da colônia.

— A simplicidade é uma virtude que só causa bem a quem a tem – falou o santo. – Eu, Lugiel, você e tantos outros temos de nos esforçar para adquiri-la.

Fiquei toda vermelha e olhei para o lago.

— Embora um pouco atrasado, eu lhe dou as boas-vindas a essa colônia e desejo de todo coração que nela seja imensamente feliz – disse o santo, abraçando-me de novo.

— Gostaria de nos acompanhar até o jardim da colônia, Jaqueline? – perguntou Lugiel.

— Com certeza! – respondi.

Os dois foram andando. Eu caminhava ao lado deles e me maravilhava ao estar caminhando juntamente com um anjo e um santo. Observava-os com grande atenção.

Os dois caminhavam de forma majestosa. Seus rostos refletiam a mesma serenidade, e suas vibrações me causavam um bem-estar imenso. Seus olhares denotavam grande paz, e seus sorrisos transmitiam muita alegria.

A única coisa que constatei de diferente nos dois foram os fios que ligam o espírito do anjo Lugiel ao seu corpo físico. Fios esses que o santo não possuía por não estar encarnado.

Ao chegar ao jardim, os dois se sentaram em um banco e puseram-se a conversar. Eu me aproximei da fonte e fiquei contemplando os dois.

Percebi que ambos se davam muito bem e que uma forte amizade os unia. Enquanto conversavam eles sorriam e se abraçavam amigavelmente.

Deixando-os no jardim, retornei à Casa do Auxílio e fui selecionada para levar um auxílio a um posto de socorro localizado no Umbral.

Ao retornar dessa tarefa, recebi a informação de que deveria comparecer a uma reunião a ser realizada dentro de uma hora no auditório.

No horário da reunião, compareci ao auditório. Todos os moradores, com exceção de Rodolfo e Roseilane, nele se encontravam.

O santo, o anjo, Lucius e todos os responsáveis pelas equipes que trabalham na Casa do Auxílio estavam sentados em volta de uma grande mesa.

O santo levantou-se e nos convidou a proferirmos uma prece. Todos nos levantamos e passamos a acompanhar a prece que saía dos lábios do governador.

A prece feita pelo santo foi tão linda e tão cheia de fé que sobre todos nós caiu uma chuva de pétalas de rosas que, ao nos tocar, nos transmitiu muita harmonia.

O governador pediu para que nos sentássemos e, ficando em pé, começou a falar:

— Meus bondosos e queridos amigos! As graças e bênçãos de Deus continuam chegando até nós e até a nossa colônia. Aqui chegando através de vocês, nobilíssimos trabalhadores, essas graças e bênçãos têm se estendido a milhares de irmãos encarnados e desencarnados. Deus, que é infinitamente bondoso e misericordioso, muito tem se preocupado com seus filhos que se mantêm distantes dele. Sabedor de que muitos dos seus filhos estão sendo influenciados por outros seus filhos que trilham o caminho das trevas e por esses estão sendo arrastados ao caminho da perdição, autorizou o nosso amigo Lugiel e mais três anjos, esta colônia e outras cinco a começarem os preparativos para a construção de uma nova colônia espiritual. Essa colônia receberá os irmãozinhos de corações mais endurecidos e os auxiliará no caminho de volta ao Pai.

O santo fez uma pausa e nos fixou por algum tempo; depois continuou:

— Uma colônia, ao ser construída, necessita de espíritos trabalhadores para nela viverem e bem pregarem o amor e a caridade para com aqueles que nela receberão conforto espiritual. Alguns moradores desta colônia serão preparados junto com os outros das outras colônias para viverem na nova colônia que surgirá. O trabalho nessa futura colônia será árduo e necessitará de muito amor e desprendimento por parte de cada morador que nela vier a residir. Poucos de vocês foram selecionados para compor o número de habitantes desse lugar. Esses poucos, ao serem informados de que para ela se dirigirão, devem lembrar-se que a ela estarão indo desempenhar um grande auxílio, que será de vital importância aos irmãozinhos que ainda permanecem revoltados contra Deus e contra o próximo. Como sabemos que todos vocês são exímios trabalhadores da Casa do Auxílio, não hesitarão em levar esse auxílio a essa futura colônia quando lhes for pedido. Portanto, vocês terão de deixar a Colônia São Tarcísio para habitar a futura colônia.

O governador sentou-se, e Lugiel, levantando, começou a falar:

— A colônia somente será construída daqui a alguns anos. Durante esse período, os que foram selecionados para nela residirem se prepararão através de cursos e de outras atividades que contribuirão com seus futuros trabalhos na nova colônia. Antes de a colônia surgir, nós vamos construir um posto de socorro móvel próximo a algumas cidades brasileiras. Esse posto terá como objetivo receber alguns desses irmãos, e esses, quando no posto forem hóspedes, começarão a receber muito amor por parte dos que no posto estarão. Na próxima semana, teremos uma reunião com os encarnados que no futuro colaborarão conosco. A essa reunião comparecerão, além dos encarnados, o nosso bondoso amigo Tarcísio e os trabalhadores espirituais que no posto de socorro atuarão. Roguemos a Deus para que possamos ser dignos de desempenhar a tarefa que Ele nos concedeu, com muita caridade e muito amor no coração.

O anjo nos fixou demoradamente, assoprou sobre nós e depois sentou-se.

Fiquei imaginando que os moradores dessa futura colônia teriam um grande trabalho pela frente. Pois se lidar com um espírito bastante rebelde já é difícil, imagine lidar com uma porção deles ao mesmo tempo. Não seria nada fácil a tarefa que esses trabalhadores teriam pela frente.

O santo, levantando-se, pediu a Lucius para também se levantar. Ele agradeceu pelos anos que Lucius ficou à frente da Casa do Auxílio como diretor e pediu a todos para baterem palmas em homenagem à dedicação dele na Casa do Auxílio.

Batemos palmas. O governador da colônia, o anjo e os outros que estavam à mesa abraçaram Lucius.

O santo falou que a Casa do Auxílio, a partir daquele momento, contaria com um novo diretor. Ele pediu para os diretores das equipes que trabalham na Casa do Auxílio se levantarem. Eles se levantaram, e São Tarcísio, indicando-os, falou que após terem se reunido eles haviam escolhido Sulamita para ser a nova diretora da Casa do Auxílio. Lucius ocuparia a função que Sulamita antes ocupava. Estaria à frente da equipe que ela comandava.

Os outros se sentaram, e Sulamita ficou em pé. Nós batemos palmas. Sulamita disse-nos que semelhante a Lucius contava com todos nós para, juntamente com ela, dirigir a casa.

O santo e o anjo ainda nos deram algumas informações. Em seguida, Lugiel levantou-se e começou a fazer uma prece. Enquanto a fazia ele caminhava por todo o auditório e tocava cada um que estava presente.

Ao ser tocada pelo anjo, senti uma grande harmonia e uma grande paz de espírito. Aproveitei e pedi a Deus para que essa harmonia e paz de espírito chegassem até meus familiares e a todos os que eu tinha encontrado depois de desencarnada.

Depois da prece do anjo Lugiel, todos nós voltamos aos nossos afazeres.

Fui a uma nova aula do curso na colônia de estudo onde realizo o curso sobre a doutrina espírita.

Chegando da aula, me dirigi ao meu serviço. Ao chegar à sala em que trabalho, Demetrius pediu-me para acompanhá-lo até a casa onde o governador da colônia costumava atender. Para lá me dirigi com Demetrius.

Na casa, aguardei apenas cinco minutos até ser atendida.

Entrei com Demetrius na sala do governador. O santo nos acolheu com estima.

Lugiel, que estava ao lado do governador, nos abraçou com carinho.

Logo que eu e Demetrius nos sentamos, o santo, me olhando profundamente, disse:

— Jaqueline, Deus sempre convoca as pessoas certas para o trabalho certo. Você, minha amiga, foi convocada para ser uma das novas moradoras da futura colônia[18].

Levei a mão direita ao coração e disse:

— Meu Deus! Justo eu! – Imaginei o trabalho grandioso que tinha pela frente.

— Justamente você – falou o governador. – Se foi escolhida para nela viver é porque está apta a desempenhar o trabalho que lhe será pedido. Traba-

---

[18]Falo da construção dessa colônia e do trabalho desenvolvido nela no livro *Discípulos do Amor* (NAE).

lho esse que você já desempenha tão brilhantemente bem em nossa colônia. Na futura colônia, você terá grandes responsabilidades. Nela, não mais viverá para você, viverá exclusivamente para o próximo, se doará totalmente aos mais necessitados e não poupará forças para os auxiliar a todo momento.

O santo calou-se, e eu fiquei pensando no que ele me dissera.

— Você irá fazer um curso sobre como liderar equipes – disse o anjo. – Esse curso muito a ajudará. No posto de socorro que será construído, você estará comandando uma equipe e será responsável por ela.

— Eu?! Liderando uma equipe? Desculpem-me, mas não me sinto preparada para isso. Liderar uma equipe é uma grande responsabilidade.

— Responsabilidade essa que você já demonstrou possuir – falou Lugiel. – Recorde-se das belíssimas palavras do Mestre Jesus: "Muitos são chamados e poucos os escolhidos"[19].

O anjo fixou seu olhar penetrante no meu e não precisou dizer mais nada. Tinha compreendido claramente o que ele quisera dizer citando as palavras do Divino Mestre.

— Eis aqui uma inútil trabalhadora disposta a desempenhar com todo amor o trabalho que lhe será pedido – falei.

Demetrius abraçou-me e falou que mais uma vez estava muito contente comigo.

O santo abraçou-me e disse que era de trabalhadores inúteis como eu que a futura colônia e o futuro posto de socorro precisariam.

— Após concluir o novo curso, você será informada do trabalho que desempenhará no posto de socorro. Como estará fazendo dois cursos ao mesmo tempo, suas horas de trabalho na Casa do Auxílio serão diminuídas. Continue muito se esforçando e sempre tenha em mente que um espírito, ao atingir a vibração que você atingiu, vive unicamente em função da felicidade do seu próximo – falou com meiguice o anjo Lugiel.

São Tarcísio, o anjo Lugiel e Demetrius me disseram quando eu começaria o novo curso e que iria comparecer à reunião da próxima semana com os encarnados.

---

[19]Mateus 22,14 (NAE).

Deixando o santo e o anjo Lugiel na sala, eu e Demetrius saímos da casa e começamos a caminhar pelo jardim.

Após ter caminhado comigo por uns dez minutos, Demetrius deixou-me sozinha, e eu, sentada em um banco, rezei, pedindo a Deus forças para ser digna de executar com carinho e muita caridade o trabalho que me aguardava no futuro.

CAPÍTULO 22

A reunião

Durante os dias que se seguiram pensei muito no novo trabalho, e sempre pedia a Deus para me ajudar. Embora ainda não soubesse que tipo de trabalho eu ia desempenhar, tinha em mente que seria um trabalho muito grandioso.

Sentada em um banco do jardim, eu lia a introdução de *O Evangelho Segundo o Espiritismo.* No curso, tínhamos concluído o estudo de *O Livro dos Espíritos* e começado a estudar esse outro livro da codificação espírita.

Absorta na leitura só me dei conta de que alguém se sentara ao meu lado quando esse alguém falou comigo:

— Como cê é istudiosa, Jakalina! Quelia ser istudioso qui nem você – falou Caius Lucius, sorrindo.

Fechei o livro e o abracei com carinho.

— É tão bom ser braçado por uma moça bunita como cê, Jakalina. Tô té mi sintindo um artista di cinema.

Sorri e apertei suas bochechinhas.

— Só tô aqui pra lhi visar qui daqui a duas holas nóis vai si leunir na Colônia Bom Jardim cum os encarnados qui cum seus trabaios vai coopelar cunusco no posto de socolo que selá construído.

— Você também foi selecionado para trabalhar no futuro posto de socorro? – perguntei a Caius Lucius.

— No posto de socolo e na futula colônia também! Tô muito alegre di ter sido iscolhido. Quando os espílitos lancolosos e lebeldes tivelem no posto, vou fazer eles solir tanto que eles vão até si isquecer qui são lebeldes. Vô colocar todos eles pra cantar e dançar. Vai ser uma festona.

— Festona? Você só pode estar brincando comigo. Esses espíritos não vão querer saber de festa coisa nenhuma. Eles vão é se revoltar por estar no posto.

— Pode si levoltá à vontade. Mas qui vão cantar e dançar, eles vão.

— Como pode estar tão certo disso, Caius Lucius?

— Porque tudo é posível àquele qui kê. Eu keio muito em Deus, Jakalina. Eu keio muito. E kendo cum todo meu colação, credito qui esses espílitos que hoje são lebeldes amanhã si tornalão mansos como cordeilos.

— Assim espero.

— Xau, Jakalina! Mais tarde nos encontramos na leunião. – Ele me abraçou e beijou minha testa, depois saiu em direção à Casa da Prece.

Voltei minha atenção à leitura e, enquanto lia, verificava as anotações que tinha feito na aula e buscava compreender o que estava escrito no livro e nas anotações.

Li durante uma hora, depois entrei na Casa da Prece e fiz uma oração pedindo a Deus e ao bondoso Mestre Jesus Cristo para iluminar e abençoar a reunião.

Na hora da reunião, eu, Caius Lucius, Demetrius, Sulamita e Lucius nos dirigimos para a Casa da Prece. Nela já se encontravam muitos da nossa colônia. Fizemos uma prece e, antes de partirmos para a Colônia Bom Jardim, fiquei sabendo que os moradores da nossa colônia permaneceriam em prece até o momento em que a reunião com os encarnados fosse concluída. Outros das outras quatro colônias estariam fazendo o mesmo. Assim, enquanto estivéssemos reunidos com os encarnados, nós iríamos receber as benéficas vibrações que as preces deles nos proporcionariam.

Volitamos para a Colônia Bom Jardim. Quando chegamos, fomos até o Salão da Prece. Ao entrar, avistei São Tarcísio, o governador da nossa colônia, o governador da Colônia Bom Jardim e outros quatro que me pareceram governadores de outras colônias, além de outros espíritos.

Fomos abraçados por todos que já estavam no Salão da Prece.

Depois de dez minutos, chegou um grupo de quinze espíritos. Dois deles se apresentavam como generais do antigo Império Romano e os outros treze, como soldados romanos.

Quando um dos generais retirou o capacete da cabeça, todas as mulheres imediatamente olharam para ele com expressões sonhadoras. Era lindíssimo.

Perguntei a Sulamita quem eram os generais. Ela me informou que um se chama Azrael, e o bem simpático chama-se Rafael.

Rafael devia ter uns vinte e dois anos. Era alto, com cabelos castanhos cacheados que chegavam até os ombros. Sua pele era clara e limpa como a de um bebê. Seus olhos, de um azul profundo, seus dentes, todos retinhos e muito brancos. Seu nariz era bem afilado, seu físico, bem trabalhado, e sua voz, muito máscula. O homem era lindo demais, desses que quando chegam a algum local as mulheres começam a se abanar só de vê-lo.

Os generais e os soldados se sentaram.

São Tarcísio informou que todos os espíritos convocados a trabalhar no futuro posto de socorro já estavam presentes. Faltava apenas chegarem os encarnados. Alguns viriam por conta própria, outros seriam trazidos.

O santo pediu para os que estavam encarregados de buscar os encarnados fazerem-no. Alguns deixaram o Salão da Prece e seguiram para a Terra.

Fiquei observando os que tinham ficado no Salão da Prece. Avistei várias pessoas, entre elas um médico, quatro enfermeiros, um preto velho que sorriu bondosamente quando olhei para ele, dois índios, um deles Abimael, que veio até mim e abraçou-me.

Imaginei que o posto de socorro seria bem grande, pois grande era a quantidade de espíritos que nele trabalhariam.

O médium de Brasília que eu sempre visitava em sua casa entrou no salão acompanhado de um garoto que eu conhecera quando fora visitar o médium em uma cidade do Estado do Paraná.

Caius Lucius, ao ver o médium de Brasília, foi ao seu encontro e jogou-se nos braços dele, que o abraçou com carinho. Depois, o médium e o garoto sentaram-se.

Outros dois encarnados entraram no salão, uma mulher que aparentava uns quarenta anos e um rapaz de uns quinze. Os dois sentaram.

Em seguida, chegaram os espíritos conduzindo os espíritos dos outros encarnados, cujos corpos físicos repousavam tranqüilamente em suas residências no plano físico.

Ao todo compareceram cinqüenta e seis encarnados. No meio deles, uma freira, três pastores evangélicos, dirigentes de casas espíritas e outros.

Entre os encarnados não avistei o anjo Lugiel e estranhei que não estivesse presente.

Assim que todos os colaboradores chegaram, Demetrius fez uma prece.

A reunião teve início. Demetrius começou a conversar com todos.

— Queridos amigos! Aqui estamos reunidos para, com a graça de Deus, começar a estudar os preparativos para a construção de um novo posto de socorro. Todos os desencarnados já são cientes do trabalho que será desempenhado neste novo posto. Agora os encarnados saberão, através do nosso bondoso São Tarcísio, o trabalho que lhes será pedido.

Demetrius calou-se, e o santo começou a explicar aos encarnados sobre a construção do novo posto de socorro e da futura colônia. Ao saber o que teriam de fazer, os encarnados olharam para o santo e para Demetrius, assustados. Um deles disse:

— É um trabalho grandioso demais. Não sei se poderão contar comigo. Para esse tipo de trabalho terei de estar fazendo a reforma íntima a todo o momento e, como me conheço, sei que não serei capaz de fazer essa reforma constantemente.

Outros trinta e oito encarnados começaram a falar algo parecido e disseram para não contar com eles. O trabalho pedido era muito grandioso e estava acima das forças deles. Eles prefeririam continuar trabalhado bem pouco.

Demetrius conversou com todos. Mas os trinta e nove não aceitaram de forma alguma o trabalho que lhes estava sendo apresentado. Foram levados de volta aos corpos físicos, e ficaram apenas dezessete encarnados. Todos os dezessete estão encarnados em cidades brasileiras diferentes.

Os dezessete ouviram atentamente as colocações do santo e de Demetrius, e depois se colocaram à disposição.

Foi-lhes passado o que se esperaria de cada um deles e, conforme cada um escutava a missão que teria pela frente, ficava pensativo, para em seguida aceitar a missão com alegria.

O garoto do Paraná antes de aceitar olhou para o médium de Brasília. O médium piscou para ele, e o garoto, sorrindo, se colocou à disposição do trabalho.

Os dezessete receberam a incumbência de reunir outros encarnados para dar respaldo ao trabalho deles e da equipe espiritual que os iria assessorar.

Começou a ser decidido o local onde o posto de socorro seria construído. Nenhum dos encarnados queria que o posto ficasse acima das casas espíritas ou casas de outras denominações religiosas que eles freqüentavam.

Como o posto de socorro precisava de um local provisório para se fixar, Demetrius conversou com o médium do qual ele era mentor, e o médium concordou que o posto de socorro ficasse próximo de onde ele estaria.

Ficou decidido que o posto, por ser móvel, de três em três anos se locomoveria e ficaria no espaço aéreo de uma das cidades em que um dos dezessete encarnados vivia.

Começou a discussão das dependências do posto de socorro. Ficou acertado que o posto contaria com uma grande enfermaria com quartos individuais, um alojamento com quartos individuais para os trabalhadores do posto, uma sala de prece, um jardim com uma linda fonte, um refeitório, uma sala de diversões contendo brinquedos e uma pista de dança, três salas de estudos, um pequeno auditório, uma biblioteca e, atrás do jardim, um caminho que dava acesso a uma floresta com árvores floridas e pássaros de diversas espécies, além de outros animais dóceis. O caminho que saía do jardim se estenderia até o centro da floresta, onde estaria um lago com águas cristalinas, com bancos de madeira a seu redor. Esse local seria propício à meditação.

O santo pediu para que pensássemos em um nome para o posto de socorro. Diversos nomes foram citados, mas o escolhido foi o sugerido por Caius Lucius. O posto de socorro seria conhecido como Posto do Amor.

Ficou acertado que o posto de socorro começaria a funcionar dentro de alguns anos.

A reunião encerrou-se com uma linda prece feita por Sulamita.

Os encarnados começaram a retornar aos corpos físicos. Pus-me a pensar em quantos dos dezessete se lembrariam da reunião que tiveram no plano espiritual.

Demetrius, que certamente lera meus pensamentos, falou:

— Todos os dezessete se recordarão. Cada um recordará a sua maneira, mas todos saberão que assumiram compromissos que ajudariam muitos necessitados.

— Demetrius, entre os encarnados percebi que alguns não são seguidores da doutrina espírita. Pensei que para o trabalho que será executado no posto de socorro fossem convocados apenas espíritas.

— Os espíritos rebeldes não atormentam apenas os encarnados que são espíritas; também atormentam encarnados de outras denominações religiosas. Certamente os que são espíritas, ao terem maiores conhecimentos do plano espiritual, nos darão muito respaldo, mas os outros, de outras denominações religiosas, também darão. A freira é uma excelente médium. Através de sua mediunidade ela pode enxergar os espíritos que estão perturbando os encarnados, e com suas preces e imposição de mãos consegue afastá-los.

Regressamos à nossa colônia, e eu fui direito para o trabalho na Casa do Auxílio.

CAPÍTULO 23

Trabalhando com o médium

Duas semanas após a reunião, iniciei o curso sobre como liderar equipes. Esse curso será ministrado na Colônia Bom Jardim e durará apenas três meses.

Entre os alunos está o lindo Rafael, o general romano. Ao todo somos doze alunos.

A primeira aula foi interessante. O professor Lucas nos falou que, para se dirigir uma equipe, torna-se necessário amar todos que fazem parte da equipe e fazer com que os membros compreendam que eles fazem parte de um todo.

O professor foi dando a aula, e nós, atentos, ouvíamos suas explicações.

No final da aula, saí pensando em tudo o que tinha ouvido e disposta a colocar em prática o que fora pedido na aula.

Cheguei à Colônia São Tarcísio e fui trabalhar. Concluídas minhas horas de trabalho, dirigi-me à colônia onde faço o outro curso e assisti a uma nova aula.

Os três meses do curso sobre como liderar equipes passaram muito rápido. Foram meses muito proveitosos. Compreendo que fui preparada a liderar uma equipe; agora, saber se realmente conseguirei liderar, só saberei quando estiver perante uma atuando como líder.

Logo que cheguei à colônia com o diploma nas mãos de mais um curso concluído, Demetrius e Sulamita me deram parabéns por mais uma etapa de estudos concluída. O meu orientador me convidou para participar do Evangelho no lar na casa do médium de Brasília, e eu aceitei o convite, e volitamos até lá.

Fazia um bom tempo que eu não aparecia na casa do médium de Brasília. O trabalho na Casa do Auxílio e os cursos estavam sempre tomando o meu tempo.

Chegando à residência do médium, fiquei admirada ao notar uma construção espiritual colada à casa dele. Demetrius me falou que muita coisa mudara desde que o médium compareceu àquela reunião na Colônia Bom Jardim.

Uma escada de madeira em forma de caracol ligava o portão da casa do médium ao portão da construção do plano espiritual, dando a impressão de que a construção do plano espiritual fazia parte da casa do médium, como se fosse um segundo andar da residência do plano físico.

Subi a escada com Demetrius. Paramos diante do portão da construção do plano espiritual. Observando bem a construção, percebi tratar-se de uma casa.

Parada à frente do portão da casa do plano espiritual li, acima da porta, em letras douradas: "Casa de atendimento espiritual". A porta era de madeira bem trabalhada e envernizada.

A casa era toda cercada com uma grade. Tinha um pequenino jardim que embelezava a entrada. O jardim era todo gramado, cheio de pé de rosas amarelas e pé de margaridas, todos floridos. Possui dois bancos de madeiras bem trabalhados. Uma moça de semblante bem sereno estava sentada em um deles. Pássaros estavam pousados na grama, brincando alegremente.

Perguntei a Demetrius por que a escada ligava o portão da casa do médium ao portão da casa espiritual.

— A escada foi plasmada para que desencarnados, ao chegarem horas antes do início do Evangelho no lar realizado pelo médium, sejam acolhidos nessa casa espiritual e possam receber os primeiros cuidados antes de se apresentarem à escuta do Evangelho. Subindo a escada, eles pensam que a casa espiritual faz parte da casa do médium, e assim não colocam muitas barreiras ao atendimento que os socorristas lhes dão. A casa espiritual foi plasmada justamente para ajudar irmãos que, embora tenham desencarnado, acreditam ainda estarem encarnados. Vendo os socorristas e sendo por eles tratados com amor e carinho, eles começam a acreditar que existem muitas pessoas boas. Acreditando, eles se permitem ser ajudados, e permitindo tal coisa usufruem muito mais as energias benéficas que se fazem presentes na hora do Evangelho – esclareceu Demetrius.

— Que interessante! – exclamei.

A moça que estava sentada em um dos bancos levantou-se e abriu o portão. Ela sorriu, e nós retribuímos o sorriso. Demetrius me apresentou a ela. A moça chama-se Cecília. Ela fechou o portão e voltou a se sentar no mesmo banco.

Do portão até a porta de entrada da casa tem um caminhozinho de cerâmicas brancas. Em cada lado do caminhozinho, três roseiras com lindíssimas rosas amarelas. Não resisti e, antes de entrar na casa, toquei uma rosa amarela.

Demetrius abriu a porta e nós entramos na casa. Avistei uma sala imensa, com sofás confortáveis, uma estante com diversos livros, samambaias dentro de vasos espalhadas nos quatro cantos da sala e um quadro lindíssimo do bondoso Mestre Jesus Cristo.

Disse a Demetrius que aquele ambiente me dava a impressão de ser uma sala de espera. Ele disse-me que a sala era realmente uma sala de espera. Nela os espíritos que chegavam ou que eram trazidos pelos socorristas ficavam aguardando o exato momento de o Evangelho no lar ser iniciado.

Da sala, segui por um corredor com Demetrius. Ele bateu em uma porta, que se abriu, e um homem que me pareceu ter uns quarenta anos sorriu e nos mandou entrar.

— Ludovico, esta é Jaqueline. Jaqueline, este é Ludovico, um dos responsáveis por esta casa – falou Demetrius, nos apresentando um ao outro.

Ludovico estendeu a mão direita e eu a apertei.

— Convidei Jaqueline para conhecer a nossa casa e o seu funcionamento – disse Demetrius.

— Seja bem-vinda a esta casa de amor e de caridade, Jaqueline. Sinta-se à vontade nela. Logo, logo essa casa também será a sua casa. – Ludovico sorriu meigamente.

Demetrius pediu a Ludovico para me mostrar o restante da residência e comentou que necessitava conversar com o médium antes de ele iniciar o Evangelho. Retirando-se da sala, Demetrius me deixou em companhia do Ludovico.

Ludovico convidou-me para conhecer a casa, e deixamos a sala.

Entramos em outra sala. Ludovico disse-me ser ali que Demetrius atendia. Era bem simples e bem pequena. Tinha uma mesa com um vaso de flores e três cadeiras, além de uma janela e um tapete.

Saindo da sala de Demetrius, conheci um quarto enorme. Esse quarto era utilizado como enfermaria. Nele, avistei duas camas com lençóis brancos, dois tapetes aos pés das camas, uma mesinha ao lado de cada uma com um vaso com flores e um exemplar de *O Evangelho Segundo o Espiritismo;* um armário contendo medicamentos de primeiros socorros e um quadro do Cristo com as mãos estendidas, como se estivesse aplicando um passe nos que estivessem ocupando os leitos. E uma janela.

Ludovico me disse que muitos irmãos eram trazidos pelos socorristas muito doentes. Eles ficavam na enfermaria recebendo cuidados e, quando se mostravam um pouco melhor, compareciam ao Evangelho. Após o Evangelho, eles decidiam se queriam seguir para uma colônia ou se desejavam seguir seus próprios rumos.

Após conhecer a enfermaria, conheci o refeitório. Fui informada de que no refeitório eram servidos sopas e caldos de legumes aos irmãos enquanto esses esperavam na sala de espera pelo início do Evangelho.

Ao lado do refeitório, dois grandes banheiros, um feminino e outro masculino. Cada banheiro possuía três chuveiros e três vasos sanitários. Ludovico me esclareceu que alguns espíritos chegavam muito sujos. Eles eram convidados a tomar banho, e os que aceitavam o banho recebiam roupas limpas que eram plasmadas na hora por um dos trabalhadores da casa.

Ao sair dos banheiros, conheci uma saleta, utilizada para pequenos curativos. Ela possuía alguns medicamentos de primeiros socorros que os encarnados utilizavam. Ludovico comentou que muitos desencarnados vinham à casa em busca de medicamentos para os seus diversos ferimentos.

Ligada à salera dos curativos, uma sala imensa. Essa tinha uma mesa de madeira bem grande e ao redor da mesa diversas cadeiras. A sala era utilizada para as reuniões e outros encontros dos trabalhadores da casa.

Saindo da sala de reuniões entramos em uma sala pequena. Era a sala da prece, uma salinha bem simples. Logo que nela entramos escutei uma dessas músicas propicias à meditação. A sala tem um lindo tapete dourado, três poltronas confortáveis e uma Bíblia sobre uma mesinha. Essa mesinha está forrada com uma linda toalha branca de crochê.

— Ludovico, esta sala de prece se parece mais com uma sala de preces de espíritas. Muitos desencarnados não foram espíritas quando encarnados. Esses, ao entrarem aqui, não ficam receosos? – questionei?

— Não, Jaqueline. Você encontrou a sala da prece parecida com a de um espírita porque eu fui espírita em minha última existência terrena, e porque você está estudando a doutrina e muito empolgada com ela. Tanto que, ao entrar em qualquer sala de prece, não espera mais encontrar o que os católicos esperam quando entram em uma casa de oração. Se fosse um irmão que, encarnado, tivesse seguido a doutrina católica, ao ser convidado para vir a essa sala ele imediatamente pensaria em achar imagens de santos e outros objetos que caracterizassem sua doutrina. Seus pensamentos seriam conhecidos pelo trabalhador da casa que lhe fez o convite para vir aqui. O trabalhador, ao ter conhecimento do que o encarnado gostaria de encontrar, imediatamente plasmaria tais coisas, e o encarnado, ao entrar na sala, depararia com imagens de santos e outras coisas que esperava encontrar. O mesmo se daria em relação a um evangélico ou a um outro de outra denominação religiosa. Ele encontraria aquilo que espera encontrar.

— Que lindo, Ludovico! Quem pensou em tal coisa?

— Demetrius, Lucius, Caius Lucius, Sulamita, eu e outros trabalhadores desta casa.

Saímos da sala da prece e retornamos à sala de espera. Sentei-me em um sofá, e Ludovico, em outro. Recordei o que ele me disse quando Demetrius nos apresentou e perguntei:

— Por qual motivo você falou que logo, logo esta casa também será minha casa?

— Porque em breve você estará trabalhando nela.

— Eu?

— Você mesma.

— Quando isso se dará?

— Isso só Sulamita e Demetrius sabem. Tudo o que sei é que não irá demorar muito.

— O que Cecília faz sentada naquele banco do jardim? – perguntei, curiosa.

— Nossa amiga Cecília é uma trabalhadora desta casa. Ela está sentada no banco aguardando algum irmãozinho necessitado que venha em busca de auxílio. Assim que ela vê um desencarnado na rua, desce a escada e o aguarda no portão da casa do médium, gentilmente ajuda o desencarnado a subir a escada e o conduz aqui para dentro. Cecília também fica observando desencarnados que vagam sem destino e, ao perceber que um deles está machucado, o convida para fazer um curativo. Ele, ao entrar em nossa casa e receber o curativo, é convidado a tomar um banho e se alimentar um pouco. Depois, nós o convidamos para ficar um pouco mais e participar do Evangelho do lar na casa do médium. Muitos acabam aceitando, e ao participarem do Evangelho decidem parar de vagar e seguir um novo rumo.

— Trabalho bonito o dela. Só ela e você são os trabalhadores desta casa?

— Além de Demetrius e Sulamita, existem outros. No momento, eles estão andando pelas ruas desta cidade-satélite de Brasília ou por outras, além de outras cidades brasileiras. Em suas andanças eles sempre indicam o caminho desta casa para os desencarnados que estão vagando sem destino e trazem alguns que estão seriamente machucados. Você os conhecerá poucos minutos antes de o Evangelho no lar ter início.

A porta da casa se abriu, e Sulamita entrou na sala de espera, sorrindo. Abraçou Ludovico e em seguida abraçou-me.

— Que bom encontrá-la, Jaqueline! Gostaria que hoje observasse o trabalho na casa do médium com muita atenção. Esteja atenta a tudo o que acontecer e colabore na medida do possível – falou Sulamita.

Ela me deixou na sala de espera e saiu com Ludovico em direção da pequena enfermaria.

Saí da casa e me sentei em um dos bancos do jardim. Cecília não estava mais lá.

Escutei gemidos e, descendo a escada, vi Cecília e um rapaz amparando um senhor de idade todo ensangüentado. O sangue escorria por um ferimento próximo ao seu coração.

O rapaz deixou o senhor aos cuidados de Cecília e falou que iria buscar outra pessoa que também estava muito ferida.

Aproximei-me de Cecília e a ajudei a amparar o senhor. Com cuidado, nós o ajudamos a subir a escada e o conduzimos até a enfermaria.

Cecília começou a aplicar um passe no senhor. Eu abri o armário, apanhei algodão e comecei a limpar o ferimento. Depois, fiz um curativo e também apliquei um passe nele. Ele dormiu e Cecília me chamou para retornar à escada.

Logo que chegamos, vimos o rapaz que tinha trazido o senhor conduzindo um moço com três ferimentos no peito. Nós três levamos o rapaz até a enfermaria e começamos a tratar dele.

Após termos limpado o ferimento, fizemos curativos e aplicamos passes no rapaz. Ele adormeceu e nós três regressamos à escada.

Alguns desencarnados foram chegando. Cecília e Jéferson, o rapaz que tinha trazido os dois feridos, os iam conduzindo à sala de espera da casa do plano espiritual. Eu comecei a fazer o mesmo.

Observei que, logo que eles chegavam à sala de espera, Ludovico e Sulamita conversavam com eles e os convidavam para tomar banho e comer alguma coisa. Alguns aceitavam; outros, não.

Passei a ajudar Ludovico e Sulamita a servir caldo para aqueles que queriam se alimentar e a entregar uma toalha limpa, sabonetes e uma muda de roupa que plasmávamos aos que desejavam tomar banho.

Cecília e Jéferson continuavam trazendo pessoas para a casa, e eu me admirava ao notar quantos desencarnados estavam vindo participar do Evangelho no lar na casa do médium.

Comecei a me interessar por aquelas pessoas e, de posse de um pente, fui penteando algumas senhoras de idade que haviam saído do banho.

Demetrius entrou na sala e convidou-me a ir até o quarto do médium. Sulamita e Ludovico nos acompanharam. Chegando ao quarto, Demetrius, Sulamita e Ludovico começaram a fazer uma limpeza psíquica no quarto, nele deixando fluidos balsamizantes que ajudariam encarnados e desencarnados no momento do Evangelho. Após a limpeza, retornamos à sala de espera da casa do plano espiritual.

Cecília entrou na casa acompanhada de mais cinco pessoas. Ela me apresentou os cinco, informando serem eles outros trabalhadores da casa. Eles começaram a conversar com aqueles que aguardavam na sala de espera e a ajudá-los conforme a necessidade de cada um.

Vendo a dedicação deles para com todos esses irmãozinhos, eu senti o desejo de me juntar a eles e fazer parte daquela equipe que, em nome do bondoso Mestre Jesus Cristo, amparava e confortava tantos irmãos necessitados.

Contei trinta e dois irmãos que aguardavam o início do Evangelho no lar e fiquei pensando em como todos eles iriam caber dentro do quarto do médium. O quarto é pequeno, eles certamente ficariam muito apertados.

Demetrius chamou-me para ir até o portão da casa do médium. Segui meu orientador e ao chegar lá avistei o médium chegando acompanhado por um adolescente de uns catorze anos e por um rapaz.

Eles entraram na casa e foram direto ao quarto do médium. Eu continuei no portão com Demetrius.

Vi Rafael, o lindo general romano, chegando com um grupo de vinte soldados. Eles nos cumprimentaram e começaram a se posicionar ao redor da casa. Rafael fez uma prece, e um campo de força formado por luzes muito claras envolveu toda a casa.

Jéferson e Cristina ficaram um em cada esquina da rua acompanhado por um dos soldados romanos. Eles me pareceram estar vigiando a rua.

— Para que toda essa proteção em volta da casa do médium, Demetrius? – perguntei.

— A casa foi protegida para que irmãos desordeiros não a invadam e não prejudiquem o trabalho que será desenvolvido. O trabalho que encarnados ministram aos desencarnados é muito importante e de grande valor para ambos. Encarnados necessitam estar seguros para bem desempenhar o trabalho mediúnico. Seguros, eles permanecem em total sintonia com a espiritualidade e nos auxiliam imensamente.

Entramos no quarto do médium. Sentei-me na ponta da cama dele.

Indaguei a Demetrius se todos caberiam no quarto do médium, e ele me disse que ele e os outros trabalhadores, no momento do Evangelho no lar, ampliavam o tamanho do quarto; assim, o quarto comportaria todos os desencarnados que vinham participar do Evangelho. Ou seja, eles, com a força da mente, faziam uma réplica do quarto do médium, e nessa réplica triplicavam o tamanho original do aposento. Os encarnados continuavam vendo o quarto em sua forma original, mas os desencarnados viam um grande salão com cadeiras bem confortáveis.

Caius Lucius e três crianças entraram no quarto, nos abraçaram e ficaram de mãos dadas. Sulamita, Ludovico e Rafael vieram em seguida. Eles seguraram as mãos das crianças e de Demetrius e iniciaram uma prece. Enquanto a faziam, eu vi o quarto se estender e se transformar em um grande salão.

Nesse salão apareceu um imenso tapete amarelo-claro bem macio, cadeiras confortáveis com almofadas e plantas ornamentais nos quartos do salão, além de um armário com cópias dos livros que o médium utilizava, um violão e aparelhos que, quando quis saber para que serviam, me informaram que seriam utilizados no momento do Evangelho para ajudar os desencarnados.

Caius Lucius e as crianças pegaram livros e ficaram sentadas, aguardando.

Sulamita apanhou do armário o violão e sentou-se. Eu e Demetrius ficamos em pé.

O médium e os dois rapazes começaram a preparar o ambiente. Eles colocaram uma toalha branca em uma mesinha, uma jarra com água e copos, uma Bíblia, o livro *Lições para uma Vida Feliz*, um exemplar de *O Evangelho Segundo o Espiritismo* e livros de cantos.

Um dos médiuns pôs ao lado da jarra de água dois nomes de encarnados com os seus respectivos endereços. Um outro anotou outro nome com o endereço e também o colocou ao lado da jarra.

Sentaram-se e, concentrados, começaram a pensar em seus mentores e nos trabalhadores da casa.

Demetrius aproximou-se e ficou colado ao médium de que é mentor. Lucius entrou no quarto e ficou colado a outro médium; um jovenzinho surgiu e ficou ao lado do adolescente.

Cecília, Jéferson e os outros trabalhadores da casa espiritual entraram conduzindo os irmãos que tinham vindo participar do Evangelho. Apenas os dois que estavam adormecidos na enfermaria não compareceram.

Todos os desencarnados foram acomodados nas cadeiras. Eles, com olhar ansioso, ficavam olhando para os três encarnados que estavam sentados à mesa. Muitos deles não viam Demetrius e os dois outros mentores dos outros dois médiuns, nem alguns de nós que estávamos no quarto-salão.

Demetrius assoprou sobre o médium de Brasília, o nosso querido Roberto, que me pareceu ser o dirigente do pequeno grupo. Ele olhou o relógio e, vendo serem dezenove horas, fez uma prece de abertura. Roberto e os outros dois pegaram o livro de cantos.

Caius Lucius e as crianças começaram a distribuir cópias do livro de cantos para todos os desencarnados. Eu recebi um e li que na capa do livro estava escrito *Alegrando Corações.* Abri o livro na primeira página e deparei com o seguinte pensamento de Demetrius: "Cantar espanta a tristeza e alegra o coração".

O dirigente encarnado falou uma página do livro e o canto a ser cantado.

Sulamita posicionou o violão e dedilhou as primeiras notas. Os encarnados começaram a cantar.

Caius Lucius e as crianças, conforme Sulamita, os encarnados e nós desencarnados cantávamos, cantavam e faziam coreografias que nos faziam sorrir.

Concluído o primeiro canto, um segundo foi anunciado. Caius Lucius e as crianças convidaram os irmãos desencarnados que mantinham expressões melancólicas a cantar e dançar com eles. Alguns não queriam, mas Caius Lucius, com seu jeitinho alegre e encantador, acabava convencendo-os.

Vendo aqueles espíritos dançar e cantar com as crianças percebi que energias negras saíam deles e eram dissipadas pelos trabalhadores da casa espiritual.

Assim que o canto cessou, aqueles espíritos estavam mais alegres e sentaram-se nas cadeiras, bem animados.

Os encarnados alternadamente começaram a fazer uma linda prece. Enquanto isso, Caius Lucius e as crianças recolheram os livros de cantos e entregaram um exemplar do livro *Lições para uma Vida Feliz.*

Após a prece, um dos encarnados pegou o livro de autoria de Demetrius e o abriu na página que falava sobre o desapego. Todos nós abrimos o que tínhamos em mãos na mesma página.

O encarnado leu pausadamente e depois comentou o que leu. Notei que o comentário dele fazia muitos de nós, espíritos, refletir.

O que muito me chamou a atenção foi quando ele comentou que nós precisamos nos desapegar de sentimentos e emoções que não nos levam a lugar algum. Precisamos nos desapegar deles para que eles não continuem atrasando nosso crescimento e nos mantendo longe de Deus e do seu infinito amor. Desapegando-nos deles começaríamos a dar um passo em direção do nosso desenvolvimento, que nos ajudaria a sermos felizes e a proporcionar felicidades aos outros.

O encarnado continuou seu comentário. Ele tinha o dom da palavra. Falava tão bem sobre o desapego que eu estava verdadeiramente comovida.

Uma desencarnada que o ouvia atentamente começou a chorar. Sulamita dela se aproximou e, entregando-lhe um lenço, fez carinho em sua cabeça. Ela foi serenando e, com os olhos fixos no encarnado, como que bebia tudo o que ele dizia.

Depois de o comentário ter sido feito, o dirigente do Evangelho leu um salmo da Bíblia. O salmo escolhido foi o oitenta e cinco. Esse salmo fala da confiança do que teme a Deus no dia em que se acha em tribulação. É um salmo muito bonito.

Lido o salmo, o adolescente abriu *O Evangelho Segundo o Espiritismo* no capítulo quinze e leu os itens quatro e cinco, que falam sobre o maior mandamento. Comentários foram feitos dos dois itens. Todos os desencarnados estavam atentos a tudo o que os três médiuns comentavam.

Ludovico e Sulamita selecionaram três desencarnados para serem orientados através da psicofonia.

O dirigente fez uma nova prece e pediu autorização a Demetrius, mentor espiritual do Evangelho no lar daquela casa, e à espiritualidade para dar início ao trabalho mediúnico.

O médium abriu bem os olhos e começou a enxergar o que estava acontecendo no plano espiritual. Ele pediu para o rapaz se concentrar, e um dos três selecionados para a incorporação se juntou ao rapaz e começou a falar precipitadamente.

O dirigente esperou que ele terminasse de falar e passou a conversar calmamente com ele. Notei que ele sempre utilizava as palavras no plural e sempre olhava em direção a todos os outros espíritos que o ouviam. Ele conseguiu auxiliar o desencarnado, e esse, ao constatar que havia algum tempo tinha desencarnado, começou a chorar, mas depois se acalmou e aceitou a ajuda que lhe foi oferecida.

O segundo espírito selecionado se aproximou do adolescente. Tratava-se de uma criança de nome Jéssica. Chorava muito por se considerar perdida e distante dos pais. Chorou ainda mais ao saber que tinha passado para o outro lado da vida. O dirigente conversou bondosamente com ela e, com a ajuda de Caius Lucius, a fez perceber que o educandário espiritual é um lindo local e muito gostoso de se viver.

O último espírito a falar estava muito zangado. Exaltado, pedia para reconduzirem-no à casa do encarnado de onde o tinham retirado. Ouvindo suas exigências, Demetrius, Lucius e demais começaram a fazer preces e lhe aplicar passes. O adolescente rezou por ele, e o dirigente, ao conversar com ele, lhe aplicava passes. O espírito foi se acalmando e acabou contando sua história. Foi uma história triste. Ele queria saber por que tanto sofrera.

Ludovico pegou um dos aparelhos que vi no armário e o colocou na cabeça do espírito. Demetrius e Ludovico, assessorados pelo dirigente, conduziram o espírito a uma existência passada. Ele, ao observar aquela sua existência, entendeu por que sofrera e concordou em se preparar em uma colônia para em futura reencarnação tentar melhorar as suas atitudes.

Alguns dos que tinham vindo participar do Evangelho, ao escutar o que o dirigente, o rapaz e o adolescente disseram aos três que através da psicofonia se manifestaram, decidiram seguir os exemplos dos três e tratar de se ajudar também.

O dirigente convocou todos a pedir perdão a Deus. Os três e os outros que tinham aceitado mudar o rumo de suas vidas ajoelharam, e cada um começou a pedir perdão a Deus.

Após o pedido de perdão, foi rezado o pai-nosso e a prece de Cáritas.

O rapaz encarnado fez uma prece aos benfeitores da casa e pediu que eles continuassem a orientá-los ao bem.

Sulamita aproximou-se do dirigente e, através da psicofonia dele, conversou com os trabalhadores encarnados e desencarnados da casa.

Logo que Sulamita concluiu o que tinha a dizer, Demetrius e Ludovico tocaram a água da jarra, deixando nela muitas energias.

O rapaz fez uma prece, os três encarnados cantaram um canto e depois deram por encerrado o Evangelho do lar daquele dia.

Cecília, Jéferson, Ludovico e outros trabalhadores espirituais começaram a levar os que tinham pedido perdão e se arrependido de suas faltas para as colônias que os acolheriam.

Os poucos que não quiseram ajuda deixaram a casa e seguiram seus próprios caminhos.

Demetrius, Sulamita e Caius Lucius se aproximaram da mesa, e cada um anotou um dos nomes e endereços que os encarnados tinham colocado ao lado da jarra de água e o guardaram no bolso de suas roupas.

Os que tinham dado as mãos antes do início do Evangelho no lar fizeram o mesmo, e o salão foi desmaterializado.

Caius Lucius e as crianças higienizaram o quarto do médium e, após nos abraçar carinhosamente, Caius Lucius nos disse que iria visitar o encarnado cujo nome ele anotara e colocara no bolso. Na casa do encarnado veria de que ele estaria necessitando e o ajudaria conforme suas possibilidades.

Rafael e os soldados romanos fizeram uma prece, e o campo de força que tinha surgido ao redor da casa desapareceu. Despedindo-se de nós, saíram volitando.

Deixei o quarto com Demetrius e Sulamita, e regressamos à sala de espera da casa espiritual.

— Gostou de ter mais uma vez participado do Evangelho na casa do médium, Jaqueline?

— Gostei bastante, Demetrius. Muita coisa mudou desde a última vez em que participei. E para melhor. Você, Sulamita, Ludovico e demais trabalhadores desta casa estão de parabéns. É um trabalho muito belo o que estão desenvolvendo.

Ludovico entrou na sala acompanhado dos outros trabalhadores da casa. Abracei todos e falei estar muito contente ao verificar o trabalho deles.

Eles se sentaram e começaram a conversar sobre os preparativos para o próximo Evangelho no lar.

Fiquei ali ouvindo-os por um tempo, depois Demetrius me convidou para ir à casa do encarnado cujo nome e endereço ele anotara.

Fomos.

Ao chegarmos, vimos que o filhinho dele estava sendo prejudicado por energias negativas liberadas pela mãe, que desencarnara e estava ao lado do berço do garotinho.

Demetrius pediu para eu conversar com ela e auxiliá-la.

Baixei minha vibração e toquei o ombro da mulher. Ela me olhou assustada e abraçou o filhinho, dizendo que não me deixaria aproximar-me dele.

Com calma, fui conversando e explicando que ela não estava em condições de cuidar da criança. Ela me perguntou por quê, e eu, com todo cuidado, lhe disse que ela havia desencarnado.

Ao me questionar sobre o que significava ter desencarnado e receber a resposta, ela sentou no chão e começou a chorar.

Sentei-me pertinho dela e disse-lhe que o fato de ter desencarnado não significava que ela não poderia cuidar de seu filhinho. Ela só precisaria começar a aprender a ajudar para conseguir, no futuro, auxiliar seu filho e o marido. Aprendendo como ajudar, ela poderia até mesmo contribuir para a felicidade deles.

A mulher, ao me ouvir dizer que poderia ajudá-los a ser felizes, quis saber como fazer para aprender a ajudar. Eu lhe disse que somente estudando em uma colônia ela iria aprender, e a convidei a ir comigo até a colônia. Ela, ao abraçar o filhinho e beijá-lo na fronte, disse estar pronta para ir comigo.

Demetrius se fez presente e a levou para uma colônia.

Deixamos a mulher na colônia, que a abrigou, e partimos para a nossa Colônia São Tarcísio.

Antes de entrar em minha casa, questionei Demetrius sobre o seguinte:

— O médium de Brasília, em sua casa, está na verdade fazendo trabalhos mediúnicos que são realizados em casas espíritas. Fazendo esses trabalhos ele não está indo contra a doutrina espírita?

— De modo algum. Ele está é colocando a doutrina em prática. Não se esqueça de que ele aceitou colaborar com os trabalhos do futuro posto de socorro. Ele e os outros dois só iniciaram esse trabalho na casa do médium porque foram orientados pela espiritualidade para assim agir. Os três, e outros que surgirão mais tarde, serão os primeiros membros de uma nova casa espírita a ser aberta. Se uma nova casa espírita vai surgir, essa, com seus trabalhos, irá divulgar a doutrina, e assim estará colocando-a em prática. Assim sendo, os três médiuns, ao incorporar trabalhos mediúnicos no Evangelho do lar realizado na casa do médium de Brasília, estão colocando em prática o que o Espírito de Verdade definiu como o primeiro ensinamento da doutrina espírita ao dizer "Espíritas! Amai-vos..."[20]. Só quem ama, Jaqueline, é capaz de colocar a sua mediunidade a serviço, e através dela dedicar algumas horas a ajudar muitos desencarnados e alguns encarnados. Ajudando-os, eles se ajudam, e ao se ajudarem e ajudarem os outros, praticam a caridade; e a caridade praticada muito os auxilia, porque eles, semelhante a diversos espíritas, são conscientes de que fora da caridade não há salvação.

---

[20]Capítulo VI, item 5, de *O Evangelho Segundo o Espiritismo* (NAE).

Demetrius abraçou-me e falou que, após minha hora de descanso, me aguardaria na sala da diretora da Casa do Auxílio.

Entrei em casa e fui ao meu quarto. Fiz uma prece pelos três médiuns e pelos trabalhadores da casa espiritual plasmada acima da casa do médium de Brasília.

Apanhei papel e caneta e comecei a escrever o que acabara de vivenciar.

Concluída minha hora de descanso, compareci à sala da Sulamita. Meu orientador estava lá, sentado em uma cadeira.

Sentei-me e fiquei aguardando o que eles tinham para me falar.

— Jaqueline, você parece ter ficado muito entusiasmada com o trabalho desenvolvido por Ludovico e a sua equipe na casa de atendimento espiritual – falou Sulamita.

— Fiquei mesmo. O trabalho deles é muito bonito. Eles se doam com amor ao trabalho, e com sua dedicação para com os irmãozinhos demonstram que muito os amam e que eles são importantes para Deus.

— Gostaria de se juntar a eles e estar à frente de uma equipe trabalhando com o médium?

— Gostaria muito, Sulamita.

— Fico feliz em ouvir sua resposta. Demetrius e eu a selecionamos para auxiliar os trabalhos desenvolvidos na casa de atendimento espiritual e colaborar com o médium brasiliense quando ele necessitar. Selecionamos Murilo para fazer parte da equipe que você comandará. Os dois representarão a Casa do Auxílio no plano físico e, como representantes de nossa casa, estão aptos a auxiliar todos que necessitarem de sua ajuda. Logo que um auxílio for efetuado, um dos dois se dirigirá a nossa colônia e entregará o relatório ao responsável de suas equipes. Os dois também continuarão sendo selecionados por nossa Casa do Auxílio para auxiliar aqueles que estão sempre nos pedindo ajuda. Como ficarão um bom tempo no plano físico, só serão selecionados pela nossa casa para ajudar nos pedidos que vierem de encarnados. Confio em Deus que farão um excelente trabalho – explicou Sulamita.

— Você será responsável em montar uma equipe que dê respaldo aos pedidos dos encarnados, Jaqueline. Os três médiuns estão sempre colocando nomes e endereços de encarnados na mesa dos trabalhos. Você viu quando eu, Sulamita e Caius Lucius copiamos os nomes e endereços e ficamos responsáveis de visitar os encarnados que pediam auxílio. Esteve comigo em casa de um deles, e você mesma ajudou a solucionar o problema que afligia o encarnado. – Demetrius parou de falar, me dando tempo para memorizar o que ele tinha dito.

Demetrius olhou-me profundamente e em seguida voltou a falar:

— Seu trabalho e o trabalho da sua equipe é providenciar para que os encarnados que pedem auxílio da espiritualidade através dos nomes colocados na hora do Evangelho no lar recebam, de acordo com seu merecimento, o auxílio pedido. Além da sua missão, você passará a acompanhar o médium quando eu, Sulamita ou Caius Lucius não estivermos com ele. Acompanhando-o e o orientando quando ele precisar, você estará criando grande afinidade com o médium. Essa afinidade será importante, pois, quando se sentar com ele para iniciar uma de suas missões, ele irá bondosamente cooperar com você – explicou-me Demetrius.

Os dois me passaram algumas instruções. Ficou decidido que, após minhas aulas do curso e após ter guardado o material em meu quarto, eu iria até a casa de atendimento espiritual e começaria a trabalhar. Trabalharia o tanto de horas que já trabalhava. Depois retornaria à colônia ou ficaria com o médium ou na casa de atendimento espiritual.

Demetrius ficou de me apresentar aos outros dois que fariam parte da equipe na qual eu iria trabalhar e que iria liderar. Ele disse que os trabalhos mediúnicos incorporados ao Evangelho no lar na casa do médium de Brasília são realizados apenas duas vezes por semana; nos outros dias o médium faz o Evangelho no lar sozinho.

Demetrius fez uma prece pedindo a Deus para me abençoar no novo trabalho que eu e Murilo tínhamos pela frente.

Deixei-os e fui à sala em que ainda trabalho. Após uma hora, eu e Murilo fomos selecionados para levar auxílio a uma livraria espírita em uma capital de um Estado brasileiro.

Lá chegando fomos acolhidos pelo espírito protetor da livraria. Ele nos disse que a livraria tinha sido tomada por uma gangue de espíritos mal intencionados. Eles queriam que a livraria passasse a vender livros e revistas não condizentes com a moral. Essa gangue, muito revoltada com o fato de o proprietário não acatar suas sugestões, se imantava a todo encarnado que entrava na livraria e o sugestionava a não comprar nenhum livro. O encarnado acatava a sugestão e saía sem nada comprar. Por causa disso, a livraria vinha passando por sérias dificuldades financeiras. O proprietário andava muito preocupado, já cogitando a idéia de fechar as portas.

Nós três nos sentamos e elaboramos um plano. Começamos a fazer uma limpeza psíquica em toda a livraria. Depois, nos aproximamos da gangue e de mãos dadas assopramos sobre ela. Os cinco membros da gangue se arrepiaram e começaram a olhar para os lados. Um deles disse:

— O camarada que tenta proteger este lugar deve ter chamado alguém para ajudá-lo. Vamos ficar do lado de fora e continuar influenciando os que vêm aqui. Vamos sair logo, antes que essa nova vibração que circula pela livraria nos sufoque e nos torne fracos.

A gangue saiu e ficou em frente à porta. O que tinha falado encostou-se nela, colocou a cabeça dentro da livraria e gritou:

— Não adianta querer proteger essa livraria. Ela será nossa. Enquanto esse otário aí não começar a vender os livros e as revistas que queremos, essa livraria não vai vender mais nem um único livro. Assim, terá de fechá-la, e nós nos apossaremos dela totalmente e tudo faremos para que ela se torne uma livraria que só venda materiais obscenos. É o que queremos e vamos conseguir. – Ele começou a gargalhar, e os outros o imitaram.

Eu, Murilo e Robson, o espírito que dá respaldo à livraria, unimos as mãos e fizemos uma prece.

Um encarnado dirigiu-se ao local. Um dos componentes da gangue o cercou e começou a sugerir algo para ele. Eu e Murilo nos aproximamos e começamos a sugerir ao encarnado que entrasse na livraria. Assopramos no encarnado e retiramos as energias negativas que o outro lhe passava ao ter se colado a ele. Assopramos no desencarnado. Ele se desequilibrou e caiu ao chão. Os outros de sua gangue começaram a rir. Eu e Murilo conduzimos o encarnado à livraria e Robson ficou assessorando-o.

O encarnado saiu da livraria com dois livros. A gangue, ao ver isso, ficou zangada e começou a lançar impropérios.

Durante duas horas fizemos a mesma coisa. Eu e Murilo, ao observamos que alguém iria entrar na livraria para adquirir algum livro ou outro material, ficávamos ao lado desse alguém, fazíamos prece e aplicávamos passes no encarnado e no desencarnado da gangue. Quando o encarnado entrava, Robson logo se aproximava dele e o ajudava, bem como ao funcionário da livraria, a encontrar o que ele fora procurar.

Eu decidi me apresentar à gangue e conversar com seus membros. Assim o fiz. Logo que me viram, começaram a dizer palavrões. Eu os deixei falando até que se cansassem. Vendo que eu não estava nem um pouco ligando, calaram a boca e ficaram me olhando desconfiados. Comecei a lhes dizer que a livraria estava sob a proteção de espíritos que, em nome de Deus, estavam autorizados a auxiliá-la e a auxiliar todos os que a estivessem prejudicando. Disse-lhes que se continuassem prejudicando a livraria eles seriam levados para um local bem distante dela, e de lá não sairiam por um bom tempo.

— Quem vai nos tirar daqui? Você, sua feiosa? – perguntou o que falara anteriormente.

— Ela e nós – respondeu Murilo, que se fez presente a eles com Robson.

— Vocês três acham que vão dar conta de nós cinco?

— Não estamos sozinhos. Estamos acompanhados por Deus. E tendo Deus como nosso protetor, nós tudo podemos – falou Murilo.

A gangue baixou a cabeça.

Um dos que ainda não tinha falado disse:

— Cambada, vamo simbora daqui. Não quero sair desta cidade. Eles parecem não estar brincando. Eu não vou ficar mais aqui.

— Amarelou, Ronivon! Que é isso, mano! Parece marica! – disse o que sempre falava. – Daqui eu não saio, velho. Quero ver esses babacas me tirarem daqui. Tô decidido a fazer dessa livraria uma livraria que venda livros e revistas pornográficos e não arredarei o pé enquanto não conseguir, meu chapa. Sossega e fica frio, velho.

— Você deveria ajudar a livraria a começar a vender os livros que ela se propôs a vender, e não o que é do seu interesse. Ajudando a livraria, você também se ajudará, e acabará melhorando sua situação – falei. – Olhe para você! Está todo maltratado, exala mau cheiro, está ferido, precisa de cuidados. Venha com a gente. Tome um bom banho, vista roupas novas, alimente-se e comece a cuidar de si.

— Tomar banho? Tá maluca, é! Vou ficar é aqui, já disse.

— Eu quero tomar um banho, sim – falou a única moça da gangue. – Cansei de ficar dentro dessa livraria. Quero um bom banho e um bom prato de comida.

Murilo imediatamente segurou sua mão e a conduziu para um posto de socorro que ficava nas imediações da capital daquele Estado.

Os outros quatro ficaram pensativos. Três decidiram abandonar a livraria e seguir para outro local. O que disse que iria ficar lá ficou.

Murilo retornou; nós regressamos para a Casa do Auxílio e fizemos algumas anotações na pasta do dono da livraria.

Na hora do curso, compareci a uma nova aula e prestei muita atenção ao que a professora Elisabeth explicava.

Terminada a aula, regressei à livraria com Murilo. O espírito continuava no mesmo lugar e sempre tentando sugestionar os encarnados a não comprar nenhum livro ali. Murilo, eu e Robson fazíamos o inverso dele, e o encarnado entrava e adquiria algum livro. O espírito ficava maluco e investia no próximo encarnado com muita energia, mas, como éramos três, o encarnado acabava acatando nossas sugestões.

Continuamos no outro dia a fazer o mesmo. Nós não queríamos tirar o espírito dali contra a vontade dele, gostaríamos que ele mesmo deixasse aquela livraria ou aceitasse a ajuda que nós lhe oferecíamos. Ele não aceitava, mas, sem que percebesse, íamos lhe aplicando passes.

Chegando o dia em que Demetrius apresentaria a mim e Murilo aos outros que iriam compor a equipe de trabalho na casa de atendimento espiritual e na casa do médium, deixamos o espírito aos cuidados de Robson e partimos para a nossa colônia. Procuramos Demetrius, e com ele seguimos até Brasília.

Entramos na sala de espera da casa de atendimento espiritual. Avistei alguns irmãos que já aguardavam o início do Evangelho no lar. Ludovico nos recepcionou sorrindo.

Um rapaz e Cecília vieram até nós. Demetrius nos convidou para entrar em sua sala. Entramos e nos sentamos.

Fomos apresentados uns aos outros. O rapaz chama-se Vinícius.

— Os quatro vão compor a equipe de auxílio desta casa. Jaqueline estará à frente da equipe, mas todos são responsáveis por ela – falou Demetrius. – Vocês cuidarão para que os encarnados e também alguns desencarnados recebam auxílio quando nos pedirem. Com exceção de Murilo, os três já viram como esse trabalho é feito. Anotem os nomes e endereço que os encarnados colocarem na mesa em que estiverem reunidos e, de posse deles, visitem os encarnados que pedem auxílio e os auxiliem. Vocês também anotarão os nomes dos desencarnados de que os familiares pedem notícias e procurarão descobrir onde esses encarnados estão; ao encontrá-los colherão notícias deles, e na medida do possível essas notícias serão passadas aos médiuns, que, orientados pelos seus mentores, passarão, de acordo com as orientações que receberem, as notícias aos encarnados que as pediram. Vocês não ficarão trabalhando apenas nesta casa de atendimento espiritual e com os três médiuns que fazem o Evangelho no lar em casa de um dos médiuns; também auxiliarão pedidos que outros encarnados levam às casas espíritas desta cidade e de outras cidades brasileiras. Algum de vocês gostaria de perguntar alguma coisa? – indagou Demetrius.

Ficamos os quatro em silêncio.

Demetrius, levantando-se da cadeira, nos abraçou e disse que em nome da Casa do Auxílio e em nome de todos os trabalhadores da casa de atendimento espiritual, ele autorizava o início dos trabalhos da nova equipe.

Demetrius nos deixou na sala e saiu. Nós quatro ficamos conversando, para irmos nos entrosando. Decidimos que nossa equipe chamaria Equipe do Auxílio.

A nossa equipe é composta por jovens. Murilo tem quinze anos, eu, dezesseis, Cecília, vinte e dois, e Vinícius, dezoito.

Após deliberarmos a forma como iríamos trabalhar, deixamos a sala e começamos a ajudar os que estavam na sala de espera aguardando.

Duas horas antes de o Evangelho começar, eu e Vinícius acompanhamos Demetrius e os outros ao quarto do médium, e com eles fizemos a limpeza psíquica no local.

Na hora do Evangelho, eu e a equipe ficamos sentados participando e atentos a tudo.

Poucos minutos antes de o Evangelho ser concluído, Demetrius conversou com o médium e apresentou a ele a nossa equipe. O médium nos olhou e, sorrindo para cada um de nós, nos deu as boas-vindas e disse estar muito contente com a nossa presença na casa. Fez votos para que tivéssemos êxito em nossos trabalhos e pediu para sempre ajudarmos os mais necessitados. Depois, informou aos outros dois médiuns de nossa presença e o trabalho que iríamos desempenhar.

Eu, aproximando-me da mesa onde eles tinham colocado os nomes, os anotei. Os outros três da equipe fizeram o mesmo. Depois retornamos para o local em que estávamos sentados.

Concluído o Evangelho, Demetrius pediu para que eu continuasse no quarto do médium. Os outros três da equipe foram para a casa plasmada acima da casa do médium. Fiquei de me encontrar com eles mais tarde.

Os outros dois médiuns se ausentaram do quarto. No quarto ficaram o médium de que Demetrius é o mentor, eu, Caius Lucius, Demetrius e Sulamita.

Nós quatro nos sentamos, e Demetrius, através da mediunidade do médium, começou a conversar com ele.

Meu orientador falou para o médium que a partir daquele dia eu começaria a acompanhá-lo e, semelhante a ele, Caius Lucius e Sulamita, passaria a ser um espírito protetor dele.

Ouvindo Demetrius dizer isso, fiquei toda seja jeito. Eu um espírito protetor! Que responsabilidade! Ser protetor de alguém não é uma tarefa fácil.

— Você será apenas protetora, Jaqueline. Não será mentora – falou Demetrius. – Sua tarefa ao lado do médium consiste apenas em acompanhá-lo e ajudá-lo a auxiliar encarnados ou desencarnados que, através da mediunidade dele, necessitem ser amparados. Você, antes de auxiliar um desses, precisará conversar com o médium e verificar a possibilidade de ele cooperar no auxílio que você pretender dar a alguém.

O médium me olhou profundamente e disse:

— Não vá querer ajudar todos que encontrar, senão eu não terei nenhum descanso. – Colocou a mão na boca e sorriu.

Nós também sorrimos.

O médium, olhando-me com doçura, falou:

— É para mim uma grande honra poder passar algumas horas em sua companhia. – Olhou-me novamente com doçura e fez um gesto singular com a cabeça.

Fiquei olhando-o me fitar daquela forma e tentei lembrar quem me olhava daquele mesmo jeito.

— Que estranho! — disse para mim mesma. — Alguém me olha do mesmo jeito que ele me olhou e movimenta a cabeça da mesma forma que ele movimenta. Não lembro quem é agora, mas preciso descobrir de quem se trata.

Caius Lucius ficou em companhia do médium. Nós três nos ausentamos. Eu fui até o encontro da minha equipe.

Encontrei todos na sala onde os trabalhadores da casa se reúnem.

Cecília e Vinícius, por terem quando encarnados vivido em Brasília e dessa forma conhecerem a cidade melhor do que eu e Murilo, ficaram responsáveis em nos levar aos endereços que tínhamos anotado durante o Evangelho no lar.

Dividimo-nos em dois grupos. Eu fiquei com Vinícius, e Murilo com Cecília. Partimos em nossa missão.

Chegando à casa do encarnado que pedira auxílio, eu e Vinícius verificamos que a esposa dele sofria obsessão por parte de uma antiga noiva do marido dela. Conversando com os mentores do casal, ficamos sabendo que a antiga noiva fora abandonada no altar pelo homem. A encarnada jurou no pé do altar que iria se vingar dele. Ela sofreu um acidente automobilístico e acabou desencarnando. Desencarnada, passou a acompanhar o ex-noivo e a prejudicá-lo. Imantada à esposa do seu ex-noivo, ela sugava as energias da mulher e a fazia maltratar o esposo. Desde que a mulher fora vítima da obsessão, a pobre-coitada mal tinha forças para se levantar da cama e ir ao banheiro. Vivia o dia inteiro prostrada na cama.

A primeira coisa que eu e Vinícius fizemos foi convidar os dois mentores a fazer uma prece pela noiva desencarnada. Depois, pedi para que todos nós ao mesmo tempo déssemos um passe em ambas.

Logo que impusemos nossas mãos nelas, a desencarnada soltou um grito e afastou-se da mulher, que suspirou, levantou-se da cama e foi tomar água. Falou com o marido que assistia a um programa na televisão e sentou-se próximo a ele. O esposo a olhou com carinho e a abraçou.

A desencarnada, vendo-os abraçados, partiu para cima deles. Eu entrei na frente dos dois e me fiz visível a ela. Ela estacou. Conversei com ela. A ex-noiva apenas me disse que daquela casa não sairia. Só sairia no dia em que a esposa do seu noivo o abandonasse ou não mais acatasse suas sugestões.

Ouvindo aquilo, descobri que ela sabia o que estava fazendo. O jeito era começar a ajudar a esposa a rezar e a pedir a Deus que a iluminasse e a ajudasse a sair daquela situação.

Fizemos outra prece.

Eu e Vinícius demos um novo passe na encarnada e retornamos para a casa onde estávamos trabalhando.

Encontramos Cecília e Murilo, e eles nos relataram o que viram na casa que tinham ido visitar. Combinamos de voltar nas duas casas nos dias seguintes. Fizemos uma prece, e eu Murilo fomos até a livraria.

Ao chegar, vimos que o espírito que tinha ficado estava sentado na porta, e parecia estar pensativo. Robson nos acolheu com carinho.

Eu me aproximei do espírito, e ao vê-lo senti compaixão ao perceber que ele parecia estar com muita fome.

Volitei até o posto de socorro a que Murilo tinha levado a moça que fazia parte da gangue e pedi alimentos.

De posse deles, retornei à livraria. Toquei no ombro do espírito e lhe estendi os alimentos. Ele os pegou e os devorou. Estava com muita fome. Dei-lhe água. Ele a bebeu e, ficando em pé, disse:

— Obrigado! Agora tenho forças para continuar tentando atrapalhar essa livraria.

— Meu irmão! Não percebe que seus esforços estão sendo inúteis? Por que insiste em continuar prejudicando essa livraria, que com seus bons livros só tem ajudado aqueles que usufruem suas leituras?

— Isso não é da sua conta. Vou ficar aqui até fazer com que o dono vá à falência.

— Você vai perder seu tempo tentando fazer isso. Se tivesse de conseguir o que deseja, há muito já o teria conseguido. Está há tanto tempo aqui, e até agora nada conseguiu.

— Porque você se intrometeu e fez minha gangue me abandonar. Não deveria ter aparecido aqui. Ninguém a chamou.

— Aí é que você se engana. O dono da livraria, através de suas preces, nos chamou sim. Robson, que você conhece, também elevou preces, e nós fomos enviados para auxiliá-los.

— Você quer dizer que as preces deles foram o motivo de você e esse metido do seu amigo aí... – Apontou para Murilo. – ...terem aparecido para ajudar?

— Foram as preces deles, sim.

— E por que quando rezava ninguém nunca apareceu para me ajudar?

— Talvez porque suas preces não tenham saído do seu coração – disse Murilo.

— Acho que num saíram mesmo, meu chapa!

— Não quer fazer uma prece agora, junto com a gente? – perguntei.

— Com vocês?

— Conosco! Quer? – voltei a perguntar.

— Jamais.

— Por que não quer, meu irmão? – questionei.

— Porque não quero e pronto. Digam-me uma coisa: vocês vão ficar direto aqui?

— Em nome de Deus, vamos ficar aqui ajudando pelo tempo que for necessário.

— Então vou me mandar. Deixarei esse paspalho dono dessa droga de livraria em paz e vou procurar um local onde se venda o tipo de livros e revistas que eu curto ler e ver.

— Aí, mano velho! Tá a fim de que eu te leve numa parada ali? – perguntou Murilo usando um linguajar parecido com o dele.

— Que parada é essa, velho?

— Chapa! Vou te levar para uma gangue muito maneira. Tu vai ficar de boa nela. Lá só tem gente doidona que nem você – falou Murilo.

— Então vamo nessa, maluco! Tô doido pra conhecer essa gangue.

— Me dê a mão, *brother*, e vamo nessa. – Murilo deu uma discreta piscadinha em minha direção.

Segurando a mão do rapaz ele saiu volitando com ele.

Depois de quinze minutos, retornou e nos falou que o deixara em uma colônia onde havia uma gangue voltada a ajudar espíritos como aquele.

Caminhamos pela livraria e deixamos boas vibrações nela. Abraçamos Robson e, nos despedindo dele, retornamos à nossa colônia. Fizemos o relatório, entregamos a Demetrius e eu fui para uma nova aula do curso.

Na aula, aprendi como alguns espíritos podem manipular o ectoplasma liberado por certos médiuns e através dele realizar materializações.

Logo que saí da aula, fui até a casa de atendimento espiritual em Brasília. Os outros três da equipe nela já se encontravam. Voltamos às casas e continuamos no trabalho de auxílio aos encarnados que o tinham solicitado através dos nomes que anotamos na casa do médium de Brasília.

Retornamos a essas duas casas por mais cinco vezes. Conseguimos ajudar a esposa a fazer preces e, conforme ela rezava, a desencarnada que fora abandonada no altar não mais encontrou campo de atuação. Após aceitar a nossa ajuda, levamos a desencarnada aos trabalhos mediúnicos da casa do médium, e ela, após ter falado através da psicofonia de um dos médiuns, recebeu orientações e partiu para uma colônia.

Os dias foram transcorrendo. Nossa equipe começou a trabalhar bastante, pois os nomes colocados pelos médiuns na mesa dos trabalhos começaram a se multiplicar. Outras casas espíritas também começaram a colocar nomes na mesa na hora dos seus trabalhos mediúnicos.

Eu sugeri ao médium de Brasília que colocasse uma caixinha na mesa, e logo que os trabalhos fossem concluídos ele colocasse os nomes dentro da caixinha. Assim, nós da equipe poderíamos consultar os nomes e endereços sempre que necessitássemos. Comuniquei ao médium que logo que os auxílios fossem concluídos avisaria para que os nomes e endereços fossem retirados da caixinha. Disse ao médium ser interessante retirar os nomes e colocá-los na mesa sempre que eles fossem fazer o Evangelho no lar. Dessa forma, aquelas pessoas cujos nomes estavam na mesa continuariam recebendo as boas vibrações que a equipe espalhava na casa.

Passei a ficar com o médium alguns dias da semana. Durante esses dias, eu sempre aproveitava para dar um jeito de ajudar um dos encarnados ou desencarnados que encontrávamos. Auxiliar é o meu trabalho, e como membro da Casa do Auxílio devo sempre fazê-lo.

Eu gosto de acompanhar o médium de Brasília, a sintonia que ele tem comigo é impressionante. Escuta-me perfeitamente bem e me visualiza da mesma forma como visualiza os encarnados. Trabalhando com ele eu coloco em prática o que aprendo no curso que faço referente à doutrina espírita.

Ao lado do médium, costumo manipular os bons fluidos que ele emite quando está em prece, e em posse desses fluidos, eu os direciono àqueles a quem o médium pede em suas preces e àqueles que julgo estar necessitando de uma boa dose de energias positivas provenientes da oração.

Muitos encarnados não sabem, mas quando estamos acompanhando médiuns manipulamos as energias benéficas que eles liberam após rezarem por alguém, ou mesmo após desejar o bem para o seu semelhante, e com as energias por eles liberadas nós, os desencarnados, conseguimos ajudar muita gente.

O tempo foi seguindo o seu curso e eu me aprimorando cada vez mais no trabalho que, junto com a minha equipe, realizo na casa de atendimento espiritual plasmada acima da casa do médium de Brasília, bem como no trabalho que presto à Casa do Auxílio.

Após três anos de estudo, o curso sobre a doutrina espírita chegou ao fim e foi com muita alegria que recebi um novo diploma.

Ter feito esse curso foi muito importante para mim. Ele muito está me ajudando no trabalho que realizo à frente da Equipe do Auxílio e no trabalho que passei a desempenhar ao lado do médium.

Um dia em que estava na casa do médium de Brasília, Demetrius me avisou que eu iria acompanhar o médium em algumas viagens que ele faria para a cidade de Anápolis.

No dia em que o médium iniciaria um trabalho de pesquisas dentro de ônibus interestaduais que fazem o percurso da cidade de Brasília para a cidade de Anápolis com passageiros que fazem esse trajeto, Demetrius, Caius Lucius e Sulamita conversaram com ele e lhe desejaram um feliz serviço. Depois, os três conversaram comigo, e Demetrius pediu para eu ficar muito atenta e fazer muitas preces. Talvez eu fosse pedir ao médium para realizar algo com o qual ele não concordava.

Nós quatro fizemos uma prece, e os três me abraçaram e abraçaram o médium.

Nos dois primeiros dias de trabalho tudo transcorreu normalmente.

No terceiro dia de pesquisas, uma família embarcou na cidade de Brasília. Uma jovem desencarnada e uma outra mulher de fisionomia bem serena embarcaram com essa família e sentaram-se uma poltrona atrás deles.

A mulher que me pareceu ser a mãe da jovem desencarnada chorava muito. Eu me aproximei dela e assoprei. Em seguida, dei-lhe um passe. A mulher se acalmou. Sondei seus pensamentos e descobri que ela estava vindo de uma cidade mineira onde fora tentar receber uma mensagem da filha, que desencarnara alguns meses atrás, através de um médium mineiro que trabalha com essas mensagens de desencarnados para seus familiares. Só que a mensagem não viera, e ela voltava para casa muito desanimada.

Aproximei-me das duas desencarnadas e comecei a conversar com elas.

A jovem me contou que tinha desencarnado por um acidente. Disse que a mãe não aceitava o seu desencarne e vivia correndo de uma casa espírita para outra em busca de uma comunicação ditada por ela. A jovem falou que estava difícil mandar uma mensagem. Até queria mandar, mas até o momento não lhe fora possível. Disse-me que a mãe, de tanto desejar receber uma mensagem, a estava prejudicando, porque ficava a todo instante chamando-a para perto dela e insistindo que lhe mandasse notícias do além. Se recebesse a mensagem, deixaria de sofrer e de causar sofrimento ao resto da família. Pois, desde o dia em que ela desencarnara, a mãe não se alimentava direito e vivia chorando pelos cantos da casa. De vez em quando os mentores da colônia onde ela estava vivendo a autorizavam a ficar um pouco perto da mãe, mas isso de nada estava adiantando. A mulher só vivia em função de receber uma mensagem da filha.

A orientadora da jovem olhou para a moça, sentada ao seu lado. Ela lhe tinha dito que talvez nesse dia ela conseguisse enviar a mensagem para a mãe. A moça me contou que, embora sua orientadora lhe tivesse dito semelhante coisa, ela não tinha idéia de como agir.

Sua orientadora olhou para mim, sorriu com meiguice e olhou para o médium; depois voltou a olhar para mim. Pela forma como me fitou compreendi tudo.

Convidei as duas a fazer uma prece comigo. Assim que rezamos, eu disse que veria se poderia ajudar.

Aproximando-me do médium esperei que ele concluísse a pesquisa que fazia com os passageiros.

O médium terminou a pesquisa e a guardou em uma pasta, depois colou o rosto na janela e ficou olhando a paisagem que ia surgindo enquanto o ônibus seguia seu percurso.

Sentei-me na poltrona ligada à dele e assoprei sobre Roberto. Pousei minha mão direita em sua cabeça e disse-lhe que precisava conversar com ele.

— Pode falar, Jaqueline, estou ouvindo – falou mentalmente o médium.

Falei sobre a família e a jovem desencarnada e pedi-lhe para que fosse o portador da mensagem.

— Sinto muito, Jaqueline! Não posso fazer isso.

— Não pode por quê? Você é um médium, e todo médium recebeu o dom da mediunidade para através dele praticar a caridade.

— Praticar a caridade através da mediunidade é uma coisa; ser portador de mensagens de espíritos para seus familiares é outra. Reconheço que Deus me concedeu o dom da mediunidade para colocá-lo a serviço do próximo, acredito que a forma como o estou colocando realça muito bem estar praticando a caridade para com encarnados e desencarnados. Creio ser consciente de qual é a minha mediunidade e, crendo nisso, acredito que ser portador de mensagens de desencarnados para seus familiares encarnados não está dentro daquilo que me comprometi com a espiritualidade — respondeu o médium com tal segurança que fiquei sem saber o que dizer.

Rapidamente fiz uma prece e pedi ao bondoso Mestre Jesus Cristo que me orientasse sobre o que falar. Suspirei, levei uma mão ao coração e falei:

— Pode não estar dentro daquilo que você se comprometeu com a espiritualidade. No entanto, isso não significa que você não o possa fazer. Tenho certeza de que você é capaz. Se o fizer, estará ajudando uma família encarnada e a jovem desencarnada. Ajudando-os estará estendendo as mãos para eles, e ao estender as mãos para eles você estará na verdade estendendo as mãos para o Cristo, pois o próprio bondoso Mestre Jesus Cristo nos disse que "todas as vezes que fizestes o bem a um dos meus pequeninos, foi a mim mesmo que o fizestes[21]".

Roberto ficou pensativo e passou a refletir em cima do que eu lhe disse. Enquanto isso, a todo instante eu repetia as palavras ditas pelo filho de Deus quando esteve encarnado: "todas as vezes que...".

— Não gosto de fazer isso, Jaqueline. É muito arriscado. Sempre que o faço tenho medo de não estar sendo um fiel mensageiro da mensagem ditada.

— Não se preocupe com isso. Para mim, você é um bom intérprete dos espíritos. Confie em Deus, como sempre tem feito. Se você precisar de auxílio, recorde de que estou ao seu lado e o ajudarei.

— Que seja só desta vez. Não me peça mais isso. E se um dia vier a pedir, não me cite nenhum versículo do Evangelho.

O médium começou a fazer uma prece. Eu me levantei e pedi à jovem desencarnada para se aproximar dele e lhe disse:

— Fique bem colada a ele, e quando ele se aproximar da sua família lhe diga o que deseja dizer para a sua mãe. Roberto repetirá suas palavras. Não se emocione muito e não fale muito depressa. Mantenha a calma e fale pausadamente. Falando dessa forma, você ajudará o médium a transmitir com fidelidade suas palavras. Agora vamos rezar.

A orientadora dela se levantou, e nós três fizemos a prece do pai-nosso. Concluímos no exato momento em que o médium concluía a prece que tinha feito.

---

[21]Mateus 25,40 (NAE).

Roberto olhou para a jovem e sorriu para ela com doçura. A jovem sorriu de volta. O médium falou:

— Vamos lá. Espero que, após ditar aos seus familiares o que você deseja, eles encontrem a paz de que necessitam.

O médium levantou-se da poltrona e caminhou em direção aos pais da jovem.

Logo que chegou perto deles, eu e a orientadora da jovem assopramos sobre o médium e sobre a jovem. Pedi à jovem para colocar a mão direita na cabeça de Roberto. Ela assim o fez.

O médium olhou para os pais da jovem e disse:

— Boa tarde!

— Boa tarde! Acredito que já respondemos a sua pesquisa — proferiu o pai da jovem.

— Estou ciente disso, senhor. Aqui me encontro para pedir a atenção do senhor e da sua esposa.

— Para que deseja a nossa atenção? — indagou o pai da jovem, com rispidez.

— Para lhes passar uma mensagem da sua filha desencarnada.

A mãe da jovem, ao ouvir o médium, quase saltou da poltrona. O marido dela segurou sua mão direita, e os dois, ansiosos, aguardaram Roberto falar. Ele, olhando bem dentro dos olhos da senhora, disse:

— É a senhora que está esperando que Vivian Elisabeth de... — (Falou o sobrenome de Vivian.) – lhe envie uma mensagem do mundo espiritual?

— Sou eu mesma. Vivian Elisabeth de... — (Repetiu o sobrenome da filha.) — é realmente o nome da minha filha, que morreu há meses. — Os olhos dela estavam cheios de lágrimas.

O irmão da jovem, que estava na poltrona próxima à dos pais, ficou atento.

— Sua filha está aqui ao meu lado — Roberto começou a falar. — Ela me pede para dizer à senhora que ela está bem e que é para a senhora parar de se culpar pelo que ocorreu. A senhora não teve culpa do acidente. Deve parar de se culpar por ter insistido para ela ir à fazenda no dia do acidente. Se ela não tivesse ido à fazenda e não tivesse caído do cavalo e batido a cabeça na pedra, teria acontecido uma outra coisa para que ela desencarnasse naquele dia. Pois o dia programado para o desencarne dela era aquele.

A mulher abraçou o marido.

— Vivian pede para a senhora deixar de entrar no quarto dela e ficar horas trancada nele, deitada na cama dela chorando e a chamando sem cessar. Agindo assim, a senhora não colabora em nada com a estada dela no mundo dos espíritos. Pede que, em vez de chorar e ficar se lamentando pela morte dela, comece a rezar por sua filha, pois ela reza pela senhora. Sua filha lhe diz para a senhora voltar a viver e a se alimentar normalmente. Para voltar a ter a vida que tinha e parar de pedir pela morte. Vivian diz que a ama muito, e para a senhora não se preocupar, pois ela nunca a esquecerá, porque, do lugar em que está, ela a ama do mesmo jeito.

O médium fez uma pausa e suspirou.

A mãe de Vivian, emocionada, permitia que as lágrimas escorressem por seu rosto.

Os demais passageiros começaram a olhar para o casal e para o médium, e de olhos bem arregalados acompanhavam tudo.

Roberto, fixando novamente a mãe de Vivian, continuou:

— Sua filha está pedindo para a senhora deixar de lavar as roupas do guarda-roupa dela como se ela ainda fosse usá-las e parar de limpar as sandálias e os tênis. Diz que é para doar roupas e calçados para quem deles necessitar. Ela agradece por a senhora estar cuidando com muito zelo de Dengoso, o gato dela. Por fim, diz que a senhora foi e é uma excelente mãe, e que ela está feliz na colônia espiritual em que vive.

— Meu Deus! Minha filha verdadeiramente está ao seu lado lhe dizendo tudo isso! Dengoso é o nome do gato dela, e tudo que me disse confere com a verdade. Como estou feliz ao saber que ela está bem! Como estou feliz! – E deixou que as lágrimas expressassem sua felicidade.

O médium suspirou mais uma vez e, virando a cabeça, encarou o pai de Vivian e começou a dizer:

— Sua filha lhe diz que é para o senhor ser um pouco mais crédulo e começar a acreditar que os espíritos realmente podem se manifestar e enviar mensagens do além. Ela diz que o senhor ter mandado sacrificar o pobre animal de nada adiantou. O cavalo não teve culpa de nada. Vivian diz que é para o senhor deixar de entrar no quarto dela de madrugada e ficar sentado no chão do quarto chorando escondido. Fala que não tem de se sentir culpado por tê-la proibido de se encontrar com aquele rapaz um dia antes do acidente. Ela não lhe tem nenhuma mágoa por isso. Vivian pede ao senhor e a sua esposa que deixem de implicar com a professora que lhe deu nota baixa em uma das avaliações de português, pois isso não tem mais a menor importância. Ela agora está falando que o senhor é um excelente pai e que ficou muito contente com os pés de azaléia que o senhor mandou plantar no canteirinho da sepultura dela. Sua filha lhe diz que o ama e que o senhor é um pai sensacional.

Eu estava admirada de tudo. Escutava o que Vivian dizia para Roberto, que repetia as palavras integralmente. É mesmo muito lindo poder observar esse intercâmbio mediúnico, e mais lindo ainda estava sendo testemunha da felicidade daqueles pais e da própria Vivian, que enquanto falava permitia que lágrimas descessem por suas faces, revelando o quanto estava emocionada e contente por se comunicar com os pais por intermédio do médium brasiliense.

O médium virou a cabeça em direção ao irmão de Vivian, sentado na poltrona ao lado da dos pais, suspirou e, olhando dentro dos olhos do rapaz, passou a falar:

— Marcelo, sua irmã fala que você é muito querido dela. Está pedindo para você deixar de se sentir culpado pelo acidente. Diz que você colocou a sela no cavalo corretamente. Não teve culpa de uma alça da sela ter se partido. O fato de ela ter se partido foi apenas um pretexto para o desencarne dela. Pede-me para lhe dizer que é para você jogar a alça partida fora e parar de andar com ela na mão se lamentando por não ter previsto que não era segura. Informa que você pode, sim, ficar com aquela foto que está cobiçando do álbum dela. Vivian está pedindo para você dizer a Isidoro que ela lhe manda um forte abraço e para agradecer por ele sempre rezar por ela na casa espírita que freqüenta. As preces dele muito a têm ajudado.

O médium voltou a olhar para os pais de Vivian.

— Vivian manda abraços para a avó Soraia e para o avô Amadeu. Também remete abraços para todas as amigas dela e para os seus professores. Ela agora lhes envia um beijo e está neste momento abraçando-os. – O médium silenciou por dois minutos. – Sua filha agora lhes deseja muita felicidade e pede para que sejam felizes; e que Deus os abençoe e os ilumine.

O médium suspirou e, retornando à sua poltrona, sentou-se e fez uma prece, agradecendo a Deus pela oportunidade de ter sido útil à família.

Vivian e sua orientadora abraçaram Roberto, e a orientadora deu um passe nele. As duas me abraçaram, agradeceram por minha ajuda e, nos dando tchau, atravessaram o teto do ônibus e saíram volitando.

Os pais de Vivian se aproximaram de Roberto e, sem que ele esperasse, o abraçaram com muito carinho.

— Muito obrigado! Você nos proporcionou um bem imenso – disse o pai da Vivian.

— Que Deus o proteja sempre. Hoje você tirou um grande peso do meu coração. Tudo o que nos disse confere com a verdade. Estou muito feliz, muito feliz mesmo ao saber que a minha filha está bem do outro lado da vida – falou a mãe de Vivian, voltando a chorar.

Roberto os abraçou e, tornando a se sentar, voltou a olhar pela janela do ônibus.

Os pais de Vivian pediram o endereço da casa espírita que Roberto freqüenta. Ele, sorrindo, nada disse. A mãe de Vivian insistiu, comentando que gostaria de ir lá para, no futuro, receber outras mensagens da filha.

— A senhora já recebeu uma mensagem dela. Contente-se com essa. Sua filha está feliz do outro lado da vida. Acredito que saber isso já é muito importante. Quanto a ir à casa espírita de que faço parte para ficar ansiosa aguardando por uma mensagem de Vivian, não é necessário fazer tal coisa. Eu não trabalho com mensagens de desencarnados para os familiares encarnados. Se a senhora for, não receberá mensagem alguma. Siga o conselho dado por sua filha e comece a fazer muitas preces em intenção dela. Que Deus continue olhando pela senhora, por sua família e por sua filha – falou o médium, olhando com firmeza para a mãe de Vivian.

A mulher ainda tentou argumentar com ele, na ânsia de conseguir o endereço da casa espírita. O médium permaneceu em silêncio. O pai de Vivian chamou a esposa para retornarem às suas poltronas e, ao conduzi-la até a poltrona, disse a Roberto:

— Muito obrigado mesmo! Compreendo a sua atitude em não querer nos passar o endereço. Que Deus o ajude e ajude a casa espírita de que você faz parte.

Os dois se acomodaram.

Eu me sentei na poltrona ligada à do médium e, sorrindo para ele, agradeci por ter atendido ao meu pedido e por ter praticado a caridade para com aquela família.

Uma senhora e duas moças se aproximaram dele. A senhora disse:

— Ouvi tudo o que falou para aquele casal. Minha mãe faleceu há três anos. Você não poderia me passar uma mensagem dela?

Uma das moças falou:

— Nossa irmã morreu há uns cinco anos. Pode nos dizer se ela está bem?

O médium, levantando-se, as encarou e gentilmente disse:

— No momento, eu só vejo um espírito dentro deste ônibus, e ele não é um de seus familiares. Portanto, não posso lhes passar nenhuma mensagem. A única coisa que posso fazer é elevar preces por seus familiares que já desencarnaram. É o que farei agora. – Tornou a se sentar e, de olhos fechados, começou a rezar.

A senhora e as duas moças olharam para ele com expressões nada amigáveis e retornaram aos locais onde estavam sentadas.

Logo que concluiu a prece, o médium olhou-me e mentalmente comentou:

— É por isso que não gosto de passar mensagens de desencarnados para encarnados. Se começar a fazer tal coisa, não terei mais sossego. Diversas famílias oriundas das mais distantes cidades brasileiras irão acampar na porta da casa espírita que freqüento, ou mesmo em frente à minha residência. Coisa que não quero de forma alguma.

— Não quer por quê? Você, com essa excelente capacidade mediúnica, poderá aliviar o coração de muitas mães e muitos pais. Não vejo por qual motivo não quer fazer algo tão bonito, algo que irá ajudar a muitos. Por que não quer?

— Não quero porque não desejo causar mais dor aos corações de muitas outras mães que, esperançosas de receber mensagens de seus familiares que partiram para a verdadeira vida, viriam a sofrer ainda mais por não recebê-las. Você não faz idéia de quantas famílias se dirigem a um lugar ao saberem que determinado médium é capaz de passar mensagens de familiares falecidos. Em um mesmo dia, muitas são as famílias que vão a esses lugares, esperançosas em receberem uma mensagem. O médium só poderá psicografar ou fazer a psicofonia de pouquíssimas mensagens. Como pouquíssimas serão as mensagens a serem transmitidas, muitas serão as famílias que não as receberão. Essas voltarão para suas casas muito decepcionadas e muito tristes. Como não desejo vê-las sofrendo ainda mais, prefiro não me arriscar a remeter mensagens apenas para um pequeno número de famílias. Também não quero me arriscar a fazer semelhante coisa porque no Brasil já existem médiuns que trabalham com essas mensagens. Compreendeu agora por que não o quero fazer, Jaqueline?

— Compreendi! Mas ainda sou de opinião de que você poderá fazêlo e ajudar poucas famílias. Ainda que poucas, seriam pessoas se beneficiando, e ajudar os outros é a nossa verdadeira missão.

— Sei que ajudar os outros é a nossa verdadeira missão, e tento ajudá-los na medida das minhas possibilidades. Dentro dessas possibilidades por enquanto não está a que você tanto acredita que eu poderia fazer. Se está tão ansiosa em ajudar as famílias com mensagens dos familiares desencarnados, é muito simples. Converse com os seus mentores e imediatamente peça a eles para reencarnar com essa faculdade mediúnica. Desse modo, você começará a fazer o que está pedindo que eu faça, e começará você mesma a ajudar poucas famílias. – E suspirando Roberto encostou a cabeça na janela e começou a pensar em outras coisas.

Eu fiquei refletindo sobre o que ele me disse. Talvez ele estivesse certo ou talvez não estivesse. Decidi respeitar seu ponto de vista e não mais tocar no assunto. Afinal, eu o estava acompanhando para auxiliá-lo, e não para querer que Roberto fizesse tudo aquilo que eu lhe pedisse e que achasse certo.

O ônibus chegou ao seu destino.

Na rodoviária de Anápolis, o médium só teve tempo de entrar em outro ônibus, que iria fazer o percurso de volta para Brasília.

Ele fez a sua pesquisa e, ao concluí-la, abriu um romance espírita e se concentrou na leitura. Eu o acompanhei na leitura por algum tempo e depois comecei a andar pelo ônibus. Observava todos os passageiros, e ao notar algum triste ou desanimado, sondava seus pensamentos. Ao descobrir o que se passava, dava um jeito de anotar o nome e endereço do passageiro e o guardava comigo.

Assim que o médium concluiu suas pesquisas daquele dia, retornei com ele para sua casa. Ele entrou em seu quarto, e o deixei aos cuidados de Caius Lucius. Subi as escadas e me reuni com minha equipe. Passei para eles o nome e endereço dos passageiros que tinha anotado, e combinamos de visitá-los assim que nos fosse possível e de auxiliá-los naquilo que estivesse ao nosso alcance.

Na hora em que o médium iniciou o Evangelho no lar, eu e a minha equipe estávamos no local.

Os meses se foram passando e eu continuando a trabalhar com o médium e a passar em várias casas espíritas; e em companhia dos membros da minha equipe, auxiliando todos os que os mentores espirituais das casas espíritas nos indicavam.

CAPÍTULO 24

Psicografia

Certo dia em que estava no jardim da Colônia São Tarcísio, Demetrius e Sulamita vieram ao meu encontro. Sorriram com candura e me abraçaram com carinho.

Os dois se sentaram ao meu lado e começaram a indagar sobre o trabalho realizado pela Equipe do Auxílio. Fui falando sobre o trabalho e como me sentia feliz em estar trabalhando com a equipe. Disse-lhes que o trabalho que faço é muito significativo em minha vida porque, ao me colocar diretamente em contato com os encarnados, me proporciona os meios necessários para ajudá-los. Falei que estar em contato com os espíritas é uma grande bênção para mim. Eles, ocupados em iniciar suas reformas íntimas, me incentivam a iniciar a minha. Comentei ser muito bom estar com eles e auxiliá-los quando necessitam.

— Gostaria de auxiliá-los um pouco mais? – inquiriu meu orientador.

— Com toda a certeza! – respondi, sorrindo. – Mas de que forma posso auxiliá-los um pouco mais?

— Levando até eles, através dos livros, o que você presencia no mundo espiritual.

— Através de livros?

— Sim, Jaqueline. Através dos livros – confirmou Demetrius. – Há muito a equipe literária da qual faço parte pretende enviar aos encarnados relatos de uma jovem que, encarnada, seguiu fielmente a doutrina católica.

Esses relatos deverão auxiliar os irmãos dessa doutrina e outros de outras doutrinas religiosas a começar a refletir que, aqui do outro lado, a vida continua, e que os espíritos encarnados, ao desencarnarem, independentemente do credo religioso cultivado, depararão com o que a doutrina espírita tão bem tem difundido desde que foi codificada por Allan Kardec.

— Você vai começar a ditar a um médium o que tem escrito desde que aqui chegou. Antes de começar a ditar, deve revisar o que já escreveu e, de posse dos conhecimentos que adquiriu no curso que fez na colônia A Casa do Escritor, começar a escrever os livros. Logo que tiver preparado o primeiro, você o entregará a Demetrius, que o analisará e lhe dirá o que dever ser retirado e acrescentado no lugar, pois muitas coisas que ocorrem aqui no plano espiritual ainda não podem ser do conhecimento dos encarnados. Como irá necessitar de tempo para escrever, você está dispensada dos trabalhos aqui da Casa do Auxílio. Enquanto escreve os livros, trabalhará apenas com a Equipe do Auxílio entre os encarnados. Lembre-se de que escrever os livros será um novo trabalho para o qual você foi selecionada pela Casa do Auxílio. Dedique-se bastante a ele, que deverá ajudar milhares de encarnados e milhares de desencarnados – explicou Sulamita.

— Com qual médium iniciarei os trabalhos de psicografia? – perguntei.

— Com o médium de Brasília ou com outro que aceite trabalhar com você – respondeu-me Demetrius.

— Roberto já é muito ocupado – falei. – Na certa não vai ter tempo para psicografar os meus relatos. Além do mais, eu sou uma autora espiritual desconhecida, não sei se o médium aceitará trabalhar comigo – disse, lembrando o que presenciei quando visitei alguns médiuns psicografando quando ainda cursava o curso que me ensinou a escrever.

— Só saberá se ele aceitará trabalhar com você ou não quando perguntar a Roberto sobre isso. Quanto ao fato de ser uma autora desconhecida, todo escritor o é antes de lançar seu primeiro livro. André Luiz e Emmanuel, antes de ditar suas primeiras obras ao médium mineiro, eram ilustres desconhecidos, e nem por isso deixaram de sondar o médium e ditar suas primeiras obras para ele. Eu e Sulamita ditamos nossas obras literárias ao médium de Brasília e nunca nos incomodamos com o fato de sermos autores espirituais desconhecidos dos encarnados. Converse com Roberto. Se ele não aceitar psicografar suas obras, saia em busca de um que aceite. – E em seguida Demetrius nos convidou para fazermos uma prece.

Após a prece, os dois se retiraram e se dirigiram à Casa do Auxílio.

Sentada em um dos bancos do jardim, fiquei pensando. Não seria nada fácil iniciar esse novo trabalho. Teria de começar a me dedicar imediatamente a ele, e bastante, porque, além da dedicação em escrever horas seguidas, teria de encontrar um médium que bondosamente aceitasse psicografar as minhas obras.

Deixando o jardim, fui ao meu quarto. Abri as gavetas da escrivaninha e comecei a retirar delas minhas anotações. Fiquei abismada ao perceber a quantidade de coisas que já tinha escrito. Comecei a separar o que escrevera por ordem de datas. Juntei assuntos semelhantes e os fui reescrevendo.

Fiquei três horas fazendo isso. Depois, apresentei-me às preces vespertinas da colônia e logo que elas se encerraram dirigi-me ao Evangelho no lar na casa de Roberto.

Lá chegando, encontrei vários espíritos que tinham sido libertados de uma cidade umbralina. Muitos apresentavam ferimentos horrendos em seus perispíritos. Sendo enfermeira, imediatamente comecei a ajudá-los. Apliquei passes e medicamentos em alguns, e depois os conduzi até macas. Quando eles dormiam, eu os levava para hospitais de algumas colônias.

Precisamos aplicar medicamentos em alguns porque muitos ainda acreditam estar encarnados. Acreditando em tal coisa, só aceitam os medicamentos que os encarnados utilizam.

Concluído o Evangelho do lar na casa do médium de Brasília, reuni-me com a equipe do auxílio e passamos a estudar os pedidos de ajuda feitos pelos nomes depositados na mesa de trabalhos. Decidida a forma como iríamos cooperar na felicidade dos que pediam auxílio, dirigimo-nos para uma casa espírita de Cuiabá, aonde sempre vamos para auxiliar. Depois, regressamos para a casa de atendimento espiritual e, após fazermos uma prece coletiva, cada membro da nossa equipe seguiu para a casa de um encarnado cujo nome constava em nossa lista.

Na casa que fui visitar, encontrei uma senhora idosa em prece. Ela pedia para que os benfeitores espirituais a ajudassem a encontrar um neto que anos atrás fugira de casa. O neto era o único familiar encarnado dela, que não gostaria de desencarnar sem antes avistá-lo e saber que ele estava bem. Sua saúde estava muito delicada.

Logo que ela terminou sua prece, eu me aproximei e assoprei sobre ela. Dei-lhe um passe, e a senhora, bocejando, deitou-se e adormeceu. Então, provoquei o desprendimento do seu espírito do corpo físico e ela veio ter comigo.

Eu a conduzi até o jardim de uma colônia espiritual e nós nos sentamos em um banco do jardim. Ela me contou que ficara responsável pelo neto logo que os pais dele desencarnaram em um acidente automobilístico. O garoto desde cedo lhe dera muitos problemas, estava sempre querendo o que não podia ter. Ela tentava lhe mostrar que eles tinham o essencial para viver bem e ser felizes, mas o neto lhe dizia que não queria apenas o essencial, mas muito mais do que o essencial.

O garoto começou a não dormir em casa e ficar sumido por uns dias. Quando aparecia, sempre trazia alguma coisa que não lhe pertencia; a avó o repreendia e mandava-o devolver o que tinha trazido. O neto, nessas ocasiões, a chamava de velha rabugenta e dizia que a odiava com todas as forças.

Certo dia, ao aparecer com um relógio de ouro e com uma grande quantidade de dinheiro, ela, de tanto interrogá-lo sobre onde conseguira tais coisas, soube por ele que havia cometido um roubo. Muito envergonhada, a senhora dera uma surra no neto e lhe passara uma terrível reprimenda. O garoto, que contava treze anos, a olhou com um olhar que a desnorteou. Nele, lhe transmitiu um ódio tão intenso que ela passou mal.

O garoto, chamando-a de velha imprestável, disse que ela não significava nada em sua vida e que desejava com todo o ardor que desencarnasse sozinha e passando muitas necessidades. Em seguida, cuspiu nela e falou que nunca mais colocaria os pés naquela casa pobre.

A senhora começou a chorar, eu a enlacei e lhe disse que estava tudo bem. Ela se lamentava por ter dado a surra no garoto e me disse que não estava mais agüentando a sua ausência. Mesmo o neto odiando-a, ela o amava com todo o seu coração, e o que mais queria era vê-lo e abençoá-lo antes de partir para a espiritualidade.

Ela me contou que freqüentava uma casa espírita e que todos os dias fazia o Evangelho no lar, e na hora do Evangelho pedia aos benfeitores da espiritualidade que cuidassem e ajudassem seu neto.

Olhando-me dentro dos meus olhos, disse:

— Você vai me ajudar, não vai?

— Farei o possível para tentar localizar seu neto e inspirá-lo a fazer uma visita para a senhora – garanti.

Perguntei quanto tempo fazia que o rapaz tinha deixado sua companhia, e ela me falou que há cinco anos. O garoto agora já seria um rapaz de dezoito. Indaguei se ela tinha fotos do neto, e a senhora balançou a cabeça afirmativamente. Pedi-lhe que me mostrasse e a conduzi até sua casa.

A senhora pegou um porta-retrato e, com emoção, me mostrou a fotografia dele. Perguntei o nome completo dele e anotei. Falei para ela continuar fazendo suas preces, pois com certeza elas muito contribuiriam no encontro dela com o neto.

Nós duas fizemos uma prece, e eu a conduzi ao seu corpo físico.

Fui até o porta-retrato e plasmei a foto do garoto. Escrevi o nome dele atrás da foto e a guardei em um dos bolsos da minha calça.

Ao sair da casa dela, comecei a visitar as casas espíritas da cidade de Cuiabá, no Mato Grosso, e mostrar a fotografia do rapaz para os trabalhadores espirituais da casa, pedindo que eles me ajudassem a encontrá-lo.

Acompanhada por um trabalhador de uma das casas que visitei, procuramos por diversas partes da cidade e nada de encontrar o garoto. Fui até o distrito policial e fiquei aliviada ao descobrir que o nome dele não constava nos arquivos da polícia.

Plasmei cópias da foto do rapaz e deixei com os trabalhadores espirituais das casas espíritas, pedindo que me informassem se o encontrassem em algum local da cidade.

Assim que cheguei à casa de atendimento espiritual, reuni a Equipe do Auxílio e, plasmando fotos do garoto, entreguei uma para cada um dos membros, pedindo-lhes que começassem a procurar o jovem nas cidades a que estamos sempre indo prestar auxílio a algum encarnado ou desencarnado. Contei o meu encontro com a senhora idosa de Cuiabá e sobre o grande desejo dela.

Voltei à Colônia São Tarcísio, entrei na Casa da Prece e pedi pela senhora e pelo neto. Depois, fui ao meu quarto e me concentrei em começar a escrever os capítulos do primeiro livro.

Trabalhei em cima do que já tinha reescrito da outra vez. Dediquei-me a escrever com afinco e fui aos pouquinhos conseguindo passar para o papel o que verdadeiramente acontecia comigo no plano espiritual.

Todos os dias eu escrevia um pouco mais, e de pouco em pouco os capítulos do livro iam surgindo.

Parava de escrever somente quando tinha de estar presente no momento do Evangelho no lar na casa de Roberto e quando estava prestando algum auxílio aos que sempre solicitam ao plano espiritual.

Durante quatro meses de trabalhos quase ininterruptos, durante os quais me dediquei com amor à escrita, concluí o meu primeiro livro. Dei-lhe o título de *Nem Céu, Nem Purgatório*.

Procurei meu orientador e, ao encontrá-lo, disse-lhe estar necessitando de uns dois dias para descansar.

Demetrius indagou sobre o andamento do livro e eu lhe entreguei o que tinha escrito para que o lesse e depois o comentasse.

Demetrius, encantado, disse-me que eu escrevia bem rápido. Comentou que iria ler o livro com carinho e muita atenção.

Meu orientador bondosamente falou que o médium de Brasília passaria um final de semana em uma fazenda de amigos. Disse-me que eu poderia acompanhá-lo e aproveitar para descansar na fazenda. Ou, se preferisse, poderia muito bem utilizar o final de semana para divertir-me como eu gostaria.

Fiquei pensando que havia um bom tempo eu não visitava a fazenda da vovó. Seria uma boa acompanhar o médium até a fazenda de seus amigos. Falei para Demetrius que acompanharia Roberto.

— Acompanhe-o e, dessa vez, não lhe peça para fazer algo para o qual Roberto não se sinta muito à vontade. Lembre-se de que devemos respeitar o livre-arbítrio de cada um. Você e o médium possuem certa afinidade. Essa afinidade crescerá na medida em que ambos estiverem cooperando um com o outro e certos de que a cooperação está causando felicidade aos dois e a muitos mais — falou Demetrius, olhando-me profundamente dentro dos olhos.

Entendi o que ele quis dizer, pois recordei o episódio dentro do ônibus interestadual em que pedi ao médium para ser portador da mensagem de Vivian. Na certa, Roberto comentou alguma coisa com Demetrius, o seu mentor.

— Não pedirei a Roberto nada que ele não esteja disposto a fazer. Só pedirei se realmente for estritamente necessário – comentei.

— Faça isso e tenho certeza de que a parceria dos dois no futuro dará grandes frutos. Jaqueline, aproveite a ocasião em que você e Roberto estarão descansando e verifique com ele a possibilidade de ele aceitar fazer a psicografia dos seus futuros livros. Antes de convidá-lo, porém, faça uma prece, e só então toque no assunto. Façamos nós dois agora uma prece e peçamos a Deus para que Ele continue iluminando todos os seus passos e os seus projetos, minha amiga.

No dia da viagem de Roberto, cheguei à casa dele durante a madrugada. Entrei em seu quarto e o encontrei dormindo. Ludovico estava ao seu lado velando por seu sono. Eu o cumprimentei e ele deixou-me em companhia do médium.

Passados uns vinte minutos, Murilo entrou no quarto. Vinha todo sorridente.

— Jaqueline, descobri onde o neto daquela senhora de Cuiabá está. O garoto transformou-se em um belo rapaz.

— Onde você o encontrou? – inquiri.

— Na capital do Estado mineiro, Belo Horizonte.

— Como ele está?

— A situação dele não é das melhores. O rapaz se envolveu com pessoas de má índole e leva uma vida totalmente desgarrada. Está envolvido com traficantes de drogas. Espíritos totalmente voltados ao mal sugam suas energias e o impulsionam a praticar terríveis barbaridades. Sondando sua mente descobri que, embora esteja envolvido com tráfico de drogas, ele não é um viciado. Não o vi se drogando como os outros companheiros de seu bando.

— Isso é bom. Pelo menos o rapaz não se viciou.

— Enquanto estive ao seu lado lhe sugeri recordar a avó. Ele lembrou-se dela e sentiu vontade de saber como está. Eu o fiz recordar as vezes em que a avó o tratou com carinho, e ele, emocionado, permitiu que uma lágrima descesse por sua face. Percebi que sente saudade da avó. Mas, logo que os espíritos do mal viram a sua lágrima, rodearam-no e, ao descobrir o que ele pensava, trataram de lhe insuflar outros pensamentos. Ele esqueceu a avó e começou a pensar nas coisas absurdas que os espíritos transmitiam à sua mente.

— Se ele sente saudade da avó temos um ponto a nosso favor. Encontre os outros da equipe e peça que me encontrem daqui a umas cinco horas na sala em que costumamos nos reunir.

Murilo saiu para fazer o que lhe pedi e eu voltei meu pensamento para a senhora de Cuiabá. Fiz uma prece por ela e por seu neto.

O médium bocejou e sentou-se na cama. Fez uma prece. Tomou café e arrumou algumas coisas em uma mochila.

Um carro buzinou. Roberto apanhou a mochila e entrou no veículo. Eu entrei junto, e o automóvel seguiu seu destino.

Além do médium, apenas um rapaz seguia para a fazenda. Escutando a conversa dos dois, descobri ser o rapaz filho dos proprietários da fazenda.

Após duas horas e meia, chegamos.

O médium cumprimentou os pais do rapaz. Depois, tomaram um suculento café, e em seguida o pai do rapaz convidou o médium para conhecer a propriedade.

Enquanto caminhavam, os dois iam conversando.

O pai do rapaz pediu a Roberto que, quando tivesse um tempinho, fizesse com eles o Evangelho no lar. Ele acreditava que espíritos imperfeitos estavam prejudicando sua fazenda. O médium concordou, e eles voltaram a conversar sobre outras coisas.

Os dois retornaram para a casa e o médium, ao saber qual quarto ocuparia, entrou nele e começou a retirar suas coisas da mochila.

Roberto apanhou um romance espírita e dirigiu-se até uma cachoeira. Sentou-se e ficou olhando para a água. Percebi que seus pensamentos estavam muito longe dali. Respeitando sua individualidade, não perscrutei o que ele pensava, e o deixei ali na cachoeira, passando a caminhar pela fazenda.

Ao retornar para perto do médium, encontrei-o sentado em uma pedra com os pés imersos na água que descia da cachoeira, completamente absorto na leitura do romance. Mais uma vez o deixei e fui até a casa de atendimento espiritual encontrar-me com a Equipe do Auxílio.

Lá chegando, todos da equipe já me aguardavam. Fizemos uma prece e depois falei:

— Murilo encontrou o neto da senhora de Cuiabá. Nossa meta é tudo fazer para providenciar o encontro do neto com a avó. Peço a Murilo que lhes diga como encontrou o neto da senhora.

Murilo contou aos dois o que já tinha me contado.

Nós quatro traçamos um plano de ação, e os três seguiram para Belo Horizonte. Eu me encontraria com eles depois.

Regressei à fazenda e ainda encontrei o médium lendo. Sentei-me perto dele e fiquei pensando sobre como abordá-lo a respeito da psicografia do meu livro.

Um canário da terra pousou perto da cachoeira e começou a cantar. O médium desviou a atenção do livro e ficou tentando descobrir onde o pássaro estava. Ao vê-lo, sorriu e ficou ouvindo seu belo canto.

Aproveitei que ele estava entretido e assoprei sobre ele. O médium imediatamente se concentrou. Fiquei a sua frente. Vendo-me, sorriu com doçura. Pedi-lhe alguns minutos de sua atenção. Ele colocou o livro no chão e disse que eu poderia dispor de quantos minutos desejasse.

— Você gosta muito de ler romances espíritas, Roberto?

— Bastante! A leitura dos romances contribui para meu crescimento intelectual e até mesmo moral.

— E também gosta de psicografá-los? – inquiri, ansiosa pela resposta.

— Gosto, sim. A psicografia é um grande dom, por isso tento colocá-lo em prática sempre que me é possível.

— Que bom ouvi-lo dizer isso! – falei, animada.

— Bom por quê?

— Se sempre procura colocar em prática o seu dom é porque dispõe de tempo para psicografar as obras que lhe são ditadas. Diga-me, você aceitaria psicografar um livro que escrevi?

— Na verdade não disponho de muitas horas para a psicografia, Jaqueline. Costumo psicografar apenas quatro horas no sábado e quatro no domingo. No sábado, faço a psicografia das obras de Demetrius, e no domingo, das obras de Sulamita. Para a psicografia do seu livro terei de acrescentar algumas horas em cima das que já utilizo para a psicografia dos livros dos autores espirituais com os quais trabalho. Vou pensar com calma; amanhã, quando estiver retornando para minha casa, conversaremos.

— Você vai aceitar psicografar meu livro?

— Creio que sim. Só preciso pensar para saber que dia e que horas terei disponíveis para fazer a psicografia do seu livro.

— Obrigada! Muito obrigada mesmo por ter aceitado psicografar meu livro! Estava tão receosa de que não aceitasse... – Eu o abracei com muito carinho e, emocionada por não ter recebido um "não", beijei-lhe a fronte.

Roberto sorriu e pediu-me para contar sobre o que o livro narra. Disse-lhe tratar-se de um relato sobre o que me acontece no plano espiritual.

O médium pediu para voltar a conversar com ele na tarde do dia seguinte, pouco antes de ele retornar a sua residência. Assoprando sobre Roberto, eu o deixei e parti em direção ao endereço de Belo Horizonte que tinha pegado com Murilo.

Chegando à cidade, procurei uma casa espírita. Lá, pedi a um trabalhador espiritual que me levasse até o endereço. Ele conduziu-me até o local e depois voltou para a casa espírita.

Assim que entrei na casa, avistei meus amigos de equipe ao lado de um rapaz cuja feição me fez deduzir ser o neto da senhora.

Cecília comunicou-me que eles tinham feito uma higiene psíquica no local e que os espíritos que assessoravam o rapaz saíram correndo dali.

Murilo, com a mão pousada na cabeça do jovem, fazia-o recordar-se da avó. O rapaz lembrava-se dela e em pensamento perguntava como a avó estaria. Se estava bem de saúde, se estava doente ou mesmo se já tinha desencarnado.

Aproximei-me dele e disse-lhe que a avó estava muito doente e que ele devia visitá-la com urgência. O rapaz, captando minhas palavras, sentiu um aperto no coração e um grande desejo de visitar a avó. Levantando-se, apanhou uma carteira de documentos e a colocou no bolso da calça. Depois, guardou algumas coisas dentro de uma mochila.

Nesse momento, entraram dois encarnados acompanhados por cinco desencarnados que irradiavam muito ódio.

Os dois encarnados olharam para o rapaz, e um deles perguntou:

— Que tá fazendo, meu chapa? Tá pensando em abandonar o bando?

— Não estou pensando em abandonar o bando coisa nenhuma, velho. Só vou numa parada aí.

— Que parada é essa?

— Coisa minha, mano.

— Isso não tá me cheirando nada bem – falou o outro que tinha se mantido calado. – Você deve tá querendo se bandear pro bando rival do nosso. Cara, tu não vai sair daqui não. Do nosso bando ninguém sai. Só sai morto!

— Que besteira é essa? Não se pode mais dar um rolê por aí? – indagou o rapaz.

— Tu tá muito estranho, velho. Tô sentindo que vai nos dedurar, e dedo-duro merece a morte.

Observando que era um dos espíritos malignos que transmitia tais idéias, aproximei-me e assoprei com vontade sobre ele. O espírito se assustou. Pisquei para os outros da minha equipe e eles assopraram no mesmo espírito, que acabou caindo.

Nós quatro começamos a fazer uma prece e a direcionar vibrações de amor e bondade para os cinco espíritos. Eles começaram a tossir e, apavorados, saíram pela porta.

Aproximando-me do encarnado que parecia ser menos rude do que o outro que falara de morte, coloquei minha mão em sua cabeça e fui lhe dizendo para ajudar o rapaz.

— O cara só vai dar um rolê, mano. Deixe-o ir sossegado.

— Não sei não...

Murilo, ligando-se ao neto da senhora, o fez transmitir suas palavras.

— Mano, eu não tô indo dedurar ninguém e muito menos tô abandonando o bando. Tô pensando em visitar minha avó. Tem muito tempo que não vejo a velha e quero saber se ela ainda vive ou não.

— Tá virando maricas, é? Maricas é que sente saudade da vovozinha – falou com ironia o mais rude.

— Não é só maricas que têm avós. Homens machos também as têm. Acredito que tu também tem uma. Nós, netos, temos o dever de visitar nossas avós de vez em quando, pois são elas que com suas preces nos ajudam para que a polícia não nos descubra e não nos leve para a prisão – falou o rapaz, sem desconfiar que servia de intérprete de Murilo.

— Tem razão, mano. Vai nessa. – O jovem enfiou a mão no bolso. – Velho, toma esse dinheiro e compra alguma coisa pra tua vó. Quando se encontrar com ela, pede para ela rezar por mim também – falou o que eu estava induzindo a ajudar o rapaz.

O neto da senhora pegou o dinheiro e disse:

— Valeu, mano! Valeu mesmo, tu é um bom chapa.

Murilo fez com que o rapaz saísse logo daquela casa. Nós quatro o induzimos a pegar um ônibus coletivo e a ir diretamente para a rodoviária. O rapaz assim o fez.

Ao comprar a passagem de ônibus ele sentiu vontade de rasgá-la e voltar para a casa da qual tinha saído havia menos de uma hora. Eu lhe transmiti a imagem da avó deitada em uma cama bem debilitada. Ele não rasgou a passagem e, quando o ônibus encostou na plataforma de embarque, embarcou e acomodou-se em uma das poltronas.

Murilo disse que o acompanharia até Cuiabá. Pedi-lhe para me avisar quando o rapaz descesse na rodoviária da cidade.

Cecília e Vinícius retornaram para a casa de atendimento espiritual. Eu voltei à fazenda onde Roberto passava o final de semana.

Cheguei no exato momento em que o médium fazia o Evangelho no lar com a família. Espíritos amigos lá estavam acompanhando o Evangelho.

Notei dois espíritos que, revoltados, estavam amarrados escutando o Evangelho. Eles gritavam dizendo que não iriam deixar de atormentar aquela fazenda.

Um senhor, que me pareceu ser o mentor espiritual do dono da fazenda, levantou a mão e lhes pediu para ficarem quietos. De suas mãos jorraram luzes que tocaram os espíritos que gritavam. Logo que foram tocados pelas luzes, eles ficaram em silêncio.

Na hora em que os encarnados faziam preces pelos espíritos sofredores, o médium olhou para os dois revoltosos e lhes falou:

— Meus irmãos, vocês dois são filhos de Deus. Deus muito os ama e está de braços abertos para recebê-los. Acreditem ser capazes de se melhorar, e parem de desejar fazer o mal. Se continuarem praticando o mal, este se voltará contra vocês mesmos. Fazer o mal não leva a lugar algum. Basta recordarem o tempo que já perderam tentando prejudicar os outros e observarão que os prejudicados na verdade foram vocês. Embora tenham se prejudicado, acredito que agora não desejam mais isso, e sim começar a mudar suas atitudes e trilhar um caminho que os faça ser felizes. Não pensem que não merecem a felicidade. Vocês a merecem, sim, mas para tê-la em suas vidas é necessário que a busquem. Saibam que só a encontrarão quando realmente estiverem dispostos a trilhar o caminho do bem.

Os dois espíritos o escutaram com muita atenção, e um deles começou a chorar dizendo que queria ser feliz.

O médium o convidou para pedir perdão a Deus. O outro ficou meio indeciso, mas vendo o companheiro ajoelhar-se no chão fez o mesmo, e ambos repetiram as palavras que o médium proferia como pedido de perdão a Deus.

Logo que os dois pediram perdão e se mostraram arrependidos dos seus erros, o senhor que lhes pediu para ficar quietos e uma moça os seguraram pelos braços e saíram volitando com eles.

Os encarnados continuaram com o Evangelho no lar e, antes de concluí-lo, eu toquei a água que eles tinham colocado dentro de uma jarra de vidro.

Assim que se levantou da mesa, o médium falou ao dono da fazenda que dali em diante tudo ficaria em paz. Os espíritos que atormentavam a fazenda tinham aceitado ajuda. A fazenda agora estava nas mãos de bons espíritos. Ele, sua esposa e os trabalhadores só necessitavam continuar fazendo o Evangelho no lar pelo menos uma vez por semana; e, além disso, tornava-se necessário todos cultivarem bons pensamentos.

O dono da fazenda respirou aliviado e convidou Roberto para fazer um lanche. Ele disse que gostaria de andar um pouco. Queria caminhar antes de retornar para sua casa.

Roberto foi em direção da cachoeira e começou a brincar com a água. Aproximei-me e, assoprando sobre ele, indaguei se já tinha pensado a respeito da psicografia do livro. Ele respondeu-me que sim. Iria psicografar meu livro por uma hora depois dos momentos dedicados à psicografia dos livros de Demetrius e dos de Sulamita. Disse que iria reservar apenas duas horas para psicografar o meu.

Agradeci por sua boa vontade. Depois, sentei-me perto dele e, enquanto ele se entretinha com seus pensamentos, me entretinha com os meus.

No finalzinho da tarde, regressamos para sua casa. Assim que chegamos, deixei Roberto em seu quarto e fui para a Colônia São Tarcísio.

No dia seguinte, estava sentada em um dos bancos do jardim da casa de atendimento espiritual quando Murilo, abrindo o portão, me convidou para ir até Cuiabá. O rapaz acabara de descer na rodoviária e estava se dirigindo para a casa da avó. Chamei Cecília e Vinícius e partimos os quatro para Cuiabá.

Volitamos até a capital mato-grossense e paramos em frente à porta da senhora. O rapaz ainda não tinha chegado. Entrei e encontrei a senhora retirando um bolo de fubá do forno e colocando-o na mesa. Assoprei sobre ela e a fiz pensar no neto. Ela pegou o porta-retrato com a foto dele e suspirou, saudosa.

Ouvimos palmas do lado de fora. Ela deixou o porta-retrato na mesa e foi atender. Ao abrir a porta tomou um susto e levou a mão direita ao coração.

O neto a chamou de vó. Ela se jogou nos braços dele e, abraçando-o, chorava de felicidade.

Nós quatro ficamos emocionados e felizes em termos proporcionado, com a ajuda de Deus, aquele encontro.

A senhora se sentou com o neto à mesa e pediu para que ele fizesse uma prece com ela, pois, disse-lhe, tinha certeza de que os benfeitores da espiritualidade o haviam trazido para casa.

Os dois começaram a rezar. Eu e os outros três aplicamos passes neles e os deixamos. Neto e avó tinham muito o que conversar.

Murilo fez o relatório daquele auxílio e o entregou a mim para que eu o entregasse a Demetrius.

Parti para a Colônia São Tarcísio e encontrei meu orientador na Casa do Auxílio. Entreguei-lhe o relatório e ele, bondosamente, me convidou para ir até a casa em que os homens da colônia moram.

Demetrius entrou em seu quarto e me devolveu meu livro, que lhe passara para que o lesse e analisasse.

— Você escreve muito bem. O livro é de uma leitura muito envolvente. Vai encontrar em alguns capítulos algumas anotações. Leia essas anotações com cuidado e, de acordo com o que elas sugerem, reescreva determinados capítulos e retire informações que colocou. Dessas os encarnados ainda não podem ter conhecimento. No geral, o livro é muito encantador. Parabéns! Fez um bom trabalho, agora é só aprimorá-lo.

Deixei-o e fui para a casa em que resido. Entrei no quarto e comecei a ler as anotações de Demetrius. Conforme lia já ia corrigindo de acordo com as sugestões.

Levei uma semana fazendo o trabalho das correções. Logo que o concluí, dei uma nova redação a alguns capítulos, e em posse de todas as modificações sugeridas por Demetrius reescrevi o livro. Em seguida, passei-o para nova análise de Demetrius, que me devolveu após três dias dizendo-me que o livro poderia ser ditado ao médium que aceitara psicografá-lo. Ele indagou o nome do médium que iria fazer a psicografia do livro.

— O médium que aceitou psicografar o livro é o mesmo que psicografa os seus e os de Sulamita.

Ele sorriu e em seguida falou:

— Acreditava firmemente que Roberto iria aceitar. Desejo que ambos tenham excelentes horas de trabalho quando estiverem juntos.

— Obrigada! Demetrius, gostaria de, antes de começar a ditar o livro, verificar como você ou Sulamita fazem. Posso?

— Claro que pode. Verá que é muito simples. No próximo final de semana, após o Evangelho do lar, continue no quarto do médium e vai me observar ditando os capítulos de um livro para ele.

Abraçando-o, deixei-o e fui para o meu quarto. Encostei-me no parapeito da janela e fiquei perdida em meus pensamentos enquanto olhava para a fonte do jardim.

No sábado, após o Evangelho no lar, o médium, depois de ter feito um lanche bem leve, fechou-se no quarto e pediu aos familiares que não o incomodassem. Ele iria iniciar seus trabalhos de psicografia.

O médium fez uma prece. Demetrius também.

Roberto ligou o computador. Demetrius, plasmando uma cadeira igual à do médium, sentou-se ao seu lado e assoprou sobre ele.

Sentada em um sofá que fica no quarto do médium, eu os observava com muita atenção.

Demetrius tinha um livro na mão. Logo que Roberto abriu o arquivo do programa onde estão contidas as páginas que já tinha psicografado, Demetrius deu uma olhada no monitor e, ao descobrir onde parara de ditar, abriu o livro que tinha nas mãos no exato local.

Meu orientador colocou a mão na cabeça do médium, assoprou de novo sobre ele e começou a ditar as páginas que ia lendo no livro que ele já tinha escrito.

O médium, conforme ouvia mediunicamente o que dizia Demetrius, digitava palavra por palavra, sem mudar nada.

Logo que ditou mais um capítulo do livro, Demetrius parou o ditado, e foi a vez de o médium ditar o que tinha escrito. Enquanto ele ditava, Demetrius ia acompanhando o que Roberto lia no livro que ele tinha em mãos. Vez ou outra, os dois paravam e modificavam algo no capítulo, pois Demetrius, ao ouvir o que o médium lia, considerava melhor modificar algum parágrafo, e os dois assim o faziam. O médium fazia a alteração na página que havia digitado, e Demetrius, no livro que segurava.

Assim que o capítulo ficou como Demetrius queria, ele me chamou e falou para o médium que eu iria ditar uma página do livro dele. Dessa forma, eu treinaria um pouco e, quando fosse começar a ditar o meu livro, já saberia como fazer.

Demetrius se levantou da cadeira e eu me sentei nela. Roberto fez uma prece, e eu também. Assoprei no médium como vi Demetrius fazendo, coloquei a mão na cabeça dele, retirei a mão, assoprei novamente e comecei a ditar o que ia lendo no livro que Demetrius escrera.

O médium captava minhas palavras e as digitava sem nenhum problema.

Ditei uma página inteira. Depois levantei-me e agradeci a Demetrius por ter me dado aquela oportunidade.

Roberto, olhando-me com carinho, me falou que no próximo sábado eu já poderia me preparar para começar a ditar os primeiros capítulos do meu livro para ele. Disse-me o horário em que terminava de psicografar com Demetrius, e eu comentei que me faria presente uns vinte minutos antes do horário marcado.

Deixando os dois no quarto do médium, fui às colônias visitar aqueles a quem eu costumava prestar algum tipo de auxílio.

Visitei os jovens que tinham sido líderes de mocidades e as crianças resgatadas das mãos dos padres perversos. Fiquei alguns minutos com eles. Escutei os jovens e me animei ao saber que estão estudando e trabalhando, e mais ainda ao perceber que as crianças estavam felizes vivendo no educandário da colônia que as acolheu.

No dia em que ia começar a psicografar, cheguei ao quarto do médium com meu livro nas mãos. Vendo-o psicografando o que Demetrius lhe ditava, coloquei o livro sobre o sofá e fiquei observando os livros que o médium já tinha psicografado, que estavam em uma parte da minibiblioteca. Depois observei outros romances espíritas ditados por outros espíritos e psicografados por outros médiuns, que fazem parte do acervo da minibiblioteca do médium.

Concluído o trabalho com Demetrius, Roberto fez uma pausa e ausentou-se do quarto por alguns minutos.

Demetrius ficou conversando comigo. Indaguei a ele qual era o enredo do livro que ditava ao médium, e Demetrius me disse tratar-se da história de uma das suas existências terrenas.

Roberto retornou ao quarto e sentou-se de novo na frente do computador.

Eu me acomodei na cadeira que Demetrius tinha plasmado. Demetrius foi para o sofá.

Assoprei sobre o médium, fizemos uma prece juntos, coloquei a mão na cabeça dele, assoprei de novo e, abrindo meu livro, comecei a ditar.

Após ter ditado todo o primeiro capítulo, o médium fez uma pausa e me convidou para ouvir o que tinha psicografado. Concordei. Roberto leu, e eu fui acompanhando o que ele lia no capítulo escrito por mim em meu livro.

Ao concluir a leitura, o médium disse que poderíamos revisar alguns parágrafos. Da forma como estavam escritos, alguns leitores poderiam não compreender seu significado.

Fizemos a revisão dos parágrafos e, assim que a concluímos, Roberto falou que reiniciaríamos o trabalho no outro dia. Uma hora já se havia passado.

Demetrius levantou-se e desmaterializou a cadeira que plasmara. Nós três fizemos uma prece.

O médium pegou um livro e começou a leitura. Eu e Demetrius o deixamos e retornamos para a nossa colônia.

No domingo, assim que Sulamita terminou de ditar parte do seu livro, eu continuei a ditar os outros capítulos do meu. E assim, aos poucos, Roberto ia fazendo a psicografia dos capítulos do meu livro.

Certo sábado, ao chegar para participar do Evangelho no lar com a Equipe do Auxílio, fiquei admirada ao encontrar o governador da Colônia

São Tarcísio, o próprio São Tarcísio, no quarto do médium. O que ele estaria fazendo ali?

O santo me olhou com doçura e sorriu. Retribuí o sorriso.

Quase no final do Evangelho, o santo, aproximando-se do médium através da psicofonia de Roberto, passou uma lindíssima mensagem aos encarnados que ali se encontravam.

Nesse dia, não sei por qual motivo, havia um bom número de encarnados que, espremidos, ocupavam o quarto do médium.

No final da mensagem, o santo proferiu uma lindíssima prece feita aos benfeitores espirituais. Ele não disse seu nome quando concluiu a prece, apenas falou ser um benfeitor amigo.

Logo que o Evangelho chegou ao fim, o médium conversou alguns minutos com os encarnados na varanda de sua casa.

Uma encarnada o reteve por muito tempo.

Enquanto o médium conversava com ela, o santo subiu as escadas e visitou a casa de atendimento espiritual. Após a visita, ele disse estar feliz com todo o trabalho desenvolvido na casa. Fez uma prece com todos nós e abençoou a casa em nome de Deus e do bondoso Mestre Jesus Cristo.

Em seguida, retornou ao quarto do médium e, sentado no sofá, ficou conversando com Demetrius.

Em dado momento, olhou em minha direção e disse:

— Jaqueline, aqui estou porque costumo sempre participar do Evangelho no lar feito por Roberto e por outros médiuns em diversas residências de diversos países. O Evangelho no lar sempre, quando realizado com muito amor, recebe das esferas altamente sublimadas muitas bênçãos, que recaem sobre encarnados e desencarnados que dele participam.

— Você tem toda razão! O Evangelho no lar proporciona a todos que dele participam muitas felicidades e muita paz de espírito.

— Aqui também estou porque hoje Demetrius começará a ditar ao médium um livro que narra sua primeira existência terrena, e eu fui um dos encarnados que viveu ao seu lado, nessa ocasião. Ditarei a Roberto os primeiros capítulos do livro, e Demetrius ditará os capítulos restantes.

— Posso lhe pedir uma coisa?

— Peça, minha amiga Jaqueline.

— Poderia, antes de ditar ao médium os primeiros capítulos do livro, ditar a prece que fez aos benfeitores, para que o médium a psicografe? Achei sua prece lindíssima. Gostaria de ter uma cópia dela em meu poder. Poderia fazer o que lhe peço?

— Com toda a certeza. Logo que o médium entrar no quarto, conversarei com ele e lhe direi que irei ditar a prece primeiro.

Quando Roberto entrou no quarto, o santo acercou-se e assoprou sobre ele, e falou para Roberto o que falou para mim referente à prece.

O médium ligou o computador e ficou aguardando o ditado do santo.

O santo sentou-se na cadeira que Demetrius tinha plasmado. Tocou a fronte do médium com dedo indicador da mão direita, assoprou no médium e começou a ditar a prece.

Assim que psicografou a oração, Roberto a leu para o santo para que ele a ouvisse e verificasse se precisava de alguma revisão.

Peguei caneta e papel e, assim que o médium começou a ler, escrevi a seguinte prece ditada por São Tarcísio:

Prece aos benfeitores espirituais:

Querido Deus!

A vossa misericórdia é imensa, e o vosso amor é grandioso. É o nosso Pai, e sendo nosso Pai nos ama profundamente e só deseja a nossa felicidade. Por nos amar tanto e nos conhecer tão bem, não deixa de nos amparar a todo instante.

O vosso amparo se dá de várias formas. Uma delas é através dos amigos espirituais que colocastes ao nosso lado. Agradecemos por ter enviado esses anjos para cuidar de nós.

Bondosos Demetrius, Lugiel, Lucius, Sulamita e demais benfeitores espirituais, continuem velando por nós e nos direcionando até o Mestre Jesus, à Virgem Santíssima e ao nosso querido Deus.

Sabemos que não cessam de interceder por nós, que estão a todo momento nos impulsionando à caridade e nos ajudando em nossas reformas íntimas. Somos gratos por estarem zelando por nós e contribuindo para nosso crescimento espiritual.

Em nome do Mestre Jesus Cristo, pedimos que vós, meus amigos, permaneçam protegendo nossa família, a casa espírita de que fazemos parte, as obras sociais da nossa casa espírita e todos os que na casa e nas obras trabalham. Esperamos continuar sendo dignos dos vossos passes magnéticos e dos vossos valiosos conselhos.

Generosos benfeitores!

Que Deus continue iluminando-os, para que vocês nos iluminem. Que o Mestre Jesus Cristo continue enchendo-os com o Seu amor, para que vocês espalhem esse amor em nossas vidas. Que a Santíssima Virgem Maria continue abençoando-os, para que vocês também possam nos abençoar.

Louvado seja Nosso Senhor Jesus Cristo! Para sempre seja louvado.

Assim seja! Com a graça de Deus.

O santo, ao terminar de ouvir a sua prece, que o médium tinha psicografado, falou que a prece não precisava de nenhuma revisão.

Eu guardei a que escrevera em meu bolso e agradeci ao santo por tê-la ditado ao médium. Depois, deixei-os no quarto e só regressei quando chegou a minha hora de trabalhar.

Após seis meses ditando nos finais de semana para Roberto, ele concluiu a psicografia do livro.

Ele então me convidou para começar a revisão. Começamos no final de semana seguinte a revisar o livro. Dentro de dois meses e três finais de semanas, a revisão foi concluída.

Roberto conversou comigo, e nós fizemos uma revisão em cima da que já tinha sido feita. Nessa segunda revisão, pouquíssimas coisas foram modificadas.

Eu plasmei uma cópia do livro que tinha sido psicografado e a entreguei a Demetrius, pedindo-lhe para que lesse e convidando-o a prefaciá-lo.

Meu orientador me entregou o livro após uma semana e falou-me que iria ditar o prefácio ao médium.

Estive presente no dia em que ele ditou o prefácio de *Nem Céu, Nem Purgatório*. Esse era o título provisório do livro.

Com o livro totalmente pronto, o médium o entregou para que duas pessoas que possuem amplos conhecimentos da doutrina espírita o lessem e a apontassem algo que necessitasse ser corrigido ou um pouco mais trabalhado.

Logo que elas devolveram o livro, o médium empenhou-se em verificar suas sugestões e sentou-se comigo e com Demetrius. Nós acatamos algumas sugestões e as acrescentamos no livro.

Seguindo orientações de Demetrius, o médium remeteu o livro para que uma editora o analisasse e desse seu parecer quanto sua publicação ou não. A editora foi escolhida pelo próprio Demetrius.

Pouquíssimos meses depois, a editora enviou uma correspondência ao médium, devolvendo o livro e informando que não fora aprovado na análise da editora.

Imaginei que o médium fosse ficar ressentido com aquela resposta negativa, mas surpreendi-me quando ele deu-me a notícia em um dia em que estava, em seu quarto, participando do Evangelho do lar. Roberto me disse para voltarmos a trabalhar no livro, fazendo uma nova revisão e até mesmo acrescentando capítulos e reescrevendo alguns. Achei interessante a idéia dele. O médium convidou Demetrius para nos ajudar nessa tarefa.

Antes de iniciarmos a revisão, o médium, orientado por Demetrius, remeteu para a mesma editora o livro *Lições para uma Vida Feliz*, de autoria espiritual de Demetrius.

Considerei nobre o gesto dele em remeter o livro para a mesma editora. Poderia ter ignorado a orientação de Demetrius e tê-lo remetido para outras editoras espíritas. Mas, ao mandá-lo para a mesma editora, o médium e Demetrius me fizeram ver que um "não" jamais deve nos impedir de um dia vir a receber um "sim" de quem, em uma ocasião, nos disse um "não".

Eu, Demetrius e o médium nos sentamos e começamos a trabalhar no livro. Acrescentei capítulos, modifiquei alguns e dei-lhe um novo título: *Relato de uma Católica*.

No final do trabalho, nós três concluímos que tinha ficado muito bom.

O médium mandou encaderná-lo e o colocou na prateleira da minibiblioteca, ao lado dos outros que ele psicografara.

Imaginei que ele fosse remetê-lo à editora. Como não o fez e o arquivou na minibiblioteca, eu nada comentei, e fiquei aguardando o que no futuro iria acontecer com o livro.

CAPÍTULO 25

Eu, o médium e Alice

Passada uma semana, fui convocada a comparecer à sala da diretora da Casa do Auxílio.

Logo que entrei, avistei meu orientador sentado. Sulamita veio ao meu encontro, me abraçou e me pediu para me sentar.

— Jaqueline, durante anos você tem auxiliado muita gente. Chegou a hora de auxiliar a você mesma e a seus familiares – falou Sulamita.

— Auxiliar-me a mim mesma? Como? Que eu saiba, não estou necessitando de nenhum tipo de auxílio.

— O auxílio ao qual me refiro é para seu coração – disse Sulamita.

— Ao meu coração?

— Isso mesmo, querida! Seu coração ama seus familiares encarnados, e por isso necessita vê-los de vez em quando. Dentro de poucos dias, além de vê-los, terá a oportunidade de conversar diretamente com eles, e assim auxiliará sua família a descobrir que você está plenamente viva e muito feliz aqui no plano espiritual. Essa conversa auxiliará seu coração, porque, ao conversar com seus familiares, você irá se emocionar, o que lhe proporcionará uma grande felicidade, a qual sempre a acompanhará e que muito a ajudará em seus futuros trabalhos de auxílio.

— Você está me dizendo que irei conversar com todos os meus familiares quando seus espíritos estiverem livres do corpo físico, Sulamita?

Demetrius, levantando-se da cadeira, respondeu por ela:

— Não irá conversar com eles dessa forma, mas quando eles estiverem em estado de vigília.

— Sério?! E como isso se dará? – inquiri a Demetrius.

— Por intermédio de Roberto, o médium de Brasília. Você falará com seus familiares utilizando-se da psicofonia do médium.

— Que bárbaro, Demetrius! Já estou feliz antes mesmo de isso acontecer. Agradeço aos dois por me permitirem tamanha felicidade! – Caminhei até eles e, emocionada, os abracei e beijei docemente suas frontes.

Demetrius pediu-me para ficar ao lado do médium durante vários dias, dizendo-me que, quando a oportunidade surgisse, eu a aproveitasse para manter contato com minha família.

Deixei os dois na sala e fui até o jardim da colônia. Sentei-me em um banco e fiquei pensando.

Não tinha noção de como essa oportunidade surgiria, mas, como Demetrius falara que ela iria surgir, decidi acompanhar o médium por vinte e quatro horas diárias.

Comecei a acompanhar Roberto e não arredava pé de perto dele.

Certo dia em que o médium limpava os livros da sua minibiblioteca, reteve por um bom tempo em suas mãos o livro que eu lhe ditara.

Sentou-se no sofá, colocou o livro próximo a si, fez uma prece e mentalmente me chamou. Respondi de imediato, dizendo estar ao seu lado.

Roberto me pediu o nome da escola em que eu estudava, e também que o ajudasse a entrar em contato com meus familiares ou com alguém que me conhecera no meu tempo de encarnada.

Indaguei-lhe o motivo de tal pedido, e Roberto, bondosamente, me disse que o codificador da doutrina espírita recomendou ser necessário fazer um exame das comunicações que os espíritos enviam.

Passei ao médium o nome da escola em que estudei e o endereço, na cidade de Anápolis. Disse-lhe que depois lhe passaria nome e endereço de alguém com quem convivera quando estive encarnada em Anápolis.

Saindo da casa do médium, fui direto a Anápolis. Dirigi-me até a residência de minha amiga Alice. Lá chegando, não a encontrei. Sondando os pensamentos da mãe da minha amiga, descobri que Alice tinha se casado e fora morar em outro bairro.

Assoprei sobre a mãe de Alice e pedi-lhe mentalmente para ir até a casa da filha. Inspirada por mim, a mãe de Alice resolveu acatar o meu pedido e ir visitar a filha. Fui junto.

Ao chegarmos à residência de minha amiga, anotei o endereço e o guardei no bolso.

Entrei na casa e admirei-me ao ver Alice. Tinha se tornado uma linda mulher.

Aproximei-me da minha amiga. Assoprei sobre ela e a abracei com carinho.

Alice imediatamente pensou em mim e, dirigindo-se à mãe, disse:

— Mamãe, não sei por quê, mas ao vê-la pensei em Jaqueline. Aquela minha amiga que faleceu no dia daquela chuva.

— Já faz tanto tempo que ela morreu... Se hoje pensou nessa moça talvez a alma dela esteja precisando de preces. Mande rezar uma missa em intenção da alma de sua amiga.

— Mamãe, não acredito que missas ajudem a alma de ninguém. Eu mesma, antes de dormir, farei uma prece por minha amiga.

Uma garotinha de três anos entrou na sala e abraçou Alice. Alice a ergueu, beijou-lhe a face e a recolocou no chão.

— Jaqueline, minha netinha, venha dar um abraço na vovó – falou a mãe de Alice, que caminhou até a menina e a apertou nos braços. — Jaqueline está cada dia mais parecida com o pai.

Olhei para Alice e para a sua filha. Escutando a avó chamando a neta por Jaqueline, deduzi que Alice dera o meu nome para sua filha, como prova da grande amizade que nutria por mim.

Fiquei emocionada e abracei minha amiga novamente. Depois, abracei a garotinha e decidi retornar à casa do médium de Brasília.

Na hora em que ia volitar e me retirar, estaquei ao ouvir o seguinte comentário de Alice:

— Mamãe, hoje a companhia telefônica instalou a linha aqui de casa. Vou anotar o número em um papel e passar para a senhora.

Caminhei até Alice e, vendo-a anotar o número em um papel, fiz o mesmo ao lado do endereço da casa dela que já tinha anotado. Em seguida, volitei até a casa do médium.

Como ele não estava, fui à casa de atendimento espiritual e, sentada no jardim, fiquei pensando em minha amiga Alice e em sua filhinha Jaqueline.

Esperei até o final do Evangelho do lar daquele dia, e pedi a Roberto que pegasse caneta e papel. Assim, ditei o nome de Alice, o seu endereço e o número do telefone dela.

Em posse desses dados, o médium telefonou para a casa de Alice e perguntou se poderia lhe fazer uma visita, dizendo que gostaria de conversar com ela para tratar de assunto muito importante referente a uma grande amiga dela que havia desencarnado fazia algum tempo, quando saíra correndo da escola em um dia chuvoso.

Alice deduziu que a amiga seria eu, e consentiu receber o médium em sua residência.

No dia do encontro do médium com Alice, eu estava muito empolgada. Feliz da vida, acompanhei Roberto. Ele levava consigo uma cópia do livro que eu lhe ditara.

Durante o percurso da viagem de Brasília para Anápolis, o médium apanhou o romance espírita *Sem Regras para Amar*[22] e começou a lê-lo.

Quando Roberto desembargou na rodoviária de Anápolis, fui lhe dando orientações de como chegar à casa de Alice.

Ao chegar, ele bateu palmas.

Alice abriu a porta e ele se apresentou. Minha amiga o convidou para entrar.

Alice o conduziu a uma sala de estar, onde o seu marido, Alfredo, estava sentado com a filhinha Jaqueline ao colo.

Vendo o marido da minha amiga, fiquei feliz ao saber que Alice tinha conseguido casar-se com Alfredo, que em meu tempo de

---

[22] *Sem Regras para Amar* é um belíssimo romance do espírito Schellida, editado pela Lúmen Editorial (NAE).

encarnada tinha estudado na mesma sala de aula em que eu e Alice estudávamos.

Alice apresentou o médium ao marido. Ela e o médium se sentaram.

Roberto pediu permissão para fazer uma prece. Permissão concedida, o médium iniciou a oração.

Enquanto isso, Alice o analisava, bastante curiosa do assunto que o médium tinha a tratar com ela.

Assim que concluiu a prece, o médium começou a falar:

— Gostaria de agradecer por ter me recebido. Como lhe disse por telefone, vim aqui porque sei que você foi muito amiga de uma jovem de nome Jaqueline. Eu sou espírita kardecista. Através da minha mediunidade, a sua amiga Jaqueline, meses atrás, ditou-me um livro. Nele, ela narra o que lhe acontece no plano espiritual. Foi através desse livro que soube ser você e Jaqueline muito amigas. Gostaria que você, quando tivesse um tempo, o lesse e depois me passasse seu comentário. E, se não lhe causar nenhum transtorno, pediria que me colocasse em contato com a família de Jaqueline. Pretendo enviar o livro para publicação, e quero pedir que a família me autorize a fazê-lo.

— Por que pretende pedir permissão à família de Jaqueline para publicar o livro? – perguntou Alice.

— Porque o livro narra episódios referentes à infância de Jaqueline ao lado dos familiares. Desejo pedir permissão porque os pais dela têm de estar de acordo com a publicação de um livro que narra assuntos particulares da filha deles.

— Você tem razão. – Alice, olhando para o médium com profundidade, perguntou: – Tem certeza de que esse livro foi mesmo ditado por Jaqueline?

— O livro foi ditado pelo espírito de Jaqueline. Se ela não o tivesse ditado, certamente hoje eu não estaria aqui em sua casa. Foi Jaqueline quem me passou seu endereço e o número de seu telefone.

— Ela fez isso? – indagou Alice meio incrédula.

— Fez! E está aqui do meu lado, neste instante.

Alice se arrepiou ao ouvir aquilo.

— Jaqueline está comigo agora, e me diz que sua filhinha tem o mesmo nome dela. Diz que você colocou esse nome em sua filha em homenagem a ela. Fala que está muito contente ao saber que se casou com Alfredo, o garoto por quem você suspirava no tempo de adolescente. Jaqueline está me pedindo para lhe comunicar que certa vez você, ao saber que a professora de Geografia tinha medo de baratas, e por não gostar muito dela, levou uma barata dentro de uma caixa de fósforos e a colocou sobre o livro da professora, que ao ver o inseto saiu correndo pela sala, gritando desesperada.

— Eu me recordo muito bem desse fato – falou Alfredo.

O médium foi repetindo para Alice coisas que eu lhe dizia e que rememoravam nosso tempo de infância e de adolescência.

Alice começou a chorar. Roberto, notando suas lágrimas, indagou:

— Você está passando mal?

— Não! Estou muito emocionada. Ouvi-lo falar é como ouvir Jaqueline falando. Creio firmemente que ela está mesmo ao seu lado. Tudo o que me disse realmente aconteceu comigo e com Jaqueline. Pois fatos que eram apenas do meu conhecimento e do conhecimento dela me foram ditos por você. Acredito que ela deve mesmo ter lhe ditado o livro.

— Jaqueline diz que continua sua amiga e que, no local em que se encontra, sempre faz preces por você e por sua família.

Alice voltou a chorar. Alfredo, deixando a filhinha na cadeira, caminhou até sua esposa e a abraçou com carinho. Aos poucos Alice foi serenando.

Alice pediu ao médium para lhe dizer mais coisas referentes a mim e ao que estava me acontecendo. O médium pediu para ela ler o livro, pois iria ficar a par de tudo.

Alfredo convidou o médium para um lanche.

Sentado em volta da mesa enquanto lanchavam, eles conversaram. A pedido de Alfredo, Roberto falou um pouco sobre a vida após a morte.

Concluído o lanche, Alice, pegando o telefone, discou para a minha mãe em Goiânia, falando que um amigo de Jaqueline gostaria de ter um encontro com ela. Assim, marcou uma visita com o médium a Goiânia no próximo final de semana.

Antes de encerrar a ligação, eu sugeri a Alice que pedisse a minha mãe para que meus avós, meu pai e meu irmão, Alex, estivessem presentes. Alice assim o fez.

Ela desligou o aparelho e recebeu das mãos do médium o livro que ele tinha trazido para ela ler.

Alice e o médium combinaram de se encontrar na rodoviária de Goiânia e de lá seguir até a residência de meus pais.

Em companhia do marido e da filhinha, Alice entrou no automóvel deles e levaram Roberto até a rodoviária de Anápolis. Eles aguardaram o médium embarcar no ônibus com destino a Brasília e, em seguida, Alice e sua família voltaram para o lar.

Durante a semana eu não arredei pé de perto do médium.

No dia da visita a minha família, o domingo amanheceu muito bonito.

Roberto, ao entrar no ônibus que o levaria até Goiânia, fez uma prece. Sentado na poltrona, considerou que foi ótimo a editora não ter aceitado o livro para a publicação quando ele o remeteu, pois ele não tinha entrado em contato com a minha família e, desse modo, não comentara com ela a respeito do livro. Agora o faria e sondaria minha família a respeito da publicação.

Roberto agradeceu à espiritualidade pelo fato de a editora ter rejeitado o livro, porque agora, antes de remetê-lo novamente, ele ia fazer o que considerava correto: conversar com a minha família sobre o livro.

O médium apanhou o romance *O Amor Enxuga as Lágrimas*[23] e começou a lê-lo. Ao desembarcar na rodoviária de Goiânia o médium tinha concluído a leitura do romance.

Alice o esperava na plataforma de desembarque. Demetrius estava ao lado da minha amiga. Sorriu para mim e falou que iria me acompanhar.

Alice entregou o livro que o médium lhe pedira para ler e comentou:

---

[23] *O Amor Enxuga as Lágrimas* é um romance espírita do Irmão Ivo, psicografado pela médium Sônia Tozzi e publicado pela Lúmen Editorial (NAE).

— É um livro lindíssimo. Ele foi mesmo ditado por Jaqueline. Lendo-o, notei a linguagem simples que Jaqueline sempre utilizava e me emocionei na parte em que, revendo o passado dela, minha amiga narra aquele dia em que fomos fazer um trabalho escolar. Agradeço por ter me dado a oportunidade de ler esse lindo livro. Confesso a você que foi o melhor livro que já li.

O médium recebeu o livro e o guardou dentro de sua mochila.

Pegamos um ônibus. Após quinze minutos, descemos do ônibus e Alice tocou a campainha da residência dos meus pais.

Meu irmão, Alex, que se transformou em um bonito rapaz, abriu a porta, convidou Alice e o médium para entrar e os conduziu até a sala.

Sentados no sofá, avistei meus pais, meus avós e minha tia. Corri até eles e os abracei com emoção.

Alice apresentou o médium a todos. Ela, o médium e Alex se sentaram.

Alice olhou para minha mãe e disse:

— Este rapaz ligou-me um dia. Depois, esteve em minha casa e emocionou-me ao falar de Jaqueline. Ele me falou coisas que somente eu e Jaqueline sabíamos. Depois, me entregou um livro ditado por ela. Li o livro, e ao lê-lo descobri ter sido mesmo ditado pela alma de Jaqueline. Vou passar a palavra ao rapaz.

Roberto pediu permissão para fazer uma prece. Meu pai disse que ele poderia rezar sem nenhum problema. O médium fez uma lindíssima oração em voz alta. Vovó comoveu-se.

Assim que concluiu a prece, Roberto olhou demoradamente para cada um dos meus familiares e, encarando mamãe, começou a dizer:

— Sou espírita kardecista. Com muito amor sigo a doutrina codificada por Allan Kardec. Sou portador de uma mediunidade que me faz ver e ouvir os espíritos. Há algum tempo, recebi em minha casa a visita de uma jovem de nome Jaqueline. Suas visitas foram se tornando constantes, e sempre me causavam alegria. Meses atrás, Jaqueline me ditou um livro, no qual narra o que encontrou do outro lado da vida. Nesse livro, ela fala de situações envolvendo a família. Desejo remeter esse livro para uma editora, mas antes de fazê-lo gostaria que a família de Jaqueline, que são vocês, me desse autorização, pois a editora, ao publicá-lo, tornará conhecida a história de Jaqueline. Tenho certeza de que essa história irá ajudar muita gente.

— Nossa família é católica. Não acreditamos no espiritismo. Como poderemos saber se esse livro foi mesmo ditado por minha irmã? – indagou Alex.

— Só saberão quando o lerem. Lendo-o encontrarão episódios que Jaqueline narra, de quando esteve encarnada e desencarnada ao lado de vocês. Quando lerem, saberão se são verdadeiros ou não.

Eu me aproximei do médium, coloquei minha mão em sua cabeça e pedi para ele ir repetindo minhas palavras.

Roberto, encarando meu irmão com candura, disse:

— Jaqueline encontra-se ao meu lado agora. Ela me pede para lhe dizer, Alex, que quando você tinha seis anos pegou a bicicleta dela escondido e, quando de mansinho ia saindo para andar com ela na rua, Jaqueline chegou e o pegou no flagra. Disse que você ficou vermelho e com tanta vergonha que ela, ao indagar o que você estava fazendo, gaguejou tanto que nada conseguiu falar. Depois, com medo de levar uma reprimenda dela, deixou a bicicleta cair no chão e saiu em disparada para o seu quarto, trancando-se lá.

Meu irmão e minha mãe, que tinha presenciado a cena, ao ouvirem o médium dizer tal coisa arregalaram os olhos, estupefatos.

Roberto, olhando dentro dos olhos de Alex, continuou:

— Jaqueline me informa que você ficou maluquinho quando certo dia ela o encontrou de mãos dadas com a filha do vizinho e brincando falou que vocês estavam de namorico. Disse que nesse dia você correu atrás dela com um pedaço de pau na mão disposto a acertá-la. Jaqueline diz que muito o ama e que você é muito especial para ela.

Roberto se virou para minha mãe.

— Sua filha está me comunicando que é para dizer à senhora que ela está usando uma cópia idêntica do vestido com os detalhes de margarida de que tanto gostava quando encarnada. Esse vestido a senhora muito hesitou em comprar no dia em que a levou à loja, dizendo-lhe que não era bonito e que não iria assentar muito bem nela. Jaqueline diz que nunca esquecerá aquela tarde em que a senhora e seu marido, quando ainda residiam em Anápolis, a levaram ao circo. Comenta que nesse dia, logo que entraram e se sentaram, a arquibancada desmoronou e todos foram ao chão. O pai caiu bem perto da jaula do leão. O animal, ao vê-lo, escancarou a boca e urrou. Morto de medo de que o leão saísse da jaula e o devorasse, o pai desmaiou.

Mamãe sorriu ao escutá-lo.

— É verdade, querido. Nós duas ficamos muito preocupadas com você naquele dia – falou mamãe.

Papai encarou o médium e, de olhos fixos nele, não piscava.

— Jaqueline me informa que uma vez, ao irem para a fazenda dos avós, o pai e o avô correram atrás de uma galinha, querendo pegá-la para que servisse de almoço. Os dois, sem notarem para onde estavam indo, se esbarraram e caíram dentro do chiqueiro. Ela, a mãe e a avó deram muitas gargalhadas. Os dois olharam para elas com cara de poucos amigos e sem dizerem nada foram tomar banho.

O médium olhou para vovó e disse:

— Jaqueline lhe agradece por tê-la levado à cidade de Trindade por ocasião da festa religiosa que acontece todos os anos lá, e por naquele dia ter comprado o quadro de Nossa Senhora da Abadia e tê-lo dado de presente para ela.

Ouvindo-o, vovó permitiu que uma lágrima escorresse por sua face.

O médium foi falando outras coisas que eu lhe dizia. Mamãe, vovó e papai estavam muito impressionados com tudo.

Demetrius aproximou-se do médium e pediu para ele dizer algo a minha família. O médium, olhando meus familiares, falou:

— Gostaria que agora prestassem bastante atenção. Sua filha falará com vocês.

O médium fechou os olhos, suspirou e fez uma prece. Demetrius mandou-me abraçar Roberto e falar por seu intermédio.

Abraçada a ele, apossei-me completamente do seu corpo e, apoderando-me de sua voz, falei:

— Mamãe, papai e demais familiares, eu os amo muito. Quero que saibam que estou muito feliz. Não me encontro no purgatório, porque o purgatório não existe. Estou em um lindo lugar que me foi presenteado por Deus, pelo bondoso Mestre Jesus Cristo e por Nossa Senhora da Abadia. Nesse lugar existe muita paz e muito amor. Mamãe, papai, leiam o livro com muito carinho. Nele está contido o que realmente me aconteceu ao deixar o corpo físico e passar para o mundo dos espíritos.

Mamãe, papai, os demais familiares, bem como Alice, ao me ouvirem falar através do médium utilizando a mesma voz que eles tão bem conheciam por terem-na ouvido tantas vezes quando estive encarnada ao seu lado, começaram a chorar e a ficar muito emocionados.

Eu continuei falando com eles. Ao falar, me dirigir a cada um em particular, e não me esqueci de agradecer à minha amiga Alice por ter sido a intermediária daquele encontro, que me proporcionou imensa felicidade.

Após falar tudo o que queria, despedi-me da seguinte forma:

— Que o querido Deus os ilumine e derrame sobre todos vocês uma grandiosa chuva de bênçãos. Que Nossa Senhora da Abadia os proteja e que o bondoso Mestre Jesus Cristo esteja sempre com vocês. Eu os amo muito, muito mesmo. Da colônia espiritual em que vivo, continuo amando-os do mesmo jeito.

Fui libertando o médium da minha influência. Ele suspirou e lentamente abriu os olhos.

Mamãe levantou-se, foi até Roberto e o abraçou, dizendo:

— Muito obrigada! Muito obrigada mesmo! Hoje você me deu o melhor presente que já recebi em toda a minha vida!

Papai também abraçou o médium e agradeceu-lhe por ter permitido que eu falasse com eles.

Mamãe convidou o médium e Alice para almoçar com eles.

Na hora do almoço, todos crivaram Roberto com várias perguntas, todas sobre mim.

O médium, com muita calma, respondeu a todas as perguntas.

Na hora em que entregou o livro para mamãe ler, Roberto disse:

— Daqui a um mês ligarei para a senhora e para seu marido para saber se me autorizarão a remeter à editora o livro que narra a história de sua filha.

Mamãe recebeu o livro com emoção e comentou com o médium que o leria com muita atenção. Depois, pediu o número do telefone de Roberto e o anotou em sua agenda.

No final da tarde, papai e Alex levaram o médium e Alice para a rodoviária.

O médium agradeceu a Alice por tê-lo levado até a residência dos meus pais. Alice disse que ele não precisava agradecer, e pediu que, se meus pais autorizassem a publicação do livro, quando esse fosse impresso ele remetesse um exemplar para ela.

Despedindo-se com abraços, os dois entraram nos ônibus que os levariam até suas cidades.

O médium, ao se sentar na poltrona, apanhou o romance *Amor e Ambição*[24] e começou a leitura do romance.

Sentada na poltrona ao lado, eu ia rememorando os últimos acontecimentos.

Logo que o médium chegou a Brasília e iniciou o Evangelho no lar, agradeci-lhe de todo coração por ter me concedido a graça de conversar com meus familiares. Roberto apenas sorriu.

Assim que o Evangelho do lar dele chegou ao fim, fui para a colônia onde moro.

Volitava para ela, muito feliz. Pensando em Sulamita, disse a mim mesma que ela tinha razão. A visita feita aos meus familiares e a conversa que tive com eles me auxiliou muito. Eu verdadeiramente estava feliz.

Passados trinta e seis dias da viagem do médium a Goiânia em visita aos meus pais, minha mãe ligou para Roberto dizendo que terminara a leitura do livro e que o adorara. Pediu ao médium para visitá-la no final de semana.

---

[24]*Amor e Ambição* é um romance de autoria espiritual do espírito Helena. O romance foi editado pela Lúmen Editorial (NAE).

Quando o final de semana chegou, o médium voltou a Goiânia. A família estava novamente toda reunida. Papai, olhando para o médium, disse:

— Eu, minha esposa, Alex, a tia de Jaqueline e os seus avós lemos o livro que minha filha lhe ditou. Todos somos de opinião que esse livro lhe foi mesmo ditado pela alma da minha filha. O livro é muito bonito. Nós permitimos que você o envie para a editora. No entanto, não gostaríamos de nos envolver com o livro e muito menos de sermos procurados no futuro para dar depoimentos sobre o livro ou sobre Jaqueline. Como é do seu conhecimento, somos católicos praticantes. Continuaremos católicos. Esperamos que a história de Jaqueline auxilie muita gente, como você diz que auxiliará.

Papai devolveu o livro ao médium.

Roberto disse:

— Agradeço por terem me dado a permissão. Jaqueline me confidenciou que irá ditar outros livros. Pretendo remetê-los também à editora. A permissão que hoje me concedem pode ser estendida a esses outros livros?

— Pode. Minha filha o escolheu para psicografar os livros dela. Se ela assim o fez é porque confia em você e certamente muito o estima.

Mamãe, aproximando-se do médium, pediu:

— Sempre que tiver alguma notícia de Jaqueline, avise-nos. Gostaria de saber o que continua acontecendo com ela.

— A senhora saberá o que acontece com sua filha lendo os outros livros que ela me ditar. Quando forem ditados e impressos, remeterei um exemplar de cada um para a senhora.

Despedindo-se dos meus familiares, o médium regressou a Brasília.

Sondei seus pensamentos enquanto ele estava sentado na poltrona do ônibus. Roberto se alegrara por ter recibo o aval da minha família referente a tornar conhecida a minha história. Segundo ele, agora poderia remeter o livro à editora. O médium mais uma vez pensou ter sido muito bom a editora ter devolvido o livro quando ele o remeteu, dando uma resposta negativa quanto à publicação. Assim, junto comigo e com Demetrius, ele tivera tempo de trabalhar o livro e de visitar Alice e minha família, colocando-os em contato com o livro que eu ditara.

Após duas semanas, Roberto, depois de ter feito uma prece, foi a uma agência dos Correios e remeteu para uma nova análise o livro *Relato de uma Católica* à mesma editora.

A resposta da editora veio poucos meses depois. O livro fora aprovado para publicação.

Durante todo o processo para que o livro ficasse pronto, estive diversas vezes na editora em companhia de Demetrius e de Sulamita, ajudando os encarnados a darem vida ao livro.

No dia em que a editora recebeu da gráfica os exemplares do livro *Relato de uma Católica*, eu, Demetrius e uma equipe da Casa do Auxílio estivemos presentes. Tocamos todos os exemplares dos livros, deixando neles boas energias.

Depois, eu e Demetrius plasmamos algumas cópias do livro.

Fizemos o lançamento aqui no plano espiritual, na Colônia Bom Jardim.

Meus professores do curso que fiz na Colônia A Casa do Escritor, que me ensinou a escrever, e os alunos que participaram comigo do curso compareceram.

Demetrius me disse que o lançamento do livro indicava que eu já estava preparada a assumir uma das missões que me aguardavam. Indaguei qual seria essa missão, e ele respondeu-me:

— Ditar livros para que eles ajudem os encarnados em seu crescimento.

O lançamento do livro foi um momento especial em minha vida. Significava que eu tinha mesmo me dedicado ao curso que fizera na Colônia A Casa do Escritor e dele tirara grande proveito.

Deixei um exemplar na biblioteca da colônia onde aprendi a escrever.

O médium, logo que recebeu alguns exemplares do livro, remeteu um para a minha amiga Alice e outro para a minha família.

Continuei acompanhando Roberto no Evangelho no lar realizado em sua casa e trabalhando com a Equipe do Auxílio.

Diversos foram os tipos de auxílio que levava a encarnados e desencarnados. Estando sempre no meio dos encarnados e ajudando-os a serem felizes, eu ia, aos poucos, cumprindo aquilo com que tinha me comprometido no dia em que, na Casa da Prece, estando em prece, decidi: estender a mão e amparar os que necessitam de ajuda.

CAPÍTULO 26

Posto do Amor

O trabalho de auxílio foi se intensificando. Nossa equipe, dia após dia, era convocada a comparecer a casas espíritas localizadas nos diversos Estados brasileiros para auxiliar irmãos necessitados.

O tempo foi passando, e de auxílio em auxílio eu ia me dedicando cada vez mais ao próximo. Dedicação essa que já me preparava ao trabalho que me aguardava no posto de socorro que iria acolher os irmãos de corações endurecidos.

Um dia caminhava pelo jardim da Colônia São Tarcísio, alheia a tudo à minha volta. Demetrius veio até min e me convidou para visitar o Posto do Amor, que já tinha sido construído. Ele disse que seria interessante eu conhecer o local onde iria trabalhar futuramente com uma equipe bem maior do que aquela com que trabalhava.

Volitei com ele até a cidade de Brasília.

No espaço aéreo de uma cidade-satélite de Brasília, em que Roberto mora, deparei com o Posto do Amor.

A porta de entrada do posto é em forma de coração. No meio da porta está escrito em letras douradas "Posto do Amor". No lado direito da porta existe uma linda samambaia trepadeira que se estende pelo muro que cerca todo o posto de socorro. Do lado esquerdo, uma roseira com lindas rosas amarelas. Dei uma volta pelo muro e percebi que ao redor dele existem plantas com flores de diversas espécies que embelezam o muro, e um campo de força formado por raios que piscam sem parar.

Assim que Demetrius fez menção de levar a mão até o trinco da porta, raios iguais aos que formavam o campo de força ao redor do muro foram lançados sobre ele e sobre mim. Nada nos aconteceu.

Demetrius me disse que os raios impediam a entrada de espíritos que não moravam no posto de socorro e de espíritos que tentariam invadir o posto no futuro.

Entramos. Avistei um caminho que separava o jardim no meio e nos conduzia a um belo edifício pintado de dourado-claro.

Caminhei pelo jardim, todo ele cheio de flores. A fonte que fica no meio do jardim tem o formato de um coração. Do centro do coração jorra água, que ao tocar na água que circula o coração gera outros coraçõezinhos de água e explodem, formando a palavra "amor".

— Que lindo! – exclamei.

Entrei no edifício. Fui acolhida por Ludovico.

Demetrius me disse que Ludovico é o responsável pela equipe dos socorristas do posto de socorro.

Fomos até a sala da prece. Ao entrar, exclamei:

— Que sala linda!

O chão é forrado por um belísssimo tapete dourado e todo felpudo. Há uma janela cuja visão dá justamente na fonte do jardim. No teto, luzes em forma de corações. Existem genuflexórios confortáveis. Uma Bíblia aberta em cima de uma mesinha. Ao lado da Bíblia, um vaso com flores; do lado oposto ao da mesinha, uma outra mesinha contendo os cinco livros da codificação espírita. Ao lado dos livros, também existe um vaso com flores. Entre as duas mesinhas na parede, uma linda pintura do Cristo segurando o seu coração nas mãos e olhando docemente para quem O contempla. Embaixo do coração do Cristo está escrita a frase que Ele mesmo disse quando esteve encarnado: "Vinde a mim todos os que estão cansados e oprimidos, e eu vos aliviarei... porque sou manso e humilde de coração[25]".

Eu me ajoelhei em um genuflexório e fiz uma prece. Demetrius e Ludovico fizeram o mesmo.

---

[25]Mateus 11,28-29 (NAE).

Saindo da sala da prece, fomos até a enfermaria. Encontrei o médico que tinha avistado na reunião com os encarnados. O dr. João Ricardo se apresentou e falou que estava muito contente por fazer parte da minha equipe. Sorri para ele e falei que ele era o primeiro que estava conhecendo e que no futuro iria trabalhar junto comigo.

Ele apertou minha mão e abraçou-me.

— Nossa equipe fará um bonito trabalho – falou, baixinho.

Eu simpatizei de cara com ele. Foi bom tê-lo ouvido dizer aquilo. Sua afirmação demonstrou que está disposto ao trabalho.

A enfermaria possui vinte quartos para adultos e dez para crianças e adolescentes. Em cada um há uma cama, uma mesinha com um vaso de flores, um tapete perto do leito e uma janela que dá vista para o jardim. A enfermaria também tem uma sala para os enfermeiros e outra para os médicos.

Depois de conhecer a enfermaria, conheci o refeitório. Nele, vemos uma grande mesa de madeira, cadeiras ao redor da mesa, vasos de flores sobre a mesa. Um armário com louças e talheres, uma pia com uma toalha bem branca e um balcão que dá acesso ao local onde as refeições serão preparadas.

Do refeitório fomos para a sala de diversões. Ali encontrei jogos eletrônicos, xadrez e outros. A pista de dança é pequena, mas é bem ajeitada.

Fui até a biblioteca. Ela possui uma boa quantidade de livros, todos com conteúdo edificante. Existem três poltronas-do-papai na biblioteca, para que os que nelas se sentarem possam desfrutar das leituras com conforto. No teto existem lâmpadas que, ao serem acesas, facilitarão a leitura.

Conheci as três salas para estudos, todas no estilo tradicional. Além das carteiras e do quadro-negro, uma tela sobre o quadro. Cada sala de aula comporta apenas cinco carteiras.

Fui até o auditório. Ele é pequeno e comporta apenas cem espíritos. Possui poltronas confortáveis e um telão bem grande. Acima do telão, a mesma pintura da sala da prece: o Cristo segurando o coração nas mãos.

Saindo do auditório, subi uma escada em forma de caracol. Deparei com o alojamento contendo os quartos dos trabalhadores do posto. Em algumas portas existiam alguns nomes. Demetrius me disse que elas ainda não tinham nomes porque os trabalhadores que ficariam naqueles quartos ainda não haviam sido escolhidos. Eles seriam escolhidos pelos líderes das equipes.

Próximo ao último quarto existia uma escada parecida com a que eu tinha subido. Demetrius me disse que a escada conduzia a outra parte do alojamento contendo mais quartos. Como muitos seriam os trabalhadores do posto, muitos seriam os quartos individuais. Assim, cada trabalhador teria um local onde poderia descansar algumas horas e receber seus familiares e amigos para conversas particulares.

Encontrando o meu nome fixado em uma porta, eu a abri e entrei. O quarto era pintado de branco. Tinha uma escrivaninha com um vaso de flores amarelas sobre ela, uma cadeira com um tapete ao lado e uma janela que dava para as árvores floridas que faziam parte da floresta.

Ao sair dali, Demetrius me informou que todos os quartos são parecidos; a única coisa que os diferencia são as flores dos vasos. Elas são de acordo com o gosto do espírito que ocupará o cômodo.

Voltei ao jardim com Demetrius. Seguimos pelo caminho que levava até a floresta e, ao entrar na floresta, escutei os mais belos cantos de pássaros e avistei lindas árvores floridas. Fui até o centro da floresta e me encantei com o lago de água cristalina. Sentei-me em um banco que fica ao redor do lago e me encantei com toda a paisagem.

Canários da terra apareceram, beberam água do lago, pousaram em um banco e começaram a cantar. Vendo-os cantando bem alegres, disse a mim mesma que aquela floresta tinha o dedo do anjo Lugiel. Ele é apaixonado por canários da terra, e se os canários estavam na floresta, ele deveria tê-la plasmado.

Voltamos ao jardim. Ludovico o apreciava.

Ao me despedir de Ludovico, ele me informou que dentro de dois dias haveria uma reunião no posto de socorro com todos os que nele trabalhariam.

Demetrius me conduziu até a porta por onde entramos, e volitamos até a nossa colônia.

Ao indagar a Demetrius por qual motivo não tínhamos saído volitando do jardim do posto de socorro, ele me disse que o campo de força que circula o posto fora plasmado pelos anjos Gabriel, Rutiel, Lugiel e Azrael. Nenhum espírito conseguiria romper esse campo de força. A única forma de entrar ou sair do posto de socorro é pela porta de entrada do posto.

— Demetrius, você também liderará uma equipe no posto de socorro? – inquiri ao meu orientador.

— Não! Eu e Lucius não lideraremos nenhuma equipe. Trabalharemos no Posto do Amor quando nos for possível. Como sabe, sou mentor de um encarnado, Lucius é mentor de outro encarnado, por isso, nossa prioridade é acompanhar esses dois e orientá-los. Como os dois encarnados cooperarão com o posto de socorro, então, junto deles, nós também cooperaremos com o posto. Além do mais, eu e Lucius temos outras funções, como o trabalho na Casa do Auxílio e o acompanhamento de alguns espíritos em diversas colônias.

Nós dois entramos na Casa do Auxílio. Passamos na sala da Bíblia. Lemos um versículo e meditamos sobre ele. Depois, nos dirigimos à sala em que trabalhamos.

Logo que adentrei a sala, fui informada de que a diretora da Casa do Auxílio desejava falar comigo.

Demetrius me acompanhou até a sala de Sulamita. Entramos e nos sentamos.

Sulamita olhou-me com ternura e disse:

— Jaqueline, eu a convoquei a minha sala para lhe passar algumas informações. Como é do seu conhecimento, você foi designada para trabalhar no Posto do Amor. O fato de ter sido designada para nele trabalhar não significa que deixará de trabalhar aqui, na Casa do Auxílio. Conosco você está desempenhando um belíssimo trabalho, por isso gostaríamos de continuar contando com a sua ajuda. Como somos conscientes de que o seu trabalho no posto de socorro tomará muito de seu tempo, junto com Demetrius decidimos que você trabalhará aqui na Casa do Auxílio apenas um dia por semana. Apesar disso, você também estará trabalhando para a Casa do Auxílio durante os outros dias da semana, pois no Posto do Amor você e Caius Lucius serão representantes da nossa Colônia São Tarcísio, e como tal, representantes da Casa do Auxílio. Dessa forma, trabalhando no posto de socorro, os dois continuarão trabalhando para a Casa do Auxílio. Esperamos que tudo o que aprendeu conosco a ajude em seus momentos de auxílio no posto de socorro. Se um dia, quando no posto, necessitar de ajuda, lembre-se da sua colônia e peça auxílio, e imediatamente enviarei alguém para auxiliá-la.

Sulamita levantou-se, deu a volta na mesa e abraçou-me, dizendo:

— Estou feliz por o anjo e o santo terem escolhido você para trabalhar no Posto do Amor e para viver na futura colônia. Em pouco tempo em que a vi trabalhando notei que você realmente está preparada para grandes missões. – Ela me beijou na testa e voltou ao seu lugar.

— Jaqueline, o Posto do Amor será filiado a nossa Casa do Auxílio – começou a falar Demetrius. – Sulamita, sempre que lhe for possível, visitará o posto e ajudará os que nele trabalham com as suas benéficas orientações. Como já é do seu conhecimento, você irá liderar uma equipe no posto de socorro. A equipe que liderará será a da enfermaria. Você será responsável pelos enfermeiros e pelo médico. Como na equipe que liderará não tem nenhum conhecido seu, você poderá escolher um que já trabalhe com você na Equipe do Auxílio da casa de atendimento espiritual. Pode escolher qualquer trabalhador que trabalhe aqui na Casa do Auxílio e um de uma colônia que você conheça. O trabalhador da Casa do Auxílio que escolherá não poderá ser nem Rodolfo, nem Roseilane. Esperamos que os três que forem escolhidos por você muito a auxiliem em seu trabalho. Quem gostaria que trabalhasse com você nessa nova equipe que liderará?

Fiquei pensando em meu três amigos da Equipe do Auxílio da casa de atendimento espiritual e decidi escolher Murilo. Da Casa do Auxílio, já que não poderia escolher Rodolfo ou Roseilane, recordei todos aqueles com os quais já tinha levado algum auxílio e optei pelo sr. Andrade, um senhor idoso cujo sorriso cativava a todos.

— Gostaria de continuar contando com Murilo e Sr. Andrade em minha nova equipe, Demetrius.

— Excelente escolha, Jaqueline. Murilo é um jovem maravilhoso e portador de muitas virtudes – disse Sulamita. – O sr. Andrade é um grande trabalhador. Assim que retornar à sala em que trabalha, peça a Murilo para vir conversar comigo. Dir-lhe-ei que você o escolheu e passarei a ele algumas orientações que muito o ajudarão quando ele for transferido definitivamente para a sua equipe. Quanto ao sr. Andrade, depois conversarei com ele. Desejo-lhe muita sorte em seu novo trabalho e faço votos para que Deus permaneça sempre guiando seus passos e suas ações.

— Qual outro trabalhador que não é da nossa colônia que você desejaria ter em sua equipe? – indagou Demetrius.

— Mônica, da Colônia Bom Jardim – falei.

— Mônica não será possível. Ela está se preparando para uma nova encarnação. Em breve reencarnará no Estado de Goiás.

— Abimael, também da Bom Jardim.

— Abimael já foi escolhido por Caius Lucius para a equipe dele – ressaltou Demetrius.

— Posso escolher um médico ou médica que trabalha no hospital da Colônia Bom Jardim?

— Desde que não seja o diretor do hospital, pode – falou Demetrius.

— Gostaria de contar com a dra. Marguerete.

— Irei à Colônia Bom Jardim, conversarei com o governador, com o diretor do hospital e com a dra. Marguerete. Tenho certeza de que ela ficará muito feliz em trabalhar com você e com a sua equipe – afirmou Demetrius.

Deixei os dois e retornei à sala da equipe de que ainda faço parte. Dei o recado de Sulamita a Murilo, e meu amigo saiu em direção à sala da diretora da Casa do Auxílio. Eu me sentei e fiquei aguardando ser selecionada para levar um auxílio a algum irmão necessitado.

No dia seguinte, Demetrius me comunicou que a dra. Marguerete tinha aceitado fazer parte da minha equipe. Fiquei feliz com a notícia, pois ela é uma pessoa maravilhosa.

No dia da reunião no Posto do Amor, para ele parti junto com os da nossa colônia que também nele trabalhariam.

Reunimo-nos no auditório. Procurei o dr. João Ricardo e o avistei sentado ao lado da dra. Marguerete e de alguns enfermeiros. Caminhei com Murilo e o sr. Andrade até eles e nos sentamos próximos.

Percebi que o auditório tinha mais ou menos uns cinqüenta espíritos.

O governador da nossa colônia, outros quatro governadores e os anjos que plasmaram o campo de força do posto estavam sentados em volta de uma mesa próxima ao telão.

O anjo Rutiel fez uma belíssima prece. Em seguida, São Tarcísio levantou-se e começou a falar:

— Queridos irmãos! Os responsáveis pela construção deste posto de socorro, auxiliados por Deus, bondosamente construíram este recanto de amor que irá auxiliar muitos que ainda se mantêm distantes do nosso bondoso Pai. Esses irmãos colocaram em cada parte deste posto uma parcela de seu amor; assim, em todos os ambientes por onde circularmos receberemos constantemente vibrações amorosas. Quando neles estivermos andando, vamos transbordar amor para que as boas vibrações continuem sendo as mesmas e possam contagiar fortemente os irmãos que aqui serão assistidos.

O santo fez uma pausa e em seguida continuou:

— Aqui hoje nos encontramos com o intuito de todos os trabalhadores se conhecerem e começarem a se entrosar. A inauguração do Posto do Amor está marcada para daqui a quinze dias. No dia da inauguração, já receberemos um irmãozinho de coração endurecido que será enviado para nós por intermédio de alguns dos encarnados que ficaram de colaborar conosco. A partir de hoje, nosso amiguinho Caius Lucius e sua equipe ficarão responsáveis em entregar os convites de inauguração do posto de socorro para diversas colônias espirituais brasileiras. Desse modo, essas colônias tomarão ciência do Posto do Amor e do trabalho desenvolvido nele, ficando elas responsáveis em passar o trabalho do posto às casas espíritas e a outras casas de outras denominações religiosas que lhe são filiadas. Agora irei apresentar os quatro responsáveis pela construção deste posto de socorro e pela construção da futura colônia.

O santo apresentou os quatro anjos. Eles se levantaram, acenaram em nossa direção, sorriram meigamente e assopraram sobre nós ao mesmo tempo.

Fiquei observando o anjo Gabriel. Vendo-o tão de perto, pensei na alegria que ele proporcionou à Virgem Maria quando lhe comunicou que ela seria a mãe do filho de Deus.

Lugiel ficou em pé, e os outros três anjos se sentaram.

O irmão gêmeo de Demetrius disse:

— Meus amados e bondosos amigos! Temos ciência de que o trabalho a ser desenvolvido neste Posto do Amor é grandioso. Por ser grandioso ele exigirá muito de vocês, e por exigir muito de vocês os tornará merecedores das graças de Deus. Graças essas que vocês estarão espalhando sobre os nossos assistidos e sobre seus amigos e familiares. Tenham em mente que o trabalho que desempenharão aqui neste posto de socorro é apenas o início de um trabalho muito maior que no futuro ministrarão à colônia espiritual, cujos estudos para sua realização eu e os três amigos aqui presentes... – Ele apontou para os outros três anjos. – ...já iniciamos. Vocês não estarão sozinhos durante suas missões de amor no posto de socorro. O anjo Azrael será o diretor desse posto. Estando ele à frente do posto, vocês contarão com a presença de um excelente trabalhador do plano espiritual.

— Excelente trabalhador, não, amigo Lugiel. Um inútil trabalhador – falou o anjo Azrael.

— Ainda bem que você e todos nós somos inúteis trabalhadores, meu amigo. Que a nossa inutilidade contribua com essa obra de Deus — mencionou Lugiel, meio sorrindo. Em seguida, voltou a falar: — Nós nos reunimos e decidimos que cada um de nós quatro dará respaldo aos trabalhadores deste posto de socorro que estiverem incumbidos de auxiliar as cinco regiões brasileiras. Dessa forma, Gabriel auxiliará os trabalhadores do Posto do Amor que ajudarão encarnados e desencarnados da região Sudeste do Brasil; Rutiel, embora encarnado, auxiliará os trabalhadores da região Sul; Azrael, como é diretor do posto, além de dar respaldo a todos os trabalhadores, ficará encarregado do auxílio à região Norte; eu, que semelhante a Rutiel me encontro encarnado, tentarei na medida do possível dar respaldo aos trabalhadores das regiões Centro-Oeste e Nordeste. Embora cada um tenha se comprometido com uma ou duas regiões, não significa que ele também não cooperará com as demais quando for preciso. Estaremos sempre presentes quando um de vocês ou um outro trabalhador de outro posto de socorro necessitar de nós em qualquer parte do Brasil, ou do mundo. Recordem que vocês estão aptos a lidar com qualquer espírito, e que nossa presença junto a vocês só se dará quando estiverem com um irmão de coração muito endurecido que esteja lhes dando sérios problemas. Estando com vocês apenas nessas ocasiões, teremos tempo para prestar auxílio a outros desencarnados que trabalham em outros países e com os quais também já nos comprometemos. Pensemos agora na imensidão do amor de Deus, que, ao perceber milhares de seus filhos longe Dele e com os corações voltados ao mal, se compadeceu deles e muito bondosamente escolheu a vós, meus amigos, para reconduzir esses filhos de volta à casa paterna. Se Ele vos escolheu é porque tem ciência da capacidade de cada um e confia em seu trabalho. Demos graças a Deus por ser tão misericordioso e por estar a todo instante proporcionando uma nova oportunidade aos filhos pródigos.

O anjo se sentou. Eu fiquei pensando no que ele dissera. Os milhares de filhos de Deus voltados ao mal me deixaram ressabiada; eu nunca imaginara que fossem milhares, pensava que fossem apenas uns poucos. Suspirei e disse a mim mesma que, sendo milhares, o trabalho seria muito mais grandioso do que o anjo falara. Com certeza, esse trabalho seria dificílimo, pois se o Posto do Amor teria o respaldo de quatro anjos era porque coisa boa não nos aguardava.

Fiz uma prece pedindo a Deus, ao bondoso Mestre Jesus Cristo e à Santíssima Virgem Maria para me darem muito amor e para me ajudarem a espalhar esse amor sobre aqueles que iriam necessitar dele.

O anjo Rutiel levantou-se e começou a chamar o nome dos líderes da equipe.

Ludovico apresentou-se. Falou rápidas palavras. Em seguida, os socorristas levantaram e se aproximaram dele. Abraçaram-no e em pé ficaram ao lado do líder da equipe deles. Todos os socorristas usavam uma camiseta branca com palavras escritas em letras douradas dentro de um coração vermelho-claro e uma calça branca com o mesmo desenho na perna direita. Ludovico começou a falar:

— Meus irmãos! Todos nós que viveremos no Posto do Amor somos socorristas. Sendo socorristas, estamos aptos a estender as nossas mãos a quem necessitar. Poucos de nós ficarão muitas horas no posto. Esses irmãos que estão aqui do meu lado e que denominamos socorristas ficarão muito pouco no posto. Eles foram designados pelo anjo Lugiel a circular pelo Umbral e a ficarem circulando por diversas casas espíritas e outras casas de outras denominações religiosas. Circulando pelo Umbral e por essas casas, eles tomarão conhecimento dos espíritos rebeldes que estão no comando de alguma organização maligna. Assim, juntamente com os espíritos protetores das casas onde esse irmão rebelde estiver perturbando, eles conduzirão esse espírito para a casa de um dos encarnados que aceitaram trabalhar conosco, ou então virão ao posto e informarão sobre a presença desse espírito. Informados dessa presença, nós do posto de socorro partiremos até o local, e tudo faremos para trazer esse espírito até este recanto de amor. Eles usam esse uniforme que vocês estão vendo. A camiseta com o nome "Socorrista do Posto do Amor" dentro do coração e a calça branca com o mesmo emblema na perna direita os identificará aos trabalhadores espirituais das casas espíritas e casas de outras denominações religiosas, bem como aos trabalhadores do Umbral. Apenas os desencarnados que trabalham para o bem os verão; dessa forma, os desencarnados que trilham o caminho do mal não poderão plasmar o uniforme e se apresentar em nome deles. Isso será impossível, porque além dos uniformes eles possuem vibrações que realçam suas condições espirituais. Os desencarnados que ainda não seguem a Deus só os avistarão quando estiverem recebendo ajuda. Essa é a nossa equipe e em nome dela vos digo que estamos muito felizes em trabalhar com todos vocês.

Cada um foi dizendo o próprio nome e o nome de suas colônias de origem. Após a apresentação, o anjo Gabriel nos informou que no convite que Caius Lucius e sua equipe levariam aos governadores da colônia constava a informação do trabalho dos socorristas e sobre o uniforme que eles usavam. Os governadores das colônias tinham autorização para passar uma cópia do convite aos mentores das casas espíritas e de casas de outras denominações religiosas, assim as portas dessas casas se abririam aos socorristas do nosso posto de socorro e eles, auxiliados pelos mentores dessas casas, trabalhariam em conjunto.

Em seguida, o lindíssimo Rafael se apresentou. Ele seria o responsável pela equipe que cuidaria das defesas do posto de socorro e das casas espíritas quando em determinados dias os espíritos rebeldes estiverem nessas casas para receber ajuda dos médiuns. Os soldados da sua equipe estavam todos vestindo uniformes do exército romano.

Eu me apresentei. Disse que estaria à frente da equipe da enfermaria. Murilo, o dr. João Ricardo, a dra. Marguerete e os outros enfermeiros se apresentaram.

Outros de outras equipes foram se apresentando.

No final das apresentações, o santo solicitou que todos os trabalhadores já providenciassem suas mudanças para o posto de socorro e marcou um dia para que todos nele chegassem. Relembrou o dia da inauguração do posto e pediu para que começássemos a nos entrosar.

Nós fomos conversando com os outros trabalhadores das outras equipes. Abracei Abimael com grande carinho. Ele vai trabalhar com a equipe de Caius Lucius. Após os trabalhadores terem se conhecido, o santo fez uma prece. Depois, regressamos à nossa colônia.

No dia determinado pelo santo para chegarmos ao Posto do Amor, andei por toda a Colônia São Tarcísio e passei um bom tempo no recanto de energias.

No quarto, encostada no parapeito da janela, eu contemplava o jardim pensando em tudo o que já tinha vivenciado na colônia. Comecei a arrumar minhas coisas dentro da mochila. Senti que alguém estava à porta do quarto e para ela me dirigi.

Abri a porta, e Demetrius entrou, sorrindo. Ele sentou-se na cadeira e falou:

— Jaqueline, não precisa levar todas as suas coisas para o posto de socorro. Leve apenas o que lá for necessitar. Esse quarto lhe pertence até o dia em que for definitivamente transferida para a futura colônia. Como sempre estará vindo à Colônia São Tarcísio, vai precisar do seu quarto para nele descansar algumas horas. Estando no quarto, certamente vai desejar encontrar parte das suas coisas.

— Você tem toda a razão.

Retirei algumas coisas que já tinha colocado na mochila e nela deixei apenas aquilo que acreditava vir a me ser útil no Posto do Amor.

Com a mochila às costas, fui até a Casa do Auxílio e abracei meus amigos. Murilo e o sr. Andrade já se encontravam lá com mochilas nas costas.

Nossos amigos fizeram uma prece por nós, nos abraçaram e nos levaram até o jardim da nossa colônia.

No jardim, encontrei com Caius Lucius e Sabrinha, uma das crianças que Caius Lucius escolhera para compor sua equipe, os dois com mochilinhas nas costas.

Demetrius nos abraçou e, assoprando sobre nós, nos desejou muita sorte.

Nós cinco demos as mãos e volitando rapidamente nos dirigimos ao posto de socorro.

Ao chegar ao Posto do Amor, Azrael, o diretor, estava na porta de entrada e nos acolheu com carinho.

Os outros espíritos que já tinham chegado estavam no jardim. Eles nos receberam cantando canções de boas-vindas, depois nos abraçaram e nos desejaram muita sorte.

Junto com Azrael seguimos até a sala da prece e rezamos.

Deixando a sala da prece, fomos até nossos quartos e deixamos nossas mochilas sobre a mesa. Regressamos ao jardim e, nos juntando com os outros trabalhadores, ficamos aguardando os demais que iriam chegar para lhes dar as boas-vindas.

Eu os aguardava certa de que todos nós nos daríamos muito bem. Certa de que a tarefa que tínhamos pela frente seria imensa e muito trabalhosa. Por ser muito trabalhosa, com certeza contaríamos com o auxílio de Deus que a todo momento ele concede a desencarnados e a encarnados.

Sentada em um banco entre Caius Lucius e Murilo, fiz uma prece e pedi forças a Deus para iniciar o novo trabalho com muito amor e bastante caridade.

Aos leitores

Amigos leitores!

Com a graça de Deus levei até seu conhecimento mais uma etapa da minha jornada aqui no plano espiritual.

Nessa etapa, através dos capítulos descritos no livro, demonstrei que a Casa do Auxílio, sem que desconfiem, está constantemente empenhada em auxiliar milhares de encarnados e desencarnados.

Agradeço a todos por mais uma vez estar entrando em seus lares e em seus corações através deste livro. Espero que a leitura de *Casa do Auxílio* tenha despertado em seus corações o desejo de estender suas mãos e amparar algum irmãozinho que ao seu lado esteja necessitando de alguma espécie de atenção.

Se gostaram deste livro, façam com que ele chegue às mãos de outros. Pois um livro muitas vezes consola corações que em alguns momentos estão necessitados de consolo.

Aqui no plano espiritual continuo em busca do crescimento e em franca atividade. Atividade essa que muitas vezes me coloca em contato com vocês e em contato com as casas espíritas ou casas de outras denominações religiosas que vocês freqüentam. Estando em contato com vocês, aproveito para inspirá-los ao bem, aplico-lhes passes magnéticos e tudo faço para direcioná-los ao caminho do bondoso Mestre Jesus Cristo.

Estando aqui do outro lado da vida, não me esqueço de vocês, principalmente quando me chamam. Ao não me esquecer, sempre peço aos bondosos amigos da espiritualidade para iluminá-los e auxiliá-los quando não me é possível estar em sua companhia para socorrê-los. Esses amigos, auxiliando-os em meu nome, transmitem a vocês a certeza de que, mesmo estando longe, permaneço bem próxima de vocês, porque o auxílio que eles lhes conferem segue impregnado do meu desejo de vê-los felizes.

Amantes da literatura! Trabalhar pela felicidade dos outros é nossa verdadeira missão. Dessa forma, não vamos perder tempo e, confiando na proteção de Deus e no amparo do bondoso Mestre Jesus Cristo, da Santíssima Virgem Maria e dos inúmeros benfeitores espirituais, vamos nos doar a essa missão, e através dela sermos felizes causando a felicidade dos nossos irmãos.

Sou muito grata a todos os leitores que, ao terem lido minha primeira obra literária *Relato de uma Católica* a divulgam e estão permitindo que ela chegue a outros lares e a outros corações.

Leitores amigos! Praticar o bem não é difícil, o difícil é acreditar não ser capaz de praticá-lo.

Que as bênçãos de Deus estejam sempre presentes em suas vidas.

Jaqueline.

Leia os imperdíveis romances de Schellida! Psicografia de Eliana Machado Coelho

Um Motivo para Viver

Raquel nasceu em uma fazenda numa pequena cidade do Rio Grande d Sul. Morava com o pai, a mãe, três irmãos e o avô, um rude e autoritári imigrante polonês. Na fazenda vizinha, seu tio Ladislau, a mulher duas filhas. O drama de Raquel começou aos nove anos, quando entã passou a sofrer os assédios de Ladislau, um homem sem escrúpulos, ma dissimulado e gozando de boa reputação na cidade. O tempo foi passand até que uma dolorosa tragédia aconteceu e um grande segredo foi revelad o que mudaria para sempre a vida de Raquel.

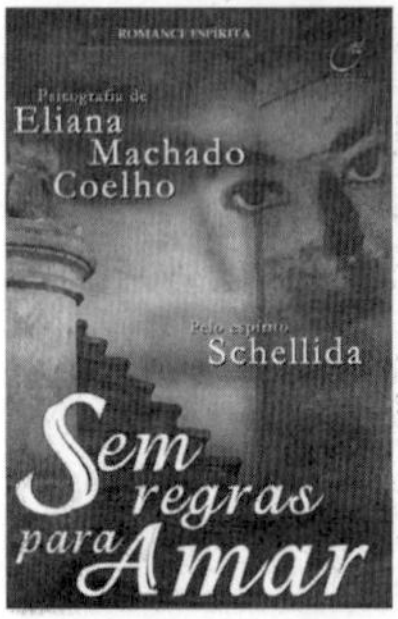

Sem Regras para Amar

Gilda é uma mulher rica, casada com o empresário Adalberto, mãe de Lara, Eduardo e Érika. Arrogante, prepotente e orgulhosa, ela sempre consegue o que quer graças ao poder da sua posição social. Mas a vida dá muitas voltas. Os problemas de Gilda começam quando Lara morre em um acidente automobilístico. Aumentam quando a filha Érika apaixona-se por João Carlos, professor em uma academia de musculação e... negro. Crescem ainda mais quando Eduardo envolve-se com Helena moça simples e... humilde. Então, determinada a acabar com os dois romances de seus filhos, Gilda passa a colocar em prática seus planos para atrapalhar a vida de todos, assumindo os seus preconceitos racial e social. Instala-se naquela mansão a desarmonia e a obsessão que trarão conseqüências desagradáveis para toda a família.

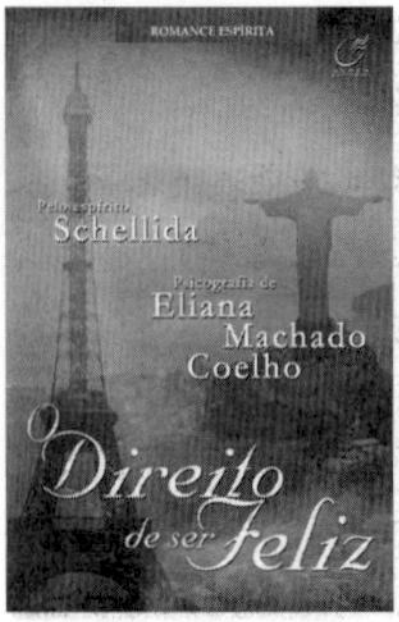

O Direito de Ser Feliz

Fernando e Regina apaixonam-se. Ele, de família rica, bem posicionada Ela, de classe média, jovem sensível e espírita. Mas o destino começa a pregar suas peças. Movido pela ambição material, Fernando decide ir trabalhar na França, caindo na rede sedutora de Lorena, uma prima que mora em Paris. Regina fica só. O tempo passa, e eles se separam definitivamente. Fernando fica com Lorena, Regina se casa com Jorge Novos fatos vêm abalar a vida de todos os personagens desta envolvente história... Por quais caminhos devemos seguir para não cair nas armadilhas da própria invigilância, da imprudência, da traição e das amarras dos vício que levam à autodestruição? Como encarar a solidão, sobretudo quando perdemos aqueles a quem mais amamos, e tendo ainda de enfrentar a dura realidade do câncer?

Obras do médium Roberto Diógenes.
Mais luz em sua vida...

LIÇÕES PARA UMA VIDA FELIZ
Pelo espírito Demetrius

Paz de espírito, serenidade, confiança, alegria, desapego, paciência e muita fé. Quem não gostaria de viver cotidianamente com essas virtudes no coração e sentir a felicidade em toda a sua plenitude? Mas ainda somos aprendizes, não somos perfeitos. Erramos e caímos. E, por bondade de Deus e com a ajuda dos amigos espirituais, levantamos novamente e seguimos nossa estrada... Este é o objetivo de Lições para uma Vida Feliz: ser seu amigo nos momentos de queda e seu conselheiro nos instantes de tranqüilidade.

RELATO DE UMA CATÓLICA
Romance
Pelo espírito Jaqueline

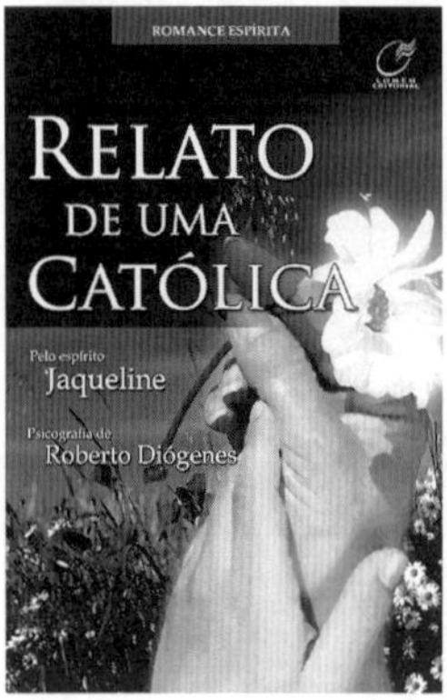

Jaqueline é uma jovem de 16 anos de idade. Em um dia como outro qualquer, levanta-se, vai à escola e, na saída do colégio, um tempestade cai sobre sua cidade no interior de Goiás. Molhada, correndo pelas ruas, o pior acontece: um acidente banal, um escorregão, e Jaqueline bate a cabeça, vindo a desencarnar. Pensando estar num pesadêlo, Jaqueline vê seu próprio corpo estirado no chão, conversa com as pessoas, grita, mas ninguém lhe dá atenção. Algo estava errado... Ela não entendia o que estava acontecendo... Mas nunca estamos desamparados mesmo diante do momento mais difícil em nossas existências: a passagem para o outro lado da vida.